대한민국임시정부사

# 대한민국임시정부사

지은이 / 김병기
펴낸이 / 강동권
펴낸곳 / (주)이학사

1판 1쇄 발행 / 2019년 3월 11일

등록 / 1996년 2월 2일 (신고번호 제1996-000015호)
주소 / 서울시 종로구 율곡로13가길 19-5(연건동 304) 우 03081
전화 / 02-720-4572 · 팩스 / 02-720-4573
홈페이지 / ehaksa.kr
이메일 / ehaksa1996@gmail.com
페이스북 / facebook.com/ehaksa · 트위터 / twitter.com/ehaksa

© 김병기, 2019, Printed in Seoul, Korea.
ISBN 978-89-6147-336-1 03910

이 책의 저작권은 저자가 가지고 있습니다.
저작권법에 의해 보호를 받는 저작물이므로 이 책 내용의 일부 또는 전부를 재사용하려면
저작권자와 (주)이학사 양측의 동의를 얻어야 합니다.

* 책값은 뒤표지에 표시되어 있습니다.

---

이 도서의 국립중앙도서관 출판예정도서목록(CIP)은 서지정보유통지원시스템 홈페이지
(http://seoji.nl.go.kr)와 국가자료공동목록시스템(http://www.nl.go.kr/kolisnet)에서 이용
하실 수 있습니다.(CIP제어번호: 2019006208)

대한민국
임시정부사

大韓民國
臨時政府史

김병기
지음

이학사

일러두기

1. 중국어 인명 및 지명은 원지음으로 표기하는 것을 원칙으로 하였으나, 원지음을 확인할 수 없는 경우와 일반적으로 통용되는 단체명(예: 상해임시정부)에 포함된 지명이나 한자 독음으로 읽는 것이 굳어진 지명의 경우 한자 독음으로 표기하였다.
2. 인명과 지명은 본문을 기준으로 최초 1회에 한해 한자 및 원어를 병기하는 것을 원칙으로 하였으나, 한자가 확인되지 않아 병기하지 못한 인명도 있다. 머리말에는 한자 병기를 하지 않았다.
3. 단체명은 한자를 병기하지 않는 것을 원칙으로 하였으나, 한글로 의미 파악이 어려운 일부 단체명의 경우 한자를 병기하였다.
4. 부호의 쓰임은 다음과 같다.
   『　』: 신문, 잡지, 도서 제목
   「　」: 기사, 법, 조례, 선언문 제목
   …: 중략

차례

머리말: 대한민국임시정부 개관     11

**제1부**
**제국의 소멸,**
**민국의 태동**

1장    임시정부 수립의 배경     31
       국내외 정세의 변동     31
       상하이 한인 사회     34
       동제사와 신한혁명당     37
       임시정부의 태동과 신규식     41
       파리강화회의와 신한청년당     46
       독립선언과 3.1만세운동     49

**제2부**
**상하이 시기**
**(1919-1932)**

2장    임시정부 수립 과정     65
       제1차 세계대전과 정부 수립 운동     65
       노령정부(대한국민의회)     68
       대한민국임시정부(상해임시정부)     69
       한성정부     76
       통합 정부의 수립     77
       임시정부의 기반을 마련한 안창호     86

3장    임시정부의 조직     95
       임시의정원     95
       임시정부의 숨은 멘토, 이동녕     105
       임시정부 수립 초기(1919-1921) 활동     111
       교통국의 설치     111
       연통제의 실시     112

| | | |
|---|---|---|
| | 임시정부의 군사, 외교 활동 | 113 |
| | 군사 활동 | 113 |
| | 비행대 편성과 미주 지역 한인비행사양성소 | 116 |
| | 임시정부의 비행사 양성과 공군 창설 계획 | 117 |
| | 임시정부 직할 군단, 광복군사령부 | 119 |
| | 한국노병회 | 122 |
| | 한인애국단을 결성하다 | 122 |
| | 이봉창 의거: 일왕을 저격하다 | 125 |
| | 윤봉길 의거: "중국의 백만 대군도 못한 일을 일개 조선 청년이 해냈다" | 128 |
| | 뤄양군관학교 입교의 길이 열리다 | 134 |
| | 중일전쟁 이후의 군사 활동 | 134 |
| **4장** | **임시정부 헌법의 개정과 정부 개조** | **137** |
| | 국민대표회의 | 137 |
| | 임시 대통령 탄핵과 개헌(1925년 4월) | 144 |
| | 탄핵당한 대통령, 이승만 | 148 |
| | 임시정부의 지도 체제 변경 | 155 |
| | 민족유일당운동 | 158 |
| | 임시정부의 정당정치 모색 | 161 |
| | 좌우 연합 정부의 성립 | 167 |
| **5장** | **선전, 외교 활동** | **175** |
| | 『독립신문』 발행 | 175 |
| | 임시정부의 역사서 편찬 | 180 |
| | 태평양회의와 극동인민대표대회 | 182 |

| 제3부 | 6장 | 이동 시기의 임시정부 | **189** |
|---|---|---|---|
| **이동 시기** | | 고난의 시절, 8년 동안의 이동 | **189** |
| (1932-1940) | | 정당 연합 모색 | **194** |

| 제4부 | 7장 | 한국광복군 | **203** |
|---|---|---|---|
| **충칭 시기** | | 한국광복군의 창설 | **203** |
| (1940-1945) | | 광복군 모병 활동을 위한 징모분처 설치 | **211** |
| | | 광복군의 부대 편제를 바꾸다 | **213** |
| | | 총사령부 조직의 개편 | **215** |
| | | 각 지대도 개편되다 | **218** |
| | | 광복군의 초모 활동 | **224** |
| | | 광복군의 선전 활동 | **227** |
| | | 일본과 독일에 선전포고 | **230** |
| | | 인도, 미얀마 전선에서 영국군과 공동작전 | **232** |
| | | 미국 OSS와 국내 진공 작전 | **233** |
| | | 조선의용군, 동북항일연군교도려와의 연계 | **236** |
| | | 제주도를 거점으로 국내 진공 작전 계획 | **238** |

| 제5부 | 8장 | 환국 임시정부 | **243** |
|---|---|---|---|
| **환국 시기** | | 일제가 항복하다 | **243** |
| (1945-1948) | | 임시정부의 환국 | **247** |
| | | 귀국 후의 임시정부 | **256** |
| | | 남북협상에 나서다 | **267** |

| | | |
|---|---|---|
| 부록 1. 대한민국임시정부 연표 | | **271** |
| 부록 2. 대한민국임시정부 건국 강령 | | **289** |
| 주요 참고 문헌 | | **301** |
| 찾아보기 | | **303** |

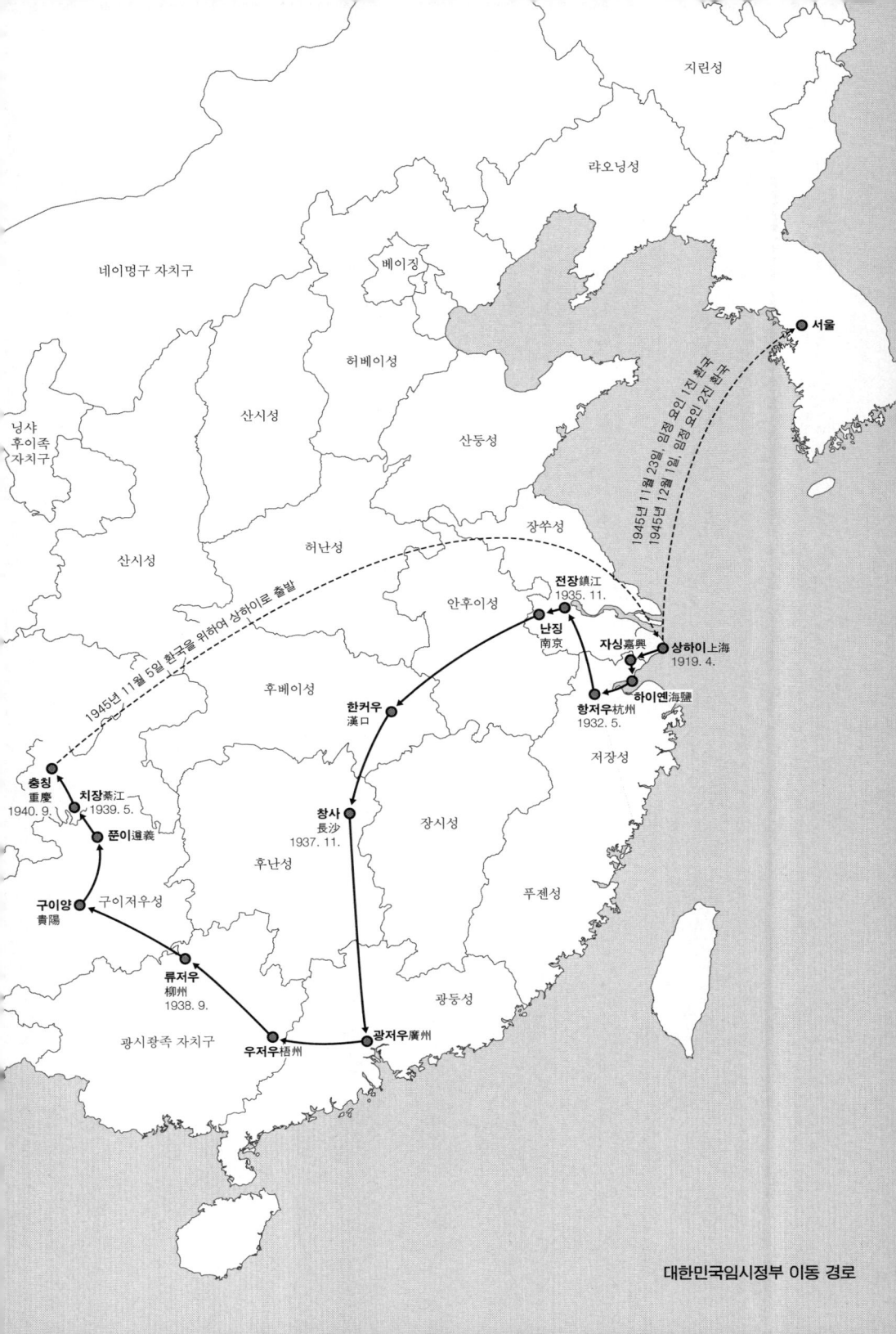
대한민국임시정부 이동 경로

## 머리말: 대한민국임시정부 개관

　1919년 3.1만세운동이 일어나면서 국내외 곳곳에서 임시정부가 수립되었다. 국내 한성을 비롯하여 만주, 연해주, 중국 상하이 등지에서 독립선언과 동시에 임시정부가 공표된 것이다. 임시정부란 정식 정부를 수립하기 위한 준비 정부라 할 수 있다. 3.1만세운동이 일어나면서 우리는 곧 독립이 되리라는 것을 믿어 의심치 않았다. 이에 따라 3.1만세운동이 국내외로 확산되어가던 3월과 4월 사이에 국내외에서 모두 8개의 임시정부가 수립되었다. 그 가운데 실체를 알 수 있는 것으로 연해주의 대한국민의회, 상하이의 대한민국임시정부 그리고 국내의 한성정부가 있었다. 이들은 모두 실제적인 조직과 기반을 갖춘 상태였으며, 특징적인 것은 이들 모두가 자유주의 이념과 공화주의 정부를 표방하고 있었다는 것이다. 이 가운데 상해임시정부가 대체로 조직과 기반이 잘 정비되어 있었다.

　1919년 3월 1일 독립이 발표된 후, 국내외에서 활동하고 있던 많은 민족 지도자가 중국 상하이로 속속 모여들었다. 이들이 상하이로 모여든 것은 임시정부를 수립하기 위해서였다. 상하이로 모여든 인사들은 4월 10일 저녁 29명의 대표들이 참가한 가운데 임시의정원 회의를 개최하였다. 그리고 밤을 새워가며 회의를 진행하고, 4월 11일 국호를 대한민국으로 한 임시정부를 수립하였다.

앞서 언급한 8개의 임시정부는 수립된 지역도 달랐고, 인적 기반도 달랐기에 통합이 필요했다. 이에 따라 위의 세 임시정부의 교섭으로 통합이 추진되어, 1919년 9월 상하이에 대한민국임시정부(이하 임시정부)라는 통합 정부가 수립되었다. 임시정부는 시기에 따라 흔히 상하이 시기(1919-1932), 이동 시기(1932-1940), 충칭 시기(1940-1945)로 나누어 볼 수 있다.

### 상하이 시기

앞에서 살펴본 대로 임시정부는 1919년 준비 정부로 탄생했기 때문에 정식 정부의 수립 준비를 위하여 처음부터 힘을 기울였던 파리강화회의에 대한 외교에 집중하는 한편, 각종 법령과 제도를 정비하였다. 정부 조직을 정비하면서 우선적으로 한 것이 국내외 동포를 관할하는 연통제 실시와 교통국의 설치, 그리고 거류민단의 운영이었다.

그리고 임시정부는 1919년 말부터는 군사 계획을 수립하였다. 임시정부의 군사정책은 군대를 편성하여 독립전쟁을 전개한다는 것이 핵심이었다. 임시정부는 만주 지역에서 활동하던 독립군과 연계하여 독립전쟁을 전개하고자 군무부를 만주 지역으로 이전하려는 등 군사 활동에 힘을 쏟았다. 그러나 임시정부에 인력과 자금을 공급하던 연통제와 교통국이 일제에 의해 붕괴된 뒤부터는 자금난으로 이러한 군사 계획을 실행할 수 없었다. 만주 지역의 독립군 세력도 청산리대첩에서 승리를 거둔 후 러시아의 자유시로 이동하거나 흩어지는 바람에 임시정부로서 군사 활동을 주도하기는 어려웠다.

임시정부가 처음부터 힘을 기울였던 파리강화회의를 통한 외교적 독립 쟁취가 무산되고 1920년 청산리전투에 이은 경신참변 등으로 독립전쟁이 크게 타격을 입은 뒤에 임시정부의 위상은 점차 위축되었다. 1920년 말 임시 대통령 이승만이 상하이에 부임하여 분란만 일으킨 것을 고비로 임시정부 내외에서는 임시정부를 불신임하는 분위기가 고조되어갔다. 1921년 초 이동휘를 비롯하여 김규식, 안창호 등 임시정부의 초기 지도자들이 줄줄이 임시정부를 떠난 것이 저간의 사정을 말해준다.

이러한 임시정부의 문제점들을 점검하고 독립운동 전체를 재정비하기 위해 1921년부터 국민대표회의 소집이 제기되었다. 박은식, 원세훈, 안창호, 김동삼 등이 주축이 되어 국민대표회의 개최를 추진하였다. 그리하여 1923년 1월 3일부터 같은 해 5월 15일까지 상하이에서 국민대표회의가 열렸다. 임시정부를 개조하느냐, 새롭게 창조하느냐의 주장이 팽팽한 가운데 임시정부 내부에서는 현행 그대로 보존하자는 보존론까지 나왔다. 임시정부를 재정비하려는 회의는 실패하였다. 개조파와 창조파의 의견이 합의점을 찾지 못한 것이다. 양측의 주장이 대립된 가운데 창조파는 연해주로 이동하였다. 임시정부는 내무총장 명의로 국민대표회의의 무효를 선언하고 해산명령을 내렸다. 이리하여 독립운동 세력의 의사를 집결하여 임시정부를 개조하거나 새로운 정부를 수립하려던 국민대표회의는 결렬되고 말았다.

한편 임시정부 내부에서는 임시 대통령 이승만의 비정상적인 정부 운영 때문에 임시정부가 잘못되었다고 판단하고 1923년 대통령 불신임안을 결의하였다. 그래도 이승만이 물러나지 않자 1925년 대통령 탄핵안을 통과시켜 그를 축출하고 뒤이어 박은식을 임시 대통령으로 선출하였다. 그리고 새로운 지도 체제에 맞게 임시정부의 헌법을 개정하였다. 그것이 1925년 국무령을 중심으로 한 내각책임제 개헌이다. 새로운 헌법에 따라 이상룡, 양기탁, 안창호, 홍진, 김구 등이 차례로 국무령에 선임되었다.

임시정부는 1920년대 중반 민족유일당운동을 추진하였다. 민족유일당운동은 전 민족이 대동단결하여 민족을 대표하는 유일한 정당을 조직하고, 이를 중심으로 독립운동을 전개하자는 것이었다. 이는 중국국민당의 당을 중심으로 국가를 운영한다는 '이당치국'에 영향을 받은 것으로 독립운동을 효율적으로 전개하려면 정부보다는 정당의 형태가 바람직하다는 생각에 따른 것이다.

민족유일당운동은 1926년 5월 상하이에서 조직된 독립촉성회에서 시작되었다. 안창호가 '주의 여하를 막론하고 단합된 통일전선을 결성하여 일대 혁명당을 결성할 것'을 촉구하고, 베이징의 좌파 세력인 원세훈 등과 협의하면서 본격화되었다.

1926년 12월 홍진에 이어 국무령에 취임한 김구는 민족유일당운동을 뒷받침하기 위해 개헌을 단행하였다. 1927년 3월 개정된 헌법에는 '광복운동자가 대단결한 당이 완성될 때에는 최고 권력은 그 당에 있는 것으로 한다'고 하였다.

민족유일당운동은 각지에서 촉성회를 결성하는 방식으로 진행되었다. 1926년 10월 북경촉성회를 시작으로 1927년 3월 이후 만주를 비롯하여 상하이, 광저우, 우한, 난징 등 곳곳에서 촉성회가 결성되었다. 그러나 때마침 중국국민당의 국공 분열의 영향으로 국내에서 신간회가 결성된 것 외에는 어느 곳의 민족유일당운동도 성공하지 못했다.

1920년대 민족유일당운동이 성과를 거두지 못하자 각지의 독립운동 세력들은 이념과 노선에 따라 제각기 독립운동 정당을 결성하였다. 1930년을 전후하여 만주에서 한국독립당과 조선혁명당이 결성되었고, 상하이에서도 임시정부 인사들이 한국독립당을 창당하였으며 난징에서는 한국혁명당이 결성되었다.

상하이 시기 임시정부는 정부라고 말하기에는 너무도 취약한 모습이었다. 이러한 취약한 독립운동의 상황에서 새로운 활력소가 되고 임시정부에 생기를 불어넣어주었던 것이 한인애국단이 주도한 1932년의 이봉창 의거와 윤봉길 의거였다. 이러한 한인애국단의 의열 투쟁은 일본 군국주의뿐만 아니라 세계 제국주의에 정의의 경종을 울린 한국독립운동의 쾌거이기도 했다. 이로써 한국독립운동은 잊었던 임시정부를 다시 주목하게 되었다. 임시정부는 국내외적으로 새롭게 주목을 받게 된 것이다.

## 이동 시기

임시정부가 한인애국단의 의열 투쟁으로 세계적 반향을 불러일으키는 데는 성공했지만 한편으로는 고난의 길을 걸어가야 했다. 거사 직후인 1932년 5월 일제가 윤봉길 의거의 배후 수색에 광분하자 임시정부 요인들은 급히 항저우로 피신했다. 거사를 주도했던 김구도 자싱으로 몸을 숨겼다. 항저우에 머물던 임시정부는 1935년 11월 전장으로 이동했다. 임시정부 요인들은 가까운 난징에서 활동하고 있었다. 난징에서 김구와 장제스가 면담함으로써 중국 정부만이 아니라 많은 중국인이 임시정부를 성원하고 나섰다. 장제스는 뤄양군관학교에 한인 청년을 초급 군사간부로 양성할 수 있도록 조치해주었다.

1937년 7월 중일전쟁이 일어나자 임시정부도 전시체제로 전환하고 중국 정부를 따라 이동하였다. 임시정부는 1937년 11월 전장에서 창사로 옮겨 갔다. 이곳에서 '남목청사건'에 휘말리기도 했다. 일본군이 내륙으로 침략해 오면서 1938년 7월 임시정부는 다시 광둥성 광저우로 남행하였다. 광둥성에 예상치 않게 일본군이 상륙하자 이번에는 류저우로 옮겨 갔다. 광저우시장 우티에청이 교통편을 마련해주어 연로한 노인들과 가족들을 포함한 100여 명의 대가족이 버스로 혹은 배로 이동하여 류저우에 도착한 것이

1938년 10월이었다. 류저우에서 임시정부는 한국광복진선청년공작대를 결성하여 반전 활동을 벌이면서 선전 활동을 통해 중국인들에게 항전 의식을 고취시켰다. 1939년 4월 임시정부는 류저우를 떠나 북상하였다. 중국의 전시 수도인 충칭의 바로 아래에 있는 치장에 도착한 것이다. 1940년 9월 충칭으로 옮겨 가기까지 1년 반 동안 임시정부는 이곳에 머무르면서 장차 광복군의 원형을 갖추어나갈 수 있었다. 임시정부는 1939년 8월 7당통일회의를 열어 정당 통일 운동을 전개하는 한편, 11월에는 시안으로 군사특파단을 보내 한인 청년들을 초모하였다.

임시정부가 충칭에 정착한 것은 1940년 9월이다. 임시정부가 상하이를 출발한 1932년 5월부터 계산하면 실로 8년이 넘는 기간의 유랑 생활이었다. 100여 명의 노소 대가족을 이끌고 일본군의 공습을 피해가며 이동하는 고난의 시기였지만 임시정부는 이때 전시체제를 확립할 수 있었다.

한편 이동 시기 임시정부를 둘러싼 정당 활동은 활기를 띠었다. 1931년 일제가 만주를 침략하자 이에 효과적으로 대항하기 위해 만주와 중국 관내의 독립운동 세력의 통일 운동이 전개되었다. 이로써 1932년 10월 한국대일전선통일동맹이라는 것이 결성되었다. 이 동맹은 1935년 7월 민족혁명당을 탄생시켰다. 민족혁명당에는 만주 및 중국 관내의 독립운동 단체뿐만 아니라 미주 지역의 독립운동 단체도 참가하였으며, 민족주의 세력뿐만 아니라 사회주의 세력도 참가하였다. 그러나 민족혁명당은 오래 지속되지 못했다. 조소앙이 탈퇴하여 한국독립당을 재건하였고, 이청천의 조선혁명당 세력도 탈퇴하였다.

중일전쟁이 발발하면서 우파 민족주의 세력들은 중국과의 연합 작전을 수행하기 위해 우파 진영의 통일 운동을 전개하였다. 김구가 이끄는 한국국민당이 그 중심에 있었다. 같은 해 8월 난징에서는 김구의 한국국민당, 조소앙의 재건 한국독립당, 이청천의 조선혁명당과 미주 지역의 대한인국민회, 동지회 등 9개 단체가 연합하여 한국광복운동단체연합회(광복진선)를 결성하였다. 앞에서 말했듯이 이들은 1938년 한국광복진선청년공작대를 조직하여 군사 활동도 추진하였다.

또한 조선민족혁명당으로 당명을 바꾼 김원봉의 민족혁명당은 조선민족해방동맹, 조선혁명자연맹 등 좌파 세력과 연합하여 1937년 12월 조선민족전선연맹을 결성함으로써 우파의 광복진선과 대립하는 형태를 취했다. 이들은 1938년 10월 군사 조직으로 조선의용대를 결성하였다.

중국의 국민당 정부가 한국독립운동 세력들의 통일을 강력하게 권유하자 1939년 8월 쓰촨성 치장에서 한국혁명운동 통일 7단체 회의(7당통일회의)가 개최되었다. 그러나 통일 방식의 의견 차이로 5개 정당이 남고, 곧바로 김원봉의 민족혁명당도 탈퇴함으로써 통일 운동은 또 한 번 좌절되었다.

**충칭 시기**

임시정부는 1940년 9월 국군인 한국광복군을 창설하였다. 임시정부의 군사 활동은 두 가지 방향으로 전개되었다. 하나는 전후 연합국의 지위를 획득한다는 전략으로 연합군과 공동으로 대일 항쟁을 전개하는 것이요, 다른 하나는 해외 무장 세력의 통일을 통해 직접적인 국내 진공 작전을 모색하는 것이었다. 한국광복군은 정신적으로는 대한제국의 군대를 계승하고, 인적으로는 의병 투쟁을 이은 독립군을 계승해 창설된 임시정부의 국군이었다. '한국광복군총사령부성립전례'는 1940년 9월 17일 충칭의 가릉빈관에서 열렸다. 임시정부 관계자뿐만 아니라 중국 국민당과 공산당 요인 등 200여 명이 참석하였다.

한국광복군 총사령에는 이청천이, 참모장에는 이범석이 임명되었다. 총사령부 예하에는 시안에 있던 100여 명의 한국청년전지공작대를 흡수한 제5지대를 비롯하여 모두 4개 지대가 편성되었다. 이들은 병력을 모집하기 위한 징모분처를 설치하고 산시성, 수원성, 저장성, 안후이성 등지의 일본군 점령 지역으로 인원을 파견하여 한인 청년들을 대상으로 초모 공작을 전개하였다.

군대는 창설하였지만 조국을 빼앗기고 남의 나라에서 시작한 건군은 출발부터 쉽지 않았다. 1941년 3월부터 5월 사이 김원봉이 주도하던 조선의용대의 상당수 병력이 중국공산당 지역인 화베이로 진출하는 사건이 일어났다. 이 사건을 빌미로 중국 군사위원회에서는 중국 관내의 한국독립운동 세력을 일원화하고, 한국 무장 세력을 중국군이 장악하고자 하였다. 중국 군사위원회에서는 한국광복군의 창설을 승인하는 조건으로 1941년 11월 「한국광복군행동9개준승」을 요구하였다. 이는 한국광복군을 중국 군사위원회의 지휘와 감독을 받게 하여 그 활동을 통제하려는 조치였다.

임시정부로서는 중국의 9개 준승을 수용할 수밖에 없었고, 한국광복군 참모장을 비롯한 주요 직책은 중국군이 독점하게 되는 등 중국군의 불편한 통제를 감수해야 했다. 계속된 임시정부의 요구에 따라 이 문제는 1945년 5월이 되어서야 해결되었다. 한국광복군은 김홍일을 참모장으로 임명하는 등 총사령부의 조직과 기능을 정상적으로 회복할 수 있었지만, 얼마 지나지 않아 해방을 맞게 되었다.

임시정부는 1941년 12월 10일 「대한민국임시정부 대일선전성명서」를 발표하였다. 태평양전쟁이 일어나자 일제에 대하여 선전포고를 한 것이다. 임시정부의 대일 선전포고는 임시정부가 연합국의 일원으로 참전하여 전후 처리에서 연합국의 지위를 인정받기 위한 조치였다고 할 수 있다. 1945년 2월 28일에는 독일에 대해서도 선전포고를 하였다.

한국광복군은 초모 활동을 비롯하여 교육, 훈련, 선전 활동에 힘쓰면서 연합군과의 공동작전에도 적극 참여하였다. 1943년 8월 한국광복군은 영국군과 공동작전을 수행하기 위해 인도, 미얀마 전선에 공작대를 파견하였고, 1945년에는 미국 전략 첩보 기구인 OSS에서 국내 진공을 위한 군사훈련을 받았다. 공동작전은 해방으로 실현되지는 못했으나 한국광복군은 해방 당시 700명이 넘는 임시정부의 국군을 확보할 수 있었다.

임시정부에서는 1944년부터 화베이 지역에서 활동하던 조선의용군 및 연해주의 '한인부대'와의 연계도 추진하였다. 조선의용군은 중국공산당 지역에서 활동하던 조선독립동맹의 무장 세력이었고, 연해주의 한인부대는 만주에서 활동하던 김일성 주도의 항일유격대가 1940년 소련으로 이동해 하바롭스크에서 편성한 동북항일연군교도려, 이른바 '88특별보병여단'을 말한다. 이들과의 연계는 일제의 패망으로 성사되지 못했다.

한편 충칭으로 이동한 임시정부는 당정 체제를 확립하였다. 1940년 5월 한국국민당, 재건 한국독립당, 조선혁명당의 3당이 합당하여 새롭게 한국독립당을 결성하였다. 이어 9월에는 한국광복군이 창설되었고, 10월에는 국무위원제에서 주석제로 개헌을 단행하여 김구가 주석으로 취임하였다. 이로써 임시정부는 한국독립당, 임시정부, 한국광복군이라는 당, 정, 군의 체제를 확립하였다.

김원봉을 중심으로 한 좌파 진영에서는 임시정부에 관여하지 않는다는 원칙을 유지하고 있었다. 하지만 이러한 방침을 철회하고 임시정부에 참여할 수밖에 없는 상황이 전개되었다. 우선 중국 국민당 정부가 좌우합작을 권유하면서 한국독립운동에 대한 지원 창구를 일원화하는 정책을 채택하였다. 또 하나 1941년 봄 조선의용대의 일부가 황허 북쪽인 화베이 지역으로 이동하였기 때문에 좌파 진영에서 김원봉의 지도력이 약화되었다. 이에 따라 조선민족혁명당에서도 임시정부 참여를 공식화하게 되었다. 1942년 임시정부는 조선의용대를 한국광복군 제1지대로 편입하고, 김원봉을 한국광복군 부사령 겸 제1지대장으로 선임하였다.

군사 부문에서 좌우파 진영의 통일이 이루어진 후 임시의정원에서는 좌파 인사들을 참여시키기 위해 의원 선거 규정을 개정하였다. 1942년 10월에 실시된 의원 선거를 통해 한국독립당 소속 의원 29명, 좌파와 무소속 의원 17명으로 좌우연합에 의한 임시의정원이 구성되었다. 이로써 한국독립당은 여당의 역할, 조선민족혁명당 등 좌파 정당은 야당의 역할을 하면서 다당제 정치를 실현하게 되었다.

1944년 임시의정원에서는 정부 조직과 기능을 확대하는 개헌이 이루어져 부주석제가 신설되었다. 이러한 조직 개편과 함께 주석에 한국독립당의 김구, 부주석에 민족혁명당의 김규식이 선임되는 등 임시정부는 중국 관내 지역의 좌우파 인사를 망라한 통일 합작 정부를 실현하게 되었다.

### 환국 임시정부

1945년 8월 15일, 일제가 항복하였다. 임시정부가 일제의 항복 사실을 알게 된 것은 8월 10일 저녁 8시였다. 충칭의 각 방송들이 일제가 무조건 항복한다는 뉴스를 전한 것이다. 8월 6일과 9일의 원자폭탄 공격으로 일제는 예상보다 빨리 항복을 선언했다. 일제가 항복함으로써 6년여에 걸쳐 일어난 제2차 세계대전은 끝났으나 한국으로서는 적어도 1910년부터 시작된 일제와의 기나긴 전쟁이 끝난 것이다. 우리에게는 장장 35년간의 길고도 긴 전쟁이었다.

흔히 해방을 연합국이 가져다준 선물쯤으로 생각하는 이들이 있다. 일제와 싸운 것은 연합국이고, 일제가 연합국에 항복했다고 생각하는 것이다. 그러나 일제와 싸운 것은 연합국만이 아니다. 한국도 일제와 철저하게 싸웠다. 나라를 빼앗기고 식민지 지배를 받으면서 민족 독립과 조국 광복을 쟁취하기 위해 국내외 각지에서 독립운동을 치열하게 전개하였다. 따라서 해방은 선열들의 피의 대가라 할 수 있다.

그러나 연합국은 한국인들이 일제와 싸운 것을 인정하지 않았다. 연합국이 한국의 독립운동을 인정하지 않은 것은 그들끼리의 이해관계 때문이었다. 일제의 항복 소식이 알려진 8월 10일 임시정부는 국내 진공 작전을 계획하였다. 미국 OSS와 함께 훈련을 마친 한국광복군을 국내로 들여보내 일제의 시설을 파괴하는 등 적 후방을 교란하는 작전을 실행하기로 결정한 것이다. 그러나 이러한 시도는 일제의 항복으로 실행할 수 없게 되었다.

해방을 맞은 임시정부가 결정한 것은 국내로 들어가 그동안 유지해왔던 임시정부를 국민들에게 바친다는 것이었다. 임시정부는 국내에 들어가 추진할 과제를 당면 정책 14개 항에 담아 발표하였다. 임시정부가 가장 먼저 착수한 일 가운데 하나는 중국에 있는 교포들의 생명과 재산을 보호하여 귀국시키는 일이었다. 해방 당시 중국 각지에는 약 300만 명에 달하는 우리 동포들이 거주하고 있었다. 임시정부는 한교선무단을 조직해 중국 각지로 파견하였다. 파견된 선무단원들은 각지의 한인들을 조사하고, 그들의 생명과 재산을 보호하는 활동을 시작하였다. 임시정부가 환국한 후에는 한교선무단을 주화대표단으로 개편하여 중국과의 연락과 교포에 대한 업무를 계속하여 주관하였다.

임시정부는 현 정부를 그대로 가지고 국내로 들어가 국민들에게 봉환한다는 방침이었다. 임시정부의 국군인 한국광복군을 앞세우고 당당하게 입국하는 것이었다. 그러나 미국 국무부에서는 임시정부가 정부로서 환국하는 것에 반대하였다. 임시정부는 이를 받아들일 수 없었다. 하지만 미국의 입장은 변함이 없었고, 결국 임시정부는 11월 5일 충칭에서 상하이로 이동한 후 개인 자격으로 귀국할 수밖에 없었다. 임시정부 국무위원들은 귀국조차 두 차례에 나누어서 해야 했다. 제1진으로 주석 김구와 부주석 김규식을 비롯한 15명이 11월 23일 환국하였고, 제2진으로 외무부장 조소앙과 임시의정원 의장 홍진 등이 12월 1일 국내에 도착하였다.

임시정부 요인들은 개인 자격으로 환국하였지만, 국내에 들어와서 곧바로 정부로서 활동하였다. 12월 2일 제2진이 서울에 도착한 다음 날 임시정부 요인들은 경교장에 모여 환국 후 첫 국무회의를 열었다. 미국에서 귀국한 이승만도 참석하였다. 그런데 미군정은 이미 남한에는 오직 미군정만 있으며, 그 외의 어떠한 정부도 용납할 수 없다고 선포하며 임시정부가 정부로서 활동하는 것을 막았다. 임시정부와 미군정 사이의 갈등은 심각했다. 그러던 와중에 모스크바에서 미, 영, 소 3개국 외상들이 만나 한국에 대한 신탁통치를 결의하였다는 소식이 전해졌다. 임시정부는 국민들과 함께 반탁운동을 전개해나갔다. 이미 정부를 조직한 경험이 오랜 나라를 다시 신탁통치한다는 것은 말이 안 된다는 논리였다.

임시정부는 환국 후 정치공작대와 행정연구위원회를 조직하여 국민적 기반을 확보하기 위해 노력하였다. 이들은 1945년 12월 31일 임시정부 내무부장 명의로 포고문을 발표하였다. 포고문의 명칭은 「국자 제1호」와 「국자 제2호」였다. 그 내용은 임시정부가 정부로서 역할을 수행하겠다는 공식적인 선언과 다름없었다. 미군정에서는 이를 임시정부가 미군정의 정권을 탈취하려는 쿠데타로 인식하였다. 포고문을 발표한 신익희는 미군정에 구금되어 신문을 받았고, 미군정에서는 한때 임시정부 요인들을 처단하거나 추방하려는 계획까지도 세웠다. 사태는 임시정부 주석 김구와 미군정 사령관 하지가 만나 가까스로 수습되었지만, 이를 계기로 미군정의 임시정부에 대한 견제와 감시는 더욱 강화되었고, 비밀리에 임시정부를 해체하려는 공작도 진행되었다.

임시정부가 환국하여 실행하고자 한 일은 과도 정권을 수립하는 것이었다. 이미 충칭에서 당면 정책을 통해 국내에 들어가 과도 정권을 수립하고, 과도 정권이 수립되면 임시정부를 인계한다는 것을 밝힌 바 있었다. 과도 정권을 수립하기 위해 1946년 2월 비상국민회의를 결성하였다. 이는 임시정부의 국회 역할을 하던 임시의정원을 계승한 것이다. 의장과 부의장도 임시의정원 의장과 부의장인 홍진과 최동오를 선출하였다. 그러나 미군정은 비상국민회의 자체를 봉쇄하고 오히려 이를 미군정의 자문기관인 대한국민대표민주의원으로 만들기 위한 개편을 획책하였다.

임시정부는 이를 받아들이지 않고, 과도 정권 수립을 위한 방안을 모색한 끝에 좌우합작을 추진하였다. 좌우합작은 결렬되었으나 1947년 2월 국민의회가 결성되었다. 3월 국민의회는 과도 정권을 수립하였다. 이승만과 김구가 주석과 부주석으로 추대되었다. 그러나 주석으로 추대된 이승만은 과도 정권에 참여하지 않았다. 국민의회는 1947년 9월 대한국민회로 개편되었다. 그러나 이승만은 '남한만이라도 총선거를 실시하여 국제적으로 발언권을 취득하자'면서 주석직을 사임하였다. 이로써 과도 정권은 수립되었지만 그 역할을 수행할 수 없게 되었다.

　임시정부는 외세를 배격하고 자주적이고 독립된 통일정부가 수립되기를 원했다. 그러나 북쪽에서는 이미 1946년 북조선 임시인민위원회를 조직하여 정부 수립을 독자적으로 추진하기 시작했다. 남쪽에서도 이승만이 1946년 6월 3일 정읍에서 남한만이라도 단독정부를 수립하자고 주장하였다. 남과 북에서 각자 독자적인 정부를 수립한다면 국토와 민족이 분단되고 만다. 이것은 임시정부가 수립하려던 통일된 자주독립국가가 아니었다.

　1947년에 들어 세계가 냉전 체제로 분립되면서 한국 문제는 유엔으로 넘어갔다. 유엔에서는 한국에서 총선거를 실시할 것을 결의하였다. 남북한에서 총선거를 실시해 통일정부를 수립한 후에 미소 양군을 철수한다는 것이었다. 이후 단독정부 수립이냐, 통일정부 수립이냐를 둘러싸고 논란이 계속되었다. 이러한 가운데 남한만의 단독 총선거를 5월 10일에 실시하는 것으로 유엔에서 결정되었다. 단독선거 불참을 표명한 임시정부 요인들은 북측에 남북

지도자 회담을 제의하였다. 남북협상이 평양에서 '전조선 제정당 사회단체 대표자 연석회의'라는 긴 이름으로 열렸다. 여기에서 미소 양군이 철수한 후 직접 비밀투표로 통일된 민주 정부를 수립하자는 데 합의가 이루어졌다. 그러나 결국 남북협상에서 이루어진 합의는 남과 북 어느 쪽에서도 실현되지 못했다.

  1948년 8월 15일 대한민국 정부가 수립되었다. 그러나 1948년에 수립된 대한민국 정부는 새로 세운 것이 아니라, 임시정부를 계승하고 재건한 것이다. 5월 31일 개원한 제헌국회에서 임시의장에 선출된 이승만은 '기미년 3.1운동으로 임시정부를 건설해 민주주의의 기초를 세웠다'는 역사적 사실을 언급하고, '이 국회에서 건설되는 정부는 기미년에 수립한 임시정부를 계승하는 것'이라며, '이날이 민국의 부활일임을 공포한다'고 말했다.

  1948년 8월 15일 정식으로 수립된 대한민국 정부는 임시정부의 국호, 연호, 헌법을 계승하여 재건하였다. 따라서 대한민국임시정부가 대한민국의 뿌리이자 기원이라고 할 수 있다.

## 제1부

제국의 소멸, 민국의 태동

大韓民國
臨時政府史

# 1장 임시정부 수립의 배경

**국내외 정세의 변동**

1910년대는 제국주의 질서가 재편되고 민족의식을 자각한 약소민족들의 반제국주의 투쟁이 격화된 시기였다. 이 시기의 세계는 제1차 세계대전(1914-1918)과 러시아혁명(1917) 등을 통해 국제적 역학 관계가 재편되고, 가까운 중국에서는 신해혁명(1911)으로 봉건적 질서가 부정되는 등 새로운 국면을 맞이하고 있었다. 이러한 국제 정세의 변동은 식민지 지배를 받고 있던 우리 민족의 독립운동에 커다란 영향을 미쳤다.

우선 제1차 세계대전이 일어나자 독립운동가들은 내심 일본의 패망을 기대하면서 이를 독립의 기회로 삼고자 했다. 이들은 독일의 승전을 예상하고 독일에 우리의 독립을 청원하려고 하였다. 그러나 전쟁은 일본을 포함한 연합국의 승리로 끝나고 말았다. 다시 독립운동가들에게 희망을 준 것은 1918년 1월 8일 미국 대통령 윌슨(Thomas Woodrow Wilson)이 연두교서에서 밝힌 '민족자결주의 원칙'이었다. 이는 윌슨이 종전과 강화의 조건으로 제시한 14개 조항 중 제5조로서 '전쟁의 결과로 국제적인 고려의 대상이 될 독일 식민지 및 기타 식민지', 즉 독일 등 패전국이 보유했던 식민지를 처리하기 위한 원칙이었다. 따라서 이 원칙은 승전국인 일본의 식민 지배를 받고 있던 우리나라의 경우에는 적용되지 않는 것이었다. 당시 독립운동가들도 이 같은 민족자결주의 원칙의 본질과 한계를 명확히 인식하고 있었다. 다만 이를 어떻게 해서든 독립운동에 유리한 조건으로 이용하려 하였고, 이 같은 국제 정세의 변화를 독립을 쟁취하는 기회로 삼으려 했던 것만은 틀림없었다.

한편 1917년 러시아혁명도 사회주의사상과 계급투쟁을 고취함으로써 피압박민족의 해방 투쟁에 일정한 영향을 미쳤다. 1918년 러시아 하바롭스크에서 이동휘(李東輝)를 중심으로 결성된 한인사회당은 이러한 영향의 일환으로 볼 수 있다.

그러나 3.1만세운동을 비롯한 독립운동의 원인을 단순히 국제 정세의 변동에서만 찾는다는 것은 어불성설이다. 당연히 당시의 국내 사정도 고려해야 한다. 1910년대는 일제의 폭압적인 무단통치의 시기였다. 일제는 한국 주둔 일본군을 한국주차대(韓國駐箚隊, 1896), 한국주차군(1904), 조선주차군(1910), 조선군사령부(1918)로 이름을 바꾸어가며 한반도에 군대를 증파하였고, 경찰 병력도 증강시켰다. 한국의 전 강토는 초대 경무총감이자 헌병사령관 아카시(明石元二郎)가 큰소리친 '기포성산(碁布星散)', 즉 바둑판에 깔아놓은 바둑알과 하늘에 흩뿌려진 별들처럼 일제의 무력이 배치되지 않은 곳이 없을 정도였다. 또한 일제는 폭압적인 무단통치와 함께 각종 식민지 악법을 통해 식민지 지배 체제를 강화해나갔다. 민족산업의 육성을 차단하고 식민지 수탈을 합법화하였으며, 민족문화와 교육을 억압하는 등 한민족 말살책을 획책하였던 것이다.

따라서 일제의 폭압적 식민정책에 대항하기 위한 독립운동은 비밀결사의 형태로 전개되었다. 일제는 비밀결사를 사전에 봉쇄하기 위해 '안악사건(安岳事件)',* '105인 사건'** 등을 조작, 날조하였다. 그러나 비밀결사는 전국 각지에서 독립의군부, 대한광복회, 대동청년단 등으로 확대 발전되었다. 3.1만세운동이 거족적인 민족운동으로 전개될 수 있었던 또 하나의 계기는 일제의 약탈적인 토지조사사업이었다. 일제의 식민지 수탈을 실제로 경험하며 민중은 독립의 중요성을 인식하게 되었고, 반일 감정은 더욱 확산되었다. 게다가 1907년 헤이그특사 사건을 빌미로 일제에 의해 강제로 퇴위당한 고종(高宗)은 덕수궁에서 유폐나 다름없는 나날을 보내다가 1919년 정월 갑자기 붕어하였다. 이때 고종이 일본인에 의해 독살되었다는 풍문이 퍼지면서 한민족의 의분을 촉발하게 되었다.

---

* 1910년 11월 안중근의 사촌 동생인 안명근(安明根)이 황해도 안악 지방에서 서간도에 무관학교를 설립하기 위한 자금을 모집하다가 관련 인사 160여 명과 함께 검거된 사건.
** 일제가 1907년에 조직된 비밀 항일 단체인 신민회를 탄압하기 위해 데라우치 (寺內正毅) 총독 암살 음모 사건을 꾸며 신민회 회원을 대거 체포, 고문하면서 사건을 확대 조작하여 1912년에 최후로 105명의 애국지사를 투옥한 사건(이 사건으로 인해 신민회는 자연 해체되고 만다).

당시 전국에서는 고종을 애도하는 망곡례가 곳곳에서 일어났고 전국 각지에서 인산(因山)에 참배하기 위해 상경 길에 오른 인사들이 줄을 이었다. 이러한 국내외 정세가 모두 결합되어 3.1만세운동의 직접적인 도화선이 되었던 것이다.

### 상하이 한인 사회

상하이(上海)는 일제강점기에 우리나라 독립운동의 거점이었다. 상하이는 1842년 난징조약 이후 열강들의 통상을 위한 항구로 개발되었고, 그들의 치외법권이 인정되는 조계지(租界地)가 설치되었다. 이에 따라 상하이는 아시아 각국의 민족운동의 중심지가 된 것이다.

대한민국임시정부도 상하이의 프랑스 조계에 자리 잡았는데, 이는 자유, 평등을 이상으로 하는 국가인 프랑스 조계에는 일본의 주권이 미치지 않았을 뿐 아니라 프랑스 조계 당국은 대체로 한국 독립운동가들에 대하여 상당히 우호적이었기 때문이었다. 그래서 프랑스 조계 당국은 일본 경찰이 손을 뻗치게 되면 한국 독립운동가들에게 사전에 통보해주어 그들이 미리 대비할 수 있게 했고, 간혹 독립운동가들이 일반 범죄에 연루된 경우에도 그들의 특수한 처지를 고려하여 외교 절차를 통해 관대한 처분을 내려주었다.

또한 상하이는 신해혁명의 핵심 지역으로 정치 외교뿐만 아니라 군사, 경제 면에서도 혁명군의 중요한 거점이었다. 1911년 상하이로 망명한 애국지사 신규식(申圭植)은 이곳에서 천치메이(陳其美), 쑹자오런(宋敎仁) 등 신해혁명 인사들과 교제하면서 중국의 혁명운동에도 가담하였다.

그뿐만 아니라 상하이는 국내와 미주, 하와이의 독립운동가들을 연결하는 중계지였다. 샌프란시스코의『신한민보』나 호놀룰루에서 발행되는『국민보』등도 상하이를 통해 국내로 들어갔다. 이처럼 상하이는 미국이나 유럽으로 가고자 할 경우 반드시 거쳐야 했던 관문이었다.

이러한 특성으로 인하여 상하이는 우리 독립운동가들뿐만 아니라 베트남, 인도, 말레이시아, 태국 등지의 애국지사들이 활동하던 아시아 민족운동의 중심지로서 각국의 독립운동가들이 각종 외교 정보를 교류하는 거점이 되었다.

처음 상하이에 진출한 한인들은 포목, 소가죽, 인삼 등을 판매하는 상인들이었다. 1910년 국권피탈을 당한 후에는 많은 지사가 상하이로 망명하게 되는데, 신규식, 이관구(李觀求), 김규식(金奎植), 문일평(文一平), 정인보(鄭寅普), 신채호(申采浩), 박은식(朴殷植), 홍명희(洪命憙), 박찬익(朴贊翊), 민필호(閔弼鎬) 등이 그들이다. 이후 1910년대 중반에는 국내에서 '105인 사건'을 겪은 인물들과 유학이나 독립운동을 목적으로 진출한 인물들이 상하이로 모여들었다. 김홍서(金弘敍), 선우혁(鮮于赫), 한진교(韓鎭敎), 여운형(呂運亨), 이범석(李範奭), 노백린(盧伯麟), 장덕수(張德秀) 등이 대표적이다. 이에 더하여 3.1만세운동을 기점으로 많은 인사가 국내 각지에서 상하이로 대거 망명하였다. 이미 만주, 간도, 노령 등지에서 활동했던 이동녕(李東寧), 이시영(李始榮), 이동희, 윤기섭(尹琦燮) 등과 국내에서 활동하던 신익희(申翼熙), 현순(玄楯), 차리석(車利錫), 김구(金九) 등이 망명하였다. 국내에서 상하이로 들어오는 경로는 신의주에서 안둥(安東)*을 경유, 선박이나 철로를 이용하는 경우와 진남포와 인천에서 정크선을 타고 서해를 건너 산둥(山東)반도를 경유, 상하이로 들어오는 경우가 대부분이었다.

상하이에 거주하는 동포 수는 1917년 중반에 이미 500여 명에 이르렀고, 3.1만세운동과 임시정부 수립을 전후한 시기에는 1,000명 정도로 증가하였다. 상하이에 모인 독립운동가들이 국권 회복운동을 전개하기 위해 '동제사(同濟社)'를 결성한 것은 1912년 7월이었다. 그 중심인물은 예관(睨觀) 신규식이다. 신규식은 1911년 3월경 상하이로 들어왔는데 당시 상하이에 거주하던 독립운동가, 한국인 유학생 등을 규합하여 독립운동을 위한 교민단체로 동제사를 조직한 것이다. 나아가 그는 장차 한국독립운동이 중국 혁명과 밀접한 연관을 갖게 될 것이라고 판단하여 중국의 지사들, 중국 혁명 인사들과 유대 관계를 맺게 된다. 신규식은 쑨원(孫文)이 1905년에 일본에서 중흥회, 광복회, 화흥회 등의 혁명 단체를 규합하여 조직한 중국혁명동맹회에 가입하였다. 중국혁명동맹회는 1912년 8월 중국국민당으로 발전하였다.

* '단둥(丹東)'의 전 이름. 안둥은 특히 임시정부가 수립된 이후에는 영국인 조지 L. 쇼(George L. Show)가 경영하던 이륭양행(怡隆洋行)을 통해 연통제 조직, 국내 침투 공작, 첩보 수집, 망명 안내 등이 이루어지는 거점이 되었다.

## 동제사와 신한혁명당

신규식은 쑹자오런의 소개로 중국혁명동맹회의 창립 인물인 황싱(黃興)과 만나면서 신해혁명에도 참여하였다. 신해혁명이 성공한 후 신규식이 중심이 되어 상하이에서 최초로 결성된 독립운동 단체가 동제사였다. 동제사는 '동주공제(同舟共濟, 한마음 한뜻으로 같은 배를 타고 피안에 도달하자)'의 뜻을 담은 명실상부한 독립운동 단체였다. 동제사가 조직되기 직전 상하이에 도착한 인물이 백암(白巖) 박은식이었다. 그는 처음 만주 환런현(桓仁縣)으로 망명하였다가 펑톈(奉天)을 거쳐 베이징(北京)에서 조성환(曺成煥)의 집에 머물다 한때 일제의 관헌에 체포되었으나 중국인으로 변성명(變姓名)하여 석방된 후 톈진(天津)을 거쳐 상하이에 도착한 것이다. 국내에서 『황성신문』, 『대한매일신보』 등을 통해 구국계몽운동을 전개하며 명성을 떨치던 박은식의 망명은 상하이 동포 사회에 큰 활력을 주었고 그는 동제사의 총재로 추대되었다. 동제사에 참여했던 주요 인물은 이사장인 신규식, 총재인 박은식을 비롯하여 신채호, 문일평, 김규식, 조성환, 이광(李光), 신건식(申健植), 신석우(申錫雨), 박찬익, 민필호, 김갑(金甲), 변영만(卞榮晚), 정원택(鄭元澤), 여운형, 선우혁, 한흥교(韓興敎), 조소앙(趙素昻), 정인보 등 당대의 지사들이었다.

동제사의 결성은 상하이에 한국독립운동의 기지를 건설했다는 의미를 가진다. 동제사에서는 중국의 혁명 지도자들과 협조하여 한중 양국의 혁명운동을 추진하기 위한 단체로 신아동제사를 결성하였다. 여기에 가담했던 중국 측 인사들은 쑹자오런, 천치메이, 후한민(胡漢民)을 비롯하여 다이지타오(戴季陶), 랴오중카이(廖仲愷), 쉬첸(徐謙), 장보취엔(張博泉), 우티에청(吳鐵城), 천궈푸(陳果夫), 황지에민(黃介民) 등 당대 중국 혁명의 지도자들이었다.

또한 동제사는 장차 독립운동을 활성화하기 위해 청년교육에 주력하고 망명해 온 청년들에게 중국어를 가르치기 위한 강습소를 설립하였다. 바로 이것이 박달학원(博達學院)이다. 이 학원은 청년들을 중국과 구미 지역에 유학시키기 위해 유학 예비 교육을 실시하고 영어, 중국어, 지리, 역사, 수학 등을 가르쳤다. 이곳에서 교육받은 청년들은 3기에 걸쳐 100명 이상이었고, 그들은 자신들이 진학하기를 원하는 중국의 각 학교나 구미 지역의 학교에 유학하였다. 박달학원에서는 특히 국권 회복을 위한 군사교육을 강조하여 바오딩(保定)군관학교, 톈진군수학교, 난징(南京)해군학교, 우쑹(吳淞)상선학교, 후베이강무당(湖北講武堂), 윈난(雲南)육군강무당, 항저우(杭州)체육학교, 구이저우(貴州)육군강무당 등에 한국 학생들을 보내 10년간 100여 명의 졸업생을 배출했다고 한다.

박달학원의 교육은 조성환을 비롯하여 박은식, 신채호, 홍명희, 문일평, 조소앙 등 기라성 같은 인물들이 담당하였다. 신규식은 학생들의 유학 및 학자금을 알선해주었다. 이범석 등 4명이 1916년 가을 윈난육군강무당에 입학하게 된 것도 신규식이 윈난성장 겸 윈난육군강무당의 교장이었던 탕지야오(唐繼堯)를 통해 주선했기 때문이다.

동제사의 지도자들은 1914년 말 베이징에서 활동하던 독립운동가들과 함께 신한혁명당(新韓革命黨)을 조직했다. 1914년 제1차 세계대전이 일어나 그 여파로 세계정세가 급변하자 이를 계기로 독립운동의 기회를 찾고자 함이었다. 제1차 세계대전이 일어나면서 일본은 독일에 선전포고를 하고 독일이 갖고 있던 산둥반도의 이권을 선점하였다. 이에 따라 중일 관계가 급격히 악화되었는데, 독립운동가들은 이 상황을 기회로 삼고자 한 것이었다.

세계대전으로 인해 연해주와 만주에서 독립운동을 위한 조직과 활동이 전면 봉쇄되자 그곳에서 활동하던 이상설(李相卨) 등이 1915년 3월 상하이로 왔다. 이에 상하이에 이미 설립되어 있던 동제사와 베이징을 중심으로 활동하던 독립운동가들이 연합하여 신한혁명당을 창립한 것이었다. 신한혁명당의 당 본부장으로는 만국평화회의에 밀사로 파견되었던 이상설이 추대되었고, 동제사의 신규식, 박은식을 비롯하여 조성환, 유동열(柳東說), 성낙형(成樂馨) 등이 그 중심이 되었다. 당시 중국 총통이었던 위안스카이(袁世凱)와 자오빙준(趙秉鈞) 등 베이양(北洋)*계 인물들과 교류가 있었던 성낙형은 외교부장이 되었다. 신한혁명당은 위안스카이의 베이징 정부와 교섭하기 위해 본부를 베이징에 두었다. 이들은 제1차 세계대전이 곧 독일의 승리로 끝날 것이며 종전 후 독일은 반드시 연합국의 일원으로 중국을 공격했던 일본을 중국과 연합하여 공격하게 될 것이고, 그러면 한국 독립의 길이 열릴 것이라고 생각하였다.

★  청말(淸末)에 선양(瀋陽)·즈리(直隸, 허베이)·산둥의 3성(省)을 총칭한 호칭.

이들은 첫 사업으로 고종 황제를 당수로 추대하고 일본에 맞서 독일과 군사 협약을 체결하고자 하였다. 외교부장인 성낙형이 국내로 파견되어 일을 추진하였다. 덕수궁 함녕전에서 고종에게 국권 회복을 위해 이상설, 성낙형 등이 추진하고 있는 내용을 서찰과 관계 서류를 통해 전했다. 그러나 성낙형이 일제 경찰에 체포되면서 신한혁명당의 고종 추대는 성과 없이 중단되고 말았다.

신한혁명당의 사업이 실패한 후 동제사 지도자들은 신규식, 박은식을 중심으로 '대동보국단(大同輔國團)'을 결성하였다. 대동보국단의 이념은 대동사상이었다. 대동사상은 중국의 근대 개혁론자인 캉유웨이(康有爲), 량치차오(梁啓超) 등이 거론한 것인데, 한국에서는 구한말 이에 영향을 받은 박은식이 대동교를 창건하였고, 조소앙은 중국 인사와 더불어 아세아민족반일대동당을 결성하면서 대동론을 계승하였다. 이는 대동보국단의 결성과 함께 「대동단결선언(大同團結宣言)」으로 이어졌다.

「대동단결선언」은 1917년 7월 신규식 등 14인이 중심이 되어 발표한 것으로 이 선언의 주된 내용은 민족사적 전통에 근거한 주권불멸론을 이론화하여 1910년 고종의 왕권 포기를 국민에 대한 주권 양여로 보고 국민주권설을 정립한 후, 현재 일본이 국토를 강점하고 있어 해외에 거주하는 동포가 주권을 행사할 수밖에 없는 상황이므로 해외 동포가 민족대회의를 개최하여 임시정부를 수립하자는 것이다. 즉 국민주권설에 다라 하나는 정부를 수립하자는 것이고, 또 하나는 이를 위해 민족 대동의 회의를 열자는 것이었다. 「대동단결선언」이 중요한 것은 그것이 '제국'의 소멸을 선언하고 국민이 주인이 되는 '공화국'을 출범시키기 위한 최초의 출발점이 되었다는 점에 있다. 이는 곧 1년 반 뒤 임시정부 수립의 모태가 되었던 것이다. 또한 이 선언에는 나라를 되찾기 위해 몸을 던진 독립운동가들이 소멸된 대한제국의 주권을 이어받았다는 내용이 담겼다. 결코 조선총독부가 한국 역사의 정통성을 가질 수 없고, 독립을 추구하며 민족의 양심을 지키는 세력이 그 정통성을 가진다는 점을 명확히 밝힌 것이다.

결국 동제사는 민족사에서 최초의 민주공화정부를 수립하는 데 결정적인 기여를 하였다. 동제사 지도자들의 이념이 임시정부의 국체(國體)와 정체(政體)를 정립하는 데 결정적인 영향을 끼쳤고, 그들은 3.1만세운동으로 표출된 민족적 여망을 수렴하여 임시정부를 세우는 데 주도적인 역할을 담당하였다. 동제사의 지도자들이 후일 임시정부의 요직에 오르게 된 것은 자연스러운 결과라고 할 수 있다. 신규식은 국무총리 대리 겸 외무총장으로, 박은식은 대통령 대리와 제2대 대통령으로, 신채호는 임시의정원 전원위원장으로, 박찬익은 외무총장으로, 선우혁은 교통차장으로 임시정부에 참여했다.

### 임시정부의 태동과 신규식

여기서 잠깐 동제사의 이사장으로 동제사 조직의 주역이었던 예관 신규식(1880-1922)에 대해 살펴보자. 일찍이 상하이로 망명한 신규식은 젊은 시절부터 불의에 항거한 열혈 청년이었다. 1904년의 제1차 한일협약에 이어 1905년 11월, 제2차 한일협약, 즉 '을사늑약'이 체결되었다. 일제가 대한제국의 외교권을 빼앗고 통감부를 설치해 직접적으로 내정에 간섭하기 시작한 것이다. 대한제국 군인이었던 신규식은 자신의 신분과 지위를 이용해 각 지방의 군대에 연락하고 동지를 규합해 의병을 일으키고자 하였으나 뜻을 이루지 못했다. 풍전등화와 같은 나라의 운명을 자신의 힘으로는 어찌할 수 없다는 생각에 신규식은 음독자살을 시도했으나 다행히 집안 식구들에게 일찍 발견되어 겨우 생명을 구할 수 있었다. 그러나 그 후유증으로 시신경이 손상되어 끝내 오른쪽 눈은 시력을 잃었다. 신규식은 '나라가 망했는데 세상을 어찌 바로 볼 수 있겠냐'라며 자신의 호를 아예 '흘겨본다'는 뜻의 예관(睨觀)으로 지었다.

  1910년 8월 29일 국권피탈의 소식을 들은 신규식은 다시 독을 마셨는데, 때마침 방문한 대종교 대종사 나철(羅喆)이 그를 발견한 덕에 재차 새 삶을 살게 되었다. 그후 신규식은 나철에게 종교적 감화를 받았고 대종교는 신규식의 사상은 물론 일상의 삶에도 큰 영향을 미쳤다. 이후 상하이에서 활동하던 시기에 신규식은 그 지역 대종교의 중심적인 지도자가 되었다. 후일 신규식은 조국을 떠나 타국에 살면서 단군 초상화와 한국 지도를 항상 지니고 다니며 매일 기도했으며, 아무리 바빠도 매일 새벽과 밤이면 단군의 신상(神像)을 향해 향을 피우고 두 차례 절하고 묵념하며 하루빨리 혁명을 완수해 조국을 되찾고 노예 상태에 있는 동포를 구하게 해달라고 기원했다고 한다.

신규식이 중국으로 망명하기로 결심한 것은 애국계몽운동으로 뜻을 같이했던 동지들이 하나둘 일제에 체포되면서부터다. 망명을 결심한 신규식은 동지 조성환과 박찬익을 만나 형제의 의를 맺고 새로운 각오로 독립운동에 투신할 것을 맹세했다. 조성환과 박찬익이 먼저 망명을 떠나고 신규식은 국내에 남아 망명 자금을 마련하기로 하였다. 재산을 모두 처분하고 친구들과 함께 운영하던 광업회사의 돈까지 거두어 거금 2만여 원을 마련했다. 당시 쌀 한 가마니 가격이 1원 50전이었던 것을 감안하면 대단한 금액이다.

1910년 망국을 전후한 시기 국내에서의 활동이 어려워진 독립운동가들은 해외에 독립운동 기지를 세워 독립 투쟁을 계속하려는 목적으로 국외로 망명하게 된다. 주된 망명지는 만주와 연해주였다. 그곳은 지리적으로 강 하나만 넘으면 되는 인접한 지역인데다 일찍부터 이주한 한인들로 한인 사회가 형성되어 있어 독립 투쟁을 하기에 알맞은 땅이었기 때문이다.

그러나 신규식의 생각은 달랐다. 우선 신규식은 국제 정세, 특히 중국 정세를 비교적 정확히 파악하여 중국 내에서 일어나고 있는 큰 변화의 조짐에 주목하였다. 그는 중국의 변화가 장차 한국의 앞날에 큰 영향을 주리라고 내다봤다. 관립한어학교를 졸업해 중국어가 상당한 수준에 이른 신규식은 학회지나 신문을 통해 중국 혁명당에 관한 기사를 충실히 접하고 망명지로 상하이를 택했다.

당시 상하이는 동방 교통의 요지로 구미 각국인이 거주하고 왕래했기 때문에 국제 여론의 형성과 정보 수집이 용이한 지역적 특성이 있었다. 또한 상하이에는 서구 열강이 치외법권을 행사하는 조계지가 형성되어 있어 한국 독립운동가들은 물론 피압박민족의 지도자들이 감시와 통제를 벗어나 비교적 자유로운 활동을 할 수 있었다.

신규식이 상하이로 망명할 때 택한 경로는 육로로 신의주를 거쳐 국경을 통과한 후 선양(瀋陽)-베이징-톈진-칭다오(靑島)를 거치는 방법이었다. 1911년 3월경 상하이에 도착한 신규식은 당시 중국혁명당의 기관지인 『민립보(民立報)』의 기자 쉬쉬에얼(徐血兒)과 친교를 맺고 그를 통해 중국 혁명의 지도적 인물들과 관계를 쌓아갔다. 우선 쑹자오런과 친분을 맺고 중국동맹회의 창립 동지인 황싱, 천치메이 등과 차례로 친교를 맺었다. 신규식은 중국식 이름인 신정(申檉)으로 이름을 바꾸고 중국동맹회에 가입한 후 1911년 10월 중국 혁명가 천치메이와 더불어 신해혁명에 참가하였다. 이로써 신규식은 한국 독립지사로서 중국 신해혁명에 참가한 최초의 인물로 인정받게 되었다.

신해혁명의 성공으로 신규식은 조국 독립에 대한 희망과 확신을 갖게 되었다. 신해혁명에 자극을 받은 한국의 독립운동가들도 점차 상하이로 모여들었다. 그후 신규식은 혁명 동지 천치메이를 통해 우티에청 등 지역 혁명가들을 만나고 후일 상하이로 온 중국 혁명의 지도자 쑨원과도 친분을 맺을 수 있었다. 1912년 1월 신규식은 조성환과 함께 난징으로 가서 쑨원 총통을 직접 회견하고 한국의 독립을 호소한 뒤 중국의 협조를 요청하기도 했다.

그러나 중국의 정세는 신규식과 중국 혁명가들이 기대하는 것과는 다른 방향으로 전개되었다. 쑨원이 임시 총통으로 즉위하자 위안스카이는 청나라 황제를 퇴위시키고 자신이 총통이 되기를 희망하였다. 이에 쑨원은 위안스카이와 타협하여 청나라 황제를 퇴위시키고 공화정을 선포하는 조건으로 위안스카이를 제2대 임시 총통으로 당선시켰다. 그러나 위안스카이는 총통의 지위에 만족하지 않고 황제가 되고자 하였다. 1913년 3월 위안스카이가 반청 세력의 중심인물인 쑹자오런을 암살하고, 막대한 외국 차관을 도입하여 자신의 세력을 강화하려 하자 1913년 7월부터 제2차 혁명이 각처에서 일어났다. 신규식 또한 제2차 혁명에 가담하였으나 혁명은 실패로 돌아갔다. 쑨원과 천치메이는 일본으로 망명하였고, 신규식도 위안스카이 정부의 주요 감시 대상이 되어 출입이 자유롭지 못하게 되었다.

이후 신규식이 상하이에서 박달학원을 설립하고, 신한혁명당을 조직하였으며, 「대동단결선언」에 참여하였음은 앞에서 설명한 대로다. 그는 또한 중국 혁명가들과 함께 문학 단체인 남사(南社)와 환구중국학생회(寰球中國學生會)에 가입하여 활동하기도 하였다. 무엇보다 한국 독립운동가들이 자연스럽게 상하이에 집결할 수 있었던 것은 신규식이 닦아놓은 기반이 있었기 때문이다. 그렇게 해서 상하이가 점차 항일 독립운동의 중심지로 자리 잡게 되고 상하이에 모인 애국지사들이 뜻을 모아 마침내 1919년 4월 11일 민주공화정의 대한민국임시정부를 세우게 되는 것이다. 초기 상하이에서 한인 사회가 결성되고 일련의 민족운동의 결집이 이루어진 것은 실로 신규식의 공로라 할 수 있겠다.

신규식은 임시정부가 출범할 때 법무총장에 임명되었고, 1921년에는 국무총리 겸 외무총장 지위에까지 이르게 되었다. 이때 신규식은 임시정부의 외교사절 자격으로 광저우(廣州)로 가서 중국의 국부 쑨원의 광둥(廣東) 호법정부를 방문하고 양국의 우호를 다지기도 하였다.

### 파리강화회의와 신한청년당

동제사의 소장층은 국제 정세를 예민하게 주시하며 독립운동의 방향을 모색하고자 하였다. 1918년 11월 독일이 항복함으로써 제1차 세계대전이 끝나게 되었고, 일본이 승전국이 되면서 국제 정세는 우리에게 불리하게 돌아갔다. 전후 처리를 위해 파리강화회의가 열렸고 이에 앞서 미국의 윌슨 대통령은 전후 처리 원칙으로 14개조의 평화 원칙을 발표했는데, 특히 제5조인 민족자결의 원칙에 관심이 쏠렸다. 이는 패전국의 식민지를 해방시키자는 내용을 담고 있었는데, 우리 입장에서는 이 원칙이 승전국의 식민지에까지 확대 적용되기를 기대할 수밖에 없었다. 여기에 더해 여운형 등은 한국을 독립국을 넘어서 중립국으로 만들기 위한 외교 활동을 펼치고자 했다.

파리강화회의를 기회로 우리 측에서는 대표를 파견하여 우리 민족의 참상과 일본의 야만적 침략성을 폭로하려는 준비를 했다. 이를 위해 1918년 11월 28일 결성된 것이 신한청년당(新韓靑年黨)이다. 신한청년당의 핵심 세력은 과거 동제사의 소장층인 여운형, 장덕수, 선우혁 등이다. 이들은 신한청년당의 실천 강령으로 대한 독립을 기도함, 사회개조를 실행함, 세계 대동(大同)을 촉성함으로 정했다. 여운형은 장덕수, 조동호(趙東祜), 신국권(申國權) 등과 협의하여 파리강화회의 및 미국의 윌슨 대통령에게 「독립청원서」를 보내기로 하였다. 한 통은 1918년 11월 30일 상하이를 떠나는 윌슨 대통령의 특사 크레인(Charles Crane)에게 주어 윌슨 대통령에게 전하게 했고, 또 한 통은 한국 대표가 파리에 못 가게 될 경우에 대신 제출해달라고 『밀라드 리뷰(Milard Review)』지의 사장인 밀라드(Tomas Milard)에게 맡겼다. 밀라드는 중국 대표 루정샹(陸徵祥)과 함께 일본을 경유하다가 가방을 도난당하는 바람에 청원서를 분실했는데 이 사건은 일제의 소행으로 추정되었다.

결국 신한청년당에서는 파리강화회의에 한국 대표를 직접 파견하기로 하고 김규식을 선정하였다. 그는 1919년 1월 말 파리를 향해 상하이를 출발하였다. 파리에서는 미국인 헐버트(Homer Hulbert), 이관용(李灌鎔), 김규흥(金奎興, 중국명은 김복金復), 황기환(黃玘煥) 등이 합류하였다. 우리 대표들은 「공고서(控告書)」를 파리강화회의에 제출하고 사본을 각국의 원수와 정부, 국회 및 신문사를 비롯한 주요 기관에 배포하여 한국민의 독립 의지를 호소하였다. 그러나 이러한 활동은 일본의 방해로 별 소득 없이 끝나고 말았다.

한편 신한청년당에서는 김규식의 활동을 지원하기 위해 국내 각지로 대표를 보내 국제 정세를 설명하고 파리 대표의 활동을 위한 자금을 모으기로 했다. 이를 위해 선우혁, 김철(金澈), 서병호(徐

丙浩), 김순애(金淳愛) 등은 국내로, 장덕수는 국내와 일본으로, 그리고 여운형은 만주와 노령으로 파견되었다. 선우혁은 1919년 2월 초 평안북도 선천에 도착하여 양전백(梁甸伯) 목사와 정주의 이승훈(李承薰) 등을 만나고 이어 길선주(吉善宙) 목사 등 기독교 인사들을 만나 독립운동을 도모하려면 한국인이 일본의 치하에 있음을 불복(不服)하는 의사를 표시해야 할 것이라 주장하면서 운동의 전개와 자금 조달에 관한 협력을 약속받고 상하이로 돌아갔다. 김철은 서울에서 천도교 인사들을 만나 3만 원의 송금을 약속받고 상하이로 돌아갔다. 서병호와 김순애는 대구 지방의 애국 인사와 접촉하고 상하이로 돌아갔다.

신한청년당은 일본에도 제1차로 조소앙을, 제2차로 장덕수와 이광수(李光洙)를 파견하여 일본의 한국 유학생들과 접촉하게 하였다. 장덕수는 도쿄에서 일본 유학생들을 만나 김규식의 파리강화회의 한국 대표 파견 사실을 전하며 독립운동을 권유하고 서울로 잠입했다가 일제 관헌에 체포당했다. 뒤이어 이광수가 서울을 거쳐 도쿄로 가서 재일 한국 유학생들의 「2.8독립선언서」를 기초하였다.

여운형은 직접 만주 간도와 노령 연해주를 순방하였다. 여운형은 간도에서 여준(呂準)을 만나고 다시 연해주로 가서 그곳에 있던 박은식, 문창범(文昌範), 이동휘 등의 독립운동 지도자들과 북간도 간민회(墾民會)* 회장 김약연(金躍淵), 총무 정재면(鄭載冕) 등 많은

* 1913년 만주에서 김약연 등을 중심으로 조직된 한국인 자치단체이자 독립운동 단체. 한국인 자치기관의 역할을 하였고, 문맹 퇴치와 식산흥업 등 신문화 운동을 벌였으며 만주에 거주하는 한국인들의 생활을 보호하고 민족의식을

지도자를 만나 적극적인 독립운동을 요청하였다.

국내외를 아우른 이러한 신한청년당의 활동은 3.1만세운동의 진원지가 되었을 뿐만 아니라 이들의 노력은 3.1만세운동을 전후하여 각지로부터 유력한 인사들을 상하이로 모이게 하는 계기가 되었다. 1919년 3월 하순 무렵부터 신한청년당의 간부진인 서병호, 여운형, 선우혁, 이광수, 김철 등은 국내에서 온 현순, 최창식(崔昌植) 등과 더불어 상하이에 독립임시사무소를 설치하고 임시정부 조직 업무에 착수했다. 독립임시사무소에서는 본격적으로 3.1만세운동의 정신을 이어받아 독립운동을 펼쳐나갈 조직체를 결성하기 위한 준비 작업과, 중국을 비롯한 세계 각국의 신문에 민족의 의지를 알리기 위한 활동에 들어갔다. 이러한 활동을 바탕으로 협의를 거듭한 끝에 1919년 4월 11일 임시의정원과 임시정부를 정식 출범시켰다.

### 독립선언과 3.1만세운동

1919년 1월 22일 고종 황제의 갑작스런 죽음은 국민 모두에게 충격이었다. 일본 헌병대의 보고서에조차도 "1월 22일 돌연히 이태왕 승하의 소식이 발표되자 상하 모두 그 급격한 부음(訃音)에

고취시키는 활동을 하였다. 3.1만세운동 때에는 북간도 지방의 만세운동을 주도하였고, 그후 북간도 대한국민회로 개편되었다.

놀라지 않는 사람이 없었다", "이태왕 전하의 승하의 보가 전해지자 상하 일반이 경악하였고"라고 기록되어 있었다.

일제에 의해 강제 양위를 당하고 절치부심하던 황제의 갑작스런 죽음은 여러 가지 추측과 의혹을 불러일으켰다. 이토 히로부미(伊藤博文)의 정략에 의해 일본에 끌려갔다가 일본 여인과 혼례를 올리게 된 황태자 영친왕(英親王) 이은(李垠)의 혼롓날을 앞두고 절망하여 자결하였다는 소문도 그중 하나였다. 이 가운데 일반 국민들에게 가장 큰 영향을 미쳤으며, 3.1만세운동의 발발에 기름을 부은 것은 이른바 '독살설'이었다. 고종 황제가 일제에 의해 독살당했다는 소문은 식민지 지배하의 민족적 울분을 증폭시켰다. 곳곳에서 배일사상이 비등하였다.

지방마다 주민들은 흰 갓을 쓰고 양반, 유생의 주도 아래 망곡례(望哭禮)를 행하였는데, 경북 지방 1부(府) 23군에서만 230곳에서 망곡례가 거행되었다는 사실을 통해 전 국민적인 추모 정서를 알 수 있다. 3월 3일로 국장일이 결정되자 국장 참관을 위해 지방에서 상경하는 사람들이 줄을 이었다.

3.1만세운동이 실질적으로 촉발된 것은 천도교 내부에서였다. 1919년 5월 이종일(李鍾一)은 권동진(權東鎭), 오세창(吳世昌), 최린(崔麟)과 함께 그때까지 만세운동에 대해 신중론을 견지하던 천도교 교주 손병희(孫秉熙)의 사저인 상춘원으로 찾아가 독립선언과 독립만세운동을 일으키는 것을 허락해줄 것을 요청하였다. 그간 인명 희생을 우려하여 '독립 청원'을 주장하며 사태의 추이를 관망하던 손병희는 죽음을 무릅쓰고서라도 직접 봉기해야 한다는 이종일의

주장에 따라 적극적으로 민중 봉기 쪽으로 방향을 선회하였다.

이로써 독립만세운동의 추진은 본격화되었고, 그 자리에서 세 가지 독립만세운동의 원칙이 결정되었다. 첫째 독립운동을 대중화하여야 할 것, 둘째 독립운동을 일원화하여야 할 것, 셋째 독립운동을 비폭력으로 할 것이 그것이다. 세 사람이 일을 분담하여 권동진과 오세창은 천도교 내부의 일을, 최린은 천도교 외부와의 관계를 담당했다. 이들은 2월 초순부터 민족대연합전선(民族大聯合戰線)을 결성하기 위해 본격적으로 다른 종교 지도자들과 접촉하기 시작했다.

최린은 2월 상순경 최남선(崔南善), 송진우(宋鎭禹), 현상윤(玄相允) 등과 극비리에 회합을 갖고 운동 계획에 대해 토론했다. 이들은 독립만세운동을 대중화하기 위해서는 무엇보다 민중의 신망을 받는 인물들을 전면에 내세우지 않으면 안 된다고 생각했다. 우선 대한제국 시대 구관료로 윤용구(尹用求), 한규설(韓圭卨), 박영효(朴泳孝), 윤치호(尹致昊) 등과 접촉하여 그들을 민족 대표로 추대하려 했다. 그러나 이들은 모두 유보 또는 거절의 의사를 밝혔다. 최남선은 김도태(金道泰)를 통해 정주의 이승훈에게 상경을 요청했다. 2월 11일 이승훈이 서울로 올라왔다. 이때 이승훈은 이미 상하이에서 온 선우혁의 방문을 받고 평안도 지역 기독교계를 중심으로 은밀하게 독립운동을 준비하고 있었기 때문에 민족대연합전선을 형성한다는 데 대해 쾌히 동조하였다.

평북 선천으로 돌아온 이승훈은 양전백과, 이명룡(李明龍) 장로, 유여대(劉如大) 목사, 김병조(金秉祚) 목사 등과 천도교 측의 제의를 의논하고 즉석에서 이들의 찬성을 얻어냈다. 또한 이승훈은 평양으로 가서 길선주와 신홍식(申洪植) 목사 등과 만나 이들의 승낙도 받아냈다. 서울로 상경한 이승훈은 이 밖에도 오화영(吳華英), 정춘수(鄭春洙), 오기선(吳基善) 등을 만나 독립운동에 관해 협의하였다. 이때까지만 해도 기독교 측의 논의 결과는 단독으로 「독립청원서」를 미국 대통령과 파리강화회의에 제출하는 방식으로 하자는 것이었다. 2월 22일 최남선은 서울에 올라와 있던 이승훈을 만나 그와 함께 최린을 방문하고, 기독교 측의 상황을 전했다. 이 자리에서 이승훈이 기독교 측의 독자적인 계획 추진 의사를 밝히자 최린은 민족독립운동이 절대 통합되어야 한다고 강조하였다.

기독교 측에서는 곤란을 겪고 있는 자금 문제를 해결하기 위해 3,000원에서 5,000원 가량의 자금을 천도교에서 융통해줄 것을 요청하였다. 최린은 상춘원에 있는 손병희 교주에게 이를 보고하고 즉석에서 5,000원을 이승훈 측에 조달하였다.

한편 기독교 측에서는 천도교 측과의 연합 여부를 이승훈과 함태영(咸台永)에게 일임하였다. 문제가 되었던 것은 '독립 청원'이냐 '독립선언'이냐 하는 것으로, 기독교 측은 독립 청원을 계획하고 있었다. 최린은 이번 독립운동이 우리의 자주정신의 전통과 윌슨의 민족자결주의에 입각한 것이므로 독립 청원은 아무런 의미가 없으며, 천도교와 기독교의 연합에 의한 독립운동의 일원화가 아니면 민중을 동원할 수도, 민족정신의 위대성을 발휘할 수도 없음을 역설하였다. 이에 이승훈과 함태영도 찬성하여 이들은 독립운동의 추진 방법에 대해서도 세부적인 합의를 마쳤다.

「독립선언서」

1. 거사일은 3월 1일 오후 2시로 하고, 탑골공원에서 「독립선언서」를 낭독함으로써 독립을 선언한다.

2. 「독립선언서」는 비밀리에 인쇄하여 서울에서는 독립선언 당일 군중에게 배포하여 만세를 부르게 하며, 지방에는 이를 나누어 보낸다.

3. 「독립선언서」를 각 지방에 보낼 때 서울에서의 배포 일시 및 「독립선언서」 배포 절차를 전달하여 각 지방에서도 서울을 따르게 한다.

4. 「독립선언서」의 배포와 발송은 천도교 측과 기독교 측에서 각각 담당한다.

그 밖에 일본 정부와 귀족원 등에 보내는 통고문, 미국 대통령과 파리강화회의의 각국 대표에게 보내는 청원서 등도 분담하여 담당토록 하였다.

최린은 운동의 민족적 통일체를 완성하기 위해 불교 측의 교섭 상대도 물색하였으나 시일이 촉박하여 한용운(韓龍雲)과 백용성(白龍城) 두 사람만 참여하게 되었다. 유림계와의 교섭 또한 시도하였으나 촉박한 시간과 일제의 감시로 성사되지 못했다.

유림들은 민족 대표의 일원으로 참여할 기회는 놓쳤으나, 많은 지역에서 고종 황제의 인산에 참여하기 위해 상경해 있었으므로 3.1만세운동을 전국적으로 확산시키는 데 큰 역할을 하였다. 이들은 전국 각지에서 시위운동을 주도하거나 참여함으로써 3.1만세운동을 대중화하는 데 크게 기여하였다.

이처럼 종교계 인사들이 독립운동의 전면에 나서게 된 데에는 이유가 있었다. 일제에 의해 모든 사회단체가 해산당했고, 언론을 비롯하여 출판 집회 결사의 자유가 극도로 억압되어 다른 조직이 없었으며, 독립운동가들이 탄압을 피해 해외로 망명하여 국내의 대중들과 격리되어 있었기 때문에 국내에 유일하게 남은 조직이라고는 종교 단체와 학교뿐이었던 것이다.

1919년 3월 1일 낮 12시쯤 인사동의 태화관에 도착한 최린은 주인 안순환(安淳煥)을 불러 별관에 자리를 마련하고 30여 명분의 점심을 준비하라고 일렀다. 얼마 후 민족 대표들이 모여들기 시작하여 오후 2시까지 길선주, 유여대, 김병조, 정춘수를 제외한 29명이 모였다. 그날 길선주는 평양에서, 정춘수는 원산에서, 유여대는 의주에서 늦게 도착하였고, 김병조는 사전에 약속한 대로 상하이로 탈출하여 국내에 없었다. 태화관 주변에는 파고다공원 쪽과 연락을 취할 수 있도록 청년들이 대기하고 있었다.

「독립선언서」가 낭독되고 손병희의 지시에 따라 최린은 경무총감부에 전화로 독립선언 사실을 통고하였다. 총독부에는 「독립선언서」와 「독립통고서」를 보내고, 종로경찰서에는 인력거꾼을 시켜 제출했다. 조금 후 일본 경찰 수십 명이 달려와 식장을 포위했다. 이때 파고다공원에서는 수천 명의 학생, 시민이 독립선언의 장소가 변경된 것을 모르고 민족 대표들이 나타나기만을 기다리고 있었다. 소식을 전해들은 학생 대표 강기덕(康基德), 김원벽(金元璧), 한위건(韓偉健)이 태화관으로 달려와 항의하며 파고다공원으로 가기를 거세게 요청했으나 손병희와 최린은 이들을 이해시켜 돌려보냈다. 일동은 자리에서 일어나 '대한 독립 만세'를 힘차게 부르고 경시총감부로 차례로 연행되어 갔다. 민족 대표들은 차에 실려 가면서 「독립선언서」를 군중을 향해 뿌리며 '대한 독립 만세'를 외쳤다. 태화관 바깥과 시내의 군중들이 차를 에워싸고 감격과 흥분 속에서 목이 터져라 만세를 불렀다.

3월 1일 오후 2시 30분, 그때까지 민족 대표들을 기다리고 있던 학생들은 독자적으로 독립선언식을 거행하였다. 시민들과 학생들이 모인 가운데 「독립선언서」를 낭독한 학생 대표들을 중심으로 '독립 만세'를 연창하며 시가행진을 시작했다. 경성부윤(京城府尹)* 과 경찰국의 보고에 따르면 종로통에서 출발한 시위대는 학생들

---

* 일제강점기에 조선 경기도 경성부의 행정 사무를 총괄한 기관장.

이 중심이 되어 여러 갈래로 나뉘었는데, 한 갈래는 광교(광통교), 경성부청 앞, 남대문을 지나 의주통으로 꺾어져 프랑스공사관(현 창덕여중 자리)으로 행진하였다. 다른 갈래는 덕수궁 대한문에서 만세를 부른 후 구리개(현 을지로)로 향하였다. 여기서 시위대는 다시 나뉘어 한 갈래는 정동의 미국영사관으로 향하였으며, 다른 갈래는 광화문을 지나 경복궁 앞에서 만세를 불렀다. 이 외에도 또 다른 시위대의 한 갈래는 창덕궁 앞으로 행진하였으며, 다른 갈래는 조선보병사령부(현 정부서울청사 자리)로 행진하였다. 또한 소공동을 거쳐 총독부로 향하려고 진고개(현 충무로)로 행진한 시위대도 있었고, 육조 앞 일대(현 세종로)도 만세 시위대로 가득 찼다.

서울 장안은 온통 만세 소리로 뒤덮였다. 행렬은 꼬리를 물었고, 대열마다 한 번씩은 덕수궁 정문 앞에 당도하여 대한문 안으로 몇 걸음 들어가 황제의 빈전을 향해 절하고 물러갔다. 만세 소리는 해가 져서 어두워진 후에도 계속되었다.

서울에서 독립 만세 시위운동이 시작된 같은 날, 평양, 진남포, 안주, 의주, 선천, 원산 등 10여 개의 도시에서도 동시다발적으로 시위운동이 일어났다.

이처럼 일제에 항거하여 거국적인 민족의 독립을 선언한 것은 1919년 3월 1일이었다. 흔히 「3.1독립선언서」라고 알려진 「독립선언서」가 발표됨과 동시에 서울과 평양을 비롯한 전국 10여 곳에서는 같은 날 동시에 「독립선언서」가 발표되었고 독립을 요구하는 만세 시위가 일어났다. 이것은 사전에 비밀스럽고 치밀한 준비가 있었음을 말해주는 것이다. 만세 시위는 전국적으로 확산되었다.

나라를 잃은 지 10여 년간 가혹한 일제 헌병 경찰의 총칼에 짓밟히고 삶의 터전을 유린당했던 한민족의 의기(義氣)가 일시에 폭발한 것이다.

독립 만세의 외침은 해외에서도 일어났다. 한국인이 있는 곳이라면 어느 곳에서도 그 함성이 그치지 않았다. 만세운동은 만주로 중국으로 연해주로 미주로, 심지어 제국의 한복판 도쿄로도 불같이 번져갔다. 세계 역사 그 어디에서도 이런 대규모의 만세운동은 일어나지 않았다. 당시 제국주의의 침략을 받았던 무수한 식민지 국가 가운데 이런 열렬한 투쟁을 벌인 민족은 한국 외는 없었다. 모든 한국인이 종교를 넘어, 이념을 넘어, 빈부의 차이를 넘어 모두 한목소리로 '대한독립 만세!'를 외쳤던 것이다. 그것은 한국은 자주독립국이라는 선언이자 염원이었다.

이러한 3.1만세운동의 과정을 통해 우리 민족은 '독립'의 가치를 다시 생각하게 되었고, 민중이 역사의 주체임을 인식하게 되었으며 나라를 다시 찾아야 한다는 열망에 불타게 되었다. 이 열망은 곧 행동으로 옮겨졌다. 일제의 침략에 맞서 싸우기 위해 군대를 조직하고 무장투쟁을 전개하려는 움직임이 나타나기 시작한 것이다.

한편 미국의 대한인국민회(大韓人國民會)의 안창호(安昌浩)는 1918년 12월 1일 전체 회의를 소집, 워싱턴에 대표를 파견하여 파리강화회의에「독립청원서」를 보내기로 결의하고 대표로 정한경(鄭翰景), 이승만(李承晚), 민찬호(閔贊鎬)를 선정하였다. 세 대표는 여권 수속을 시작했으나 같은 전승국인 일본의 항의로 미국 정부가 여권을 발급해주지 않아 출발할 수 없었다.

1918년 12월 13일부터 뉴욕에서는 제2차 약소민족동맹회의가 열렸다. 이 회의에 신한협회를 대표해서 뉴욕의 김헌식(金憲植), 중서부 지역을 대표해서 시카고의 정한경, 대한인국민회를 대표하여 캘리포니아의 민찬호가 참석하였다. 이 회의에서는 파리강화회의의 민족자결주의 원칙에 따라 "모든 약소민족을 독립시켜야 한다"고 결의하였다.

미주 동포들이 한국 대표로 정한경, 이승만, 민찬호를 파리강화회의에 파견하기로 했다는 소식이 일본의 영자 신문 『저팬 크로니클(Japan Chronicle)』에 보도되고, 약소민족동맹회의의 약소민족 독립 결의가 『저팬 어드버타이저(Japan Advertiser)』에 보도되자 일본의 한국 유학생들은 크게 자극받고 고무되었다. 이는 곧 재일 한국 유학생들의 행동을 촉발하는 계기가 되었다.

사실 독립선언이 제일 먼저 발표된 곳은 일본의 중심, 도쿄였다. 재일 한국 유학생들은 1918년 12월 29일 유학생학우회의 망년회와 12월 30일 조선기독교청년회관에서 열린 동서통합웅변대회에서 한국 독립 문제를 의제로 하여 격렬한 토론을 벌이고, 생명을 바쳐서 조국 독립을 위한 실천 운동을 전개할 것을 결의하였다. 1919년 1월 6일 한국 유학생들은 같은 장소에서 다시 웅변대회를 개최하고 실천 운동에 착수할 것을 결의하였다. 이들은 실행위원으로 최팔용(崔八鏞), 서춘(徐椿), 백관수(白寬洙), 이종근(李鍾根), 김상덕(金尙德), 전영택(田榮澤), 김도연(金度演), 윤창석(尹昌錫), 송계백(宋繼白), 최근우(崔謹愚) 등 10명을 선출하였다. 이들은 독립선언을 하여 일본 정부와 각국 대사, 공사, 일본 귀족원과 중의원에 보내기로 결정하고, 1월 7일 200명의 회중에게 보고하여 만장일치로 동의를 얻었다. 때마침 앞에서 말했듯이 상하이의 신한청년당에서 보낸 조소앙, 장덕수가 도쿄에 도착하여 유학생들의 결기를 고취하였으며, 뒤이어 이광수가 도착하여 한국 유학생들의 「2.8독립선언서」를 기초하게 되었다.

이들은 조선청년독립단을 조직하고 송계백을 국내에 파견하여 국내의 독립운동을 고취하고 자금을 모집하며, 선언서를 찍을 인쇄 활자를 구해 오도록 하였다. 송계백은 「2.8독립선언서」 원고를 비밀리에 지니고 국내로 들어와 현상윤, 최린 등을 만났다. 이것이 국내 지사들에게 큰 자극을 주어 3.1만세운동 준비를 본격화하는 계기가 되었다.

도쿄에 있던 한국 유학생들은 1919년 2월 8일 오전 10시 「선언서」와 「결의문」, 「민족대소집청원서」를 귀족원과 중의원, 조선총독부, 도쿄 및 일본 각지의 신문사와 잡지사, 여러 학자에게 우송하고, 오후 2시 조선기독교청년회관에서 약 400명이 모여 유학생 학우회 선거를 빙자한 유학생 대회를 열었다. 최팔용의 사회로 대회의 명칭을 조선독립청년단 대회로 바꾸고 독립선언식을 거행하였다. 백관수가 조선독립청년단 대표 명의의 「선언서」를 낭독하고, 김도연이 4개 항의 「결의문」을 발표하였다. 장내의 독립 만세 소리로 열광은 극에 달했다. 이들은 세간에 '2.8독립선언'으로 알려진 이 선언을 통해 한국이 독립국임을 일본을 비롯한 국제사회에 널리 알렸다.

이 「선언서」에서는 4300년의 유구한 역사를 가진 한민족이 그동안 다른 민족에게 실질적인 지배를 받은 일이 없었음을 강조하고 가혹한 억압과 침탈을 자행하는 일제에 맞서 최후의 1인까지 혈전을 벌일 것을 천명하였다. 이들은 한국 독립을 위한 민족 대회를 소집하고 파리에서 열리는 만국평화회의에 대표를 파견할 것을 결의하였다.

오후 3시 50분 니시간다(西神田) 경찰서의 경찰에 의해 포위된 집회장에서는 곧 경찰과 유학생들 간에 일대 난투극이 벌어졌으며, 미리 상하이로 탈출한 이광수를 제외한 임시 실행위원 10명과 함께 27명이 검속되어 그중 최팔용 등 9명은 금고 1년에서 7개월 15일의 형을 받았다.

한편 만주 지린(吉林)에서는 3.1독립선언 한 달 전인 1919년 2월 1일에 만주, 연해주, 중국, 미국 등 해외에서 활동 중인 독립운동가들이 중심이 되어 「대한독립선언서」(무오독립선언)*를 발표하고 한국이 자주독립국임을 내외에 선포하였다. 이들은 '대한은 완전한 자주독립국'이요, '민주적 자립국'임을 당당히 밝힘과 동시에 일제가 강요한 이른바 '한일합방'은 무효이며 융희황제가 주권을 포기한 것은 곧 대한 국민에게 주권을 넘겨준 것일 뿐임을 천명하였다. 또한 일제는 응징해야 할 적이라 규정하고 이에 독립운동가들은 국민의 뜻을 위임받아 주권을 행사하고 정의로운 독립전쟁

* 무오독립선언의 시기에 대해서는 기미독립선언 이전(2월 1일)으로 보는 설과 이후로 보는 설이 있는데 여기서는 전자를 택했다.

「대한독립선언서」

을 벌여 나라를 되찾을 것임을 국제사회에 선포하였다.

　「대한독립선언서」는 국내에서 종교계 대표들의 명의로 발표된 「3.1독립선언서」(기미독립선언)와 달리 해외에서 (무장) 독립운동을 주도하고 있던 민족 대표 39인의 이름으로 발표된 것이 특징이다. 따라서 무오독립선언은 기미독립선언에 앞서 발표된 최초의 독립선언으로서 해외의 모든 독립운동가가 뜻을 모은 독립선언이라는 데 그 의의가 있다. 무오독립선언에 서명한 인사들은 대부분 독립운동사에서 지대한 업적을 남긴 핵심적 독립운동가들로 또한 대한민국임시정부를 주도하였다. 이들은 나아가 독립의 선언에 그치지 않고 노령의 대한국민의회, 상하이의 대한민국임시정부, 한성

(서울)의 한성임시정부 등의 망명정부를 수립하는 구체적 행동을 하였다. 「대한독립선언서」를 기초한 조소앙은 무오독립선언 직후 앞에서 말했듯이 일본으로 건너가 2.8독립선언을 고취하였으며, 그후 무오독립선언과 2.8독립선언의 영향을 받아 기미독립선언과 함께 3.1만세운동이 전국적으로 일어났던 것이다. 무오독립선언에는 김교헌(金敎獻), 김동삼(金東三), 조용은(趙鏞殷, 조소앙), 신규식, 정재관(鄭在寬), 여준, 이범윤(李範允), 박은식, 박찬익, 이시영, 이상룡(李相龍), 윤세복(尹世復, 윤세린), 문창범, 이동녕, 신채호, 허혁(許爀), 이세영(李世永), 유동열, 이광, 안정근(安定根), 김좌진(金佐鎭), 김학만(金學滿), 이대위(李大爲), 손일민(孫一民), 최병학(崔炳學), 박용만(朴容萬), 임방(林淓), 김규식, 이승만, 조욱(曺煜, 조성환), 김약연, 이종탁(李鍾倬), 이동휘, 한흥(韓興), 이탁(李沰, 이용화), 황상규(黃尙奎), 이봉우(李奉雨), 박성태(朴性泰), 안창호(安昌浩) 등이 서명하였다.

제2부   상하이 시기(1919-1932)

大韓民國臨時政府史

# 2장 임시정부 수립 과정

## 제1차 세계대전과 정부 수립 운동

처음 정부 수립 운동이 일어난 것은 미주 한인 사회에서였다. 1911년 초 '미일전쟁'설이 유포되자 일찍이 미주 지역에서 독립운동을 준비하던 박용만은 이를 조선이 독립할 기회라고 생각하고 대한인국민회를 '무형 국가(無形國家)'로 건설할 것을 주창하였다. 그는 대한인국민회를 국가와 인민을 대표하는 총기관인 '임시정부'로 설립하고 삼권분립에 의한 자치제도를 실시하며, 병역과 납세의무 등을 지울 것을 주장하였다. 그러나 박용만의 '무형 국가' 건설론은 미일전쟁이 불발되고, 대한인국민회를 한인의 자치기관으로 유지해야 한다는 온건론에 밀려 더 발전하지 못했다.

한편 노령 연해주는 만주와 함께 '독립전쟁론'에 따라 독립운동 기지로 추진되면서 독립운동의 주요 거점이 되었다. 독립전쟁론이란 우리 민족의 군대를 양성하여 일제가 중국, 미국, 소련 등과 전쟁을 일으킬 때 이들과 함께 독립전쟁을 감행하여 독립을 쟁취한다는 방략이었다. 러시아의 한인 자치기관인 권업회(勸業會)는 1914년 대한광복군정부 설립을 주도하고 독립전쟁에 대비하여 노령과 만주에서 양성된 광복군의 전투 편성 계획까지 수립하였다. 그러나 제1차 세계대전이 발발하고 국제 정세가 급변하면서 오히려 대한광복군정부의 설립 주도자들이 러시아 당국에 의해 체포되고 대한광복군정부는 해산되고 말았다. 이에 대한광복군정부에 참여했던 독립운동가들은 상하이로 집결하였다.

앞에서 살펴보았듯이 이들은 장차 일본이 참전하여 중국과 독일에 선전포고를 하는 대일 전쟁이 일어나게 되리라 전망하면서 전쟁이 국권 회복의 기회가 될 것이라고 판단하였다. 이들은 서둘러 신한혁명당을 결성하고 고종 황제를 당수로 추대하여 대한제국의 망명 정부를 수립하고자 하였다. 그러나 이 계획은 무위로 끝나고 말았다. 신한혁명당이 추진한 망명 정부 수립 계획은 세계 정세에 대한 오판으로 실패하고 말았지만 이는 새로운 국면 전환의 계기가 되었다. 1917년 7월의 「대동단결선언」은 이러한 상황에서 나온 것이다.

「대동단결선언」은 그것을 주도한 인물들이 국외 각지에 흩어져 있었기 때문에 그 이념을 당장에 구현하기는 어려웠다. 그러나 2년 뒤에 3.1만세운동을 기점으로 국내외 각지에서 임시정부 수립 운동이 일어난 것도 이념적으로는 국민주권론에 의거하여 공화정을 표방한 「대동단결선언」의 토대 위에서 가능했던 것으로 이해된다.

러시아혁명, 윌슨의 민족자결주의 원칙 등 국제정세의 변화에 따라 국내에서도 일제의 무단통치에 대항하기 위한 항일 투쟁이 일어나게 되었는데 이것이 3.1만세운동으로 승화되었다. 3.1만세운동은 특정 종교나 계층만의 반일 투쟁에 그친 것이 아니라 모든 민족이 준비하고 참여하는 민족운동으로 발전하였다. 비록 3.1만세운동이 당장 독립을 쟁취한 것은 아니지만 이 운동은 독립에 대한 의지를 일층 고무시킬 수 있었다. 이러한 독립을 향한 민족적 의지는 조직적 투쟁이 요구되었고, 효과적인 투쟁을 위한 최고 통치기관의 필요성이 대두되었다.

이러한 최고 통치기관(임시정부)이 역사적으로 평가받는 점은 종래의 군주제와 결별하고 민주공화체제로의 과감한 이행과 실천을 했다는 데 있다. 이것은 민족운동 과정에서 민주공화정부를 수립하려는 의지가 이미 팽배해 있었기 때문이며 그러한 분위기하에서 3.1만세운동 직후에 바로 국내외에서 공화주의에 기반을 둔 임시정부가 세워질 수 있었다.

실제적인 조직과 기반을 갖추고 수립된 임시정부는 노령, 상하이, 한성의 임시정부였다. 먼저 노령에서는 국내에서 3.1만세운동이 발발하자 3월 17일 전로한족회중앙총회를 대한국민의회로 개편하면서 임시정부를 수립하였다. 또한 상하이에는 3.1만세운동을 계기로 국내외 독립운동가들이 모여들었다. 앞에서 살펴본 대로 상하이에서는 이미 「대동단결선언」을 통해 임시정부 수립을 제창한 바 있었다. 이들은 대표를 선정하여 1919년 4월 10일부터 임시의정원 회의를 개최하였고, 4월 11일 임시정부를 수립하였다. 그리고 국내인 한성에서는 13도 대표들이 비밀리에 인천 만국공원(현 자유공원)에 모여 임시정부 수립을 결의하고, 4월 23일 국민대표대회를 개최하는 형식으로 임시정부의 수립을 발표하였다.

### 노령정부(대한국민의회)

한국의 임시정부로서 가장 먼저 수립된 것은 노령의 블라디보스토크에서 '전로한족중앙총회'가 자체 개편된 '대한국민의회'였다. 1905년 이후 노령에서는 성명회(聲明會), 권업회 등 여러 단체가 연해주 지역을 중심으로 한인들의 독립 정신과 애국 사상을 고취해오고 있었다. 그러나 제1차 세계대전이 발발함과 동시에 러시아 정부가 전시 단체 활동을 금지함으로써 러시아에서의 독립운동은 중지될 수밖에 없었다. 그러다가 1917년 11월 러시아에서 제2차 혁명이 일어나자 한인들은 블라디보스토크에서 '전로한족회중앙총회'를 결성하여 회장에 문창범, 간부에 김립(金立), 윤해(尹海) 등을 선출하고 자치 사상과 독립사상을 고취시켰다. 전로한족회중앙총회는 1919년 2월 '대한국민의회'라고 개칭하고 파리강화회의에 윤해, 고창일(高昌一)을 파견키로 결의하였다. 대한국민의회는 국내에서 3.1만세운동이 일어나자 3월 17일 수천 명의 군중을 모아 독립선언식을 하고 「독립선언서」를 낭독한 뒤 시가행진을 하였다. 이들은 「독립선언서」를 각국 영사관에 보내고, 3월 27일 한국의 독립과 정부의 승인을 요구하는 한편 이것이 여의치 않을 때는 일본에 선전포고를 할 것이라는 등의 내용을 담은 결의문을 채택하였다. 이어 전로한족회중앙총회 회장이었던 문창범의 대한국민의회 회장 추대 결의안과 정부 각료의 선임을 발표하였다.

　대한국민의회 정부 각료로는 대통령: 손병희, 부통령: 박영효, 국무총리: 이승만이, 각 총장으로는 윤현진(尹顯振, 탁지부), 이동휘(군무부), 안창호(내무부), 남형우(南亨祐, 산업부)가 선임되었다.

　대한국민의회 정부는 상하이의 대한민국임시정부나 한성정부가 약식이기는 하지만 임시헌장이나 약헌(約憲)을 제정, 공포했던 것에 비해 그에 해당하는 어떠한 헌법도 제정하지 않았다. 하지만 러시아령에 거주하는 50만 교포를 등에 업고 '일본에 대하여 혈전을 포고할 것을 주장'한 것은 이 정부가 다른 두 정부에 비해 훨씬 강력한 독립 의지를 담고 있었음을 보여준다고 할 수 있을 것이다. 대통령, 부통령제의 행정부가 특별한 기능을 수행한 흔적은 없지만 입법기관이었던 대한국민의회가 주체로서 실재하였고, 이는 후에 상해임시정부와 통합되었다.

### 대한민국임시정부(상해임시정부)

　3월 1일 독립선언이 발표된 후 국내외에서 활동하고 있던 많은 지도자가 독립운동의 주요 거점인 상하이로 모여들었다. 국내외에서 활동하던 지도자들이 상하이로 모여든 것은 임시정부를 수립하기 위해서였다.

대한민국임시정부가 위치한 상하이는 국내를 비롯하여 일본군이 주둔해 있는 만주나 연해주에 비해 상대적으로 안전하며 미주 지역보다 국내와 훨씬 가깝다는 지리적인 이점을 가지고 있었다. 이 같은 입지 조건에 기반해 1918년 8월 하순경 여운형, 장덕수, 선우혁 등이 신한청년당을 결성하였다는 것은 앞에서 언급하였다. 이들은 국내를 비롯하여 일본, 러시아 연해주, 미주 등 각지에 당원을 파견하고 각계각층의 참여를 유도했다. 또한 김규식을 파리강화회의에 파견하여 조국의 독립을 호소하였다. 그런 가운데 해외 독립운동가들 39인의 무오독립선언과 도쿄 유학생들의 2.8독립선언 그리고 국내의 3.1만세운동 소식이 전해지자 이들의 활동도 더욱 활발하게 전개되었다.

앞에서 설명한 대로 3월 하순에는 신한청년당에서 각지로 파견한 당원들이 상하이로 돌아오고 독립지사들이 속속 상하이에 집결함으로써 프랑스 조계 보창로 329호에 '독립임시사무소'가 설치되었다. 이들은 현순을 총무로 선정하여 본국으로부터 전달된 「독립선언서」와 3.1만세운동의 소식을 각국의 통신사와 신문사에 제공하였다. 이와 동시에 이동녕을 비롯한 30여 명의 지도급 독립지사들이 상하이에 도착하였다. 4월 8일에는 서울에서 강대현(姜大鉉)이 파견되어 한성정부의 각료 명단과 임시정부 초안을 가지고 왔으며, 이춘숙(李春塾), 이규갑(李奎甲) 등 한성정부 인사들도 속속 상하이에 도착하였다. 상하이에는 임시정부 수립의 기운이 점차 고조되었다.

4월 10일과 11일에는 프랑스 조계 김신부로에서 29명의 의원이 출석하여 '임시의정원'이라는 명칭의 의회를 구성하고 이동녕을 의장으로 선출하였다. 또한 국호와 연호 및 관제를 결의하고 임시헌장 10개조와 헌장 선포문을 결정하면서 임시정부가 수립되었다. 이어서 선서문과 정강 6개조를 통과시켰으며 4월 13에는 이들을 내외에 공포하고 4월 17일에는 임시정부의 현판식도 가졌다.

하지만 국무총리를 수반으로 한 대한민국임시정부는 곧바로 출범하지 못했다. 국무총리 이승만을 비롯하여 각원 대부분이 상하이에 있지 않았기 때문이다. 당시 총장 가운데 유일하게 법무총장 이시영만이 상하이에 있었다. 이로써 수립 직후 임시정부는 상하이에 있던 소장층 차장들인 신익희(내무차장), 현순(외무차장), 이춘숙(재무차장) 남형우(법무차장) 등을 중심으로 운영될 수밖에 없었다.

임시정부가 곧바로 출범하지 못한 또 다른 이유는 이승만을 국무총리로 선출하는 과정에서 일어난 논란 때문이다. 임시의정원 회의에서 이승만을 국무총리로 선출하자는 제안이 있었을 때, "이승만은 위임통치 및 자치 문제를 제창하던 자이니 국무총리로 신임이 불가능하다"는 반대 의견이 있었다. 가장 강력히 반대한 사람은 신채호였다. 위임통치를 청원한 사람이 민족의 지도자, 더욱이 독립운동을 총괄할 최고 책임자가 될 수 없다는 논리였다. 이승만의 국무총리 선출과 위임통치 청원을 둘러싼 논란은 임시정부 내에서 심각한 문제로 대두되었고, 법무총장 이시영과 군무차장 조성환도 이에 불만을 품고 상하이를 떠나 베이징으로 가버렸다.

임시정부가 세워졌지만 내부 문제는 복잡하게 돌아갔다. 이승만의 국무총리 선출을 둘러싼 논란 외에도 임시정부 수립에는 몇 가지 대립이 있었다. 우선 임시정부의 주도권 문제로, 국내 인사 측과 해외 인사 측의 입장이 서로 달랐다. 둘째, 국호 문제로, 대한민국, 조선공화국, 고려공화국 등으로 국호에 대한 의견이 대립되었다. 마지막으로 구황실 우대 문제에 대해서도 의견 대립이 있었다. 그뿐만 아니라 국내에서 수립된 한성정부와의 관계, 노령에서 수립된 대한국민의회의 통합 제의 등 복잡한 문제들이 있었다.

여기서 큰 역할을 한 것이 안창호다. 안창호는 이미 대한민국임시정부가 수립되고 난 5월 25일 상하이에 도착해서 동서이자 의사인 김창세(金昌世)의 병원에 머물며 사태를 주시하고 있었다. 그리고 도착한 지 한 달여 만에 내무총장에 취임하게 된다. 안창호는 취임에 앞서 6월 25일 상하이교민단에서 연설회를 가지고 두 가지 점을 강조한다. 하나는 임시정부가 정부로서 확고한 위치에 오르기 위해서는 정부의 통합을 이루어야 한다는 것과, 다른 하나는 이승만의 위임통치 문제는 접어두고, 그가 국무총리직을 수행할 수 있도록 도와주어야 한다는 것이다. 즉 안창호는 이승만을 국무총리로 인정하고, 그를 중심으로 임시정부를 유지 운영해야 한다는 결론을 내린 것이다. 안창호가 6월 28일 내무총장에 취임함으로써 임시정부는 공식적으로 출범하게 되었다. 그는 미주에서 가지고 온 2만 5,000달러(미주 대한인국민회가 모금한 독립 의연금)로 임시정부 청사를 마련하였다.

아직 취임 전인 이승만의 국무총리 역할도 겸하였다. 이로써 임시정부는 내무총장으로서 국무총리를 대리하는 안창호와 차장들

**대한민국임시정부 청사**

을 중심으로 조직을 갖추게 된 것이다.

　안창호는 임시정부가 추진해나갈 시정방침을 천명하였다. 임시의정원에 출석하여 향후 인구조사, 공채 발행, 인구세(人口稅) 등으로 재정을 마련하고 군사와 외교 활동에 대한 계획을 밝혔다. 이어 일제의 통치를 무력화시키고 비밀 행정 조직을 통해 국내를 직접 통치하기 위해 연통제와 교통국 등의 법령을 제정하고, 특파원들을 국내로 파견하여 내국인들과 연계를 맺는 활동을 시작했다.

여기서 의원내각제를 채택한 상해임시정부의 각료를 정리해보면 다음과 같다.

임시의정원 의장 이동녕
임시정부 국무총리 이승만
내무총장 안창호
외무총장 김규식
법무총장 이시영
재무총장 최재형
군무총장 이동휘
교통총장 문창범

아울러 상해임시정부에서는 다음과 같은 임시헌장을 제정하였다.

대한민국임시헌장

제1조 대한민국은 민주공화제로 함.
제2조 대한민국은 임시정부가 임시의정원의 결의에 의하여 이를 통치함.
제3조 대한민국의 인민은 남녀 귀천 및 빈부의 계급 없이 일체 평등함.

제4조 대한민국의 인민은 종교, 언론, 저작, 출판, 결사, 집회, 통신, 주소 이전, 신체 및 소유의 자유를 향유함.

제5조 대한민국의 인민으로 공민 자격이 있는 자는 선거권 및 피선거권이 있음.

제6조 대한민국의 인민은 교육, 납세 및 병역의 의무가 있음.

제7조 대한민국은 신의 의사에 의하여 건국의 정신을 세계에 발휘하며 나아가 인류의 문화 및 평화에 공헌하기 위하여 국제연맹에 가입함.

제8조 대한민국은 구황실을 우대함.

제9조 생명형, 신체형 및 공창제를 전폐함.

제10조 임시정부는 국토 회복 후 만 1년 내에 국회를 소집함.

이상의 내용들을 보면 상해임시정부는 헌법의 체제를 갖추었으며 국체와 정체를 민주공화제라고 한 것에서 매우 진보적인 정부 형태임을 알 수 있는데 이는 3.1만세운동의 필연적 결과라 할 수 있다. 다만 구황실 우대 문제를 집어넣은 것은 민주공화국을 표방한 국체와는 모순되지만 본국 국민들의 구황실에 대한 충성심 등을 고려해 반발을 무마하기 위한 것으로 보인다.

또한 권력 구조를 규정한 제2조를 보면 의회와 행정부에 구별을 두었는데 사실상 임시의정원이 국정의 최고 결정 기관임을 알 수 있다. 제3조와 제4조의 평등권과 기본권 규정은 근대 헌법 정신의 표현으로 볼 수 있으며, 제10조의 규정은 국권 회복 후 본국 국회로 그 합법성을 이어나가게 하려는 조치였다.

### 한성정부

국내에서의 임시정부 수립 계획은 3월 초에 이교헌(李敎憲), 윤이병(尹履炳), 윤용주(尹龍周), 최전구(崔銓九), 이용규(李容珪), 김규(金奎) 등이 이규갑에게 임시정부의 수립 문제를 제의하면서부터 시작되었다. 이들의 권유로 각계의 대표로 추대된 인물들은 4월 2일 인천 만국공원에 집합하여 임시정부의 수립을 선포할 것을 결의하였다. 여기에 참여한 이는 20여 명으로 천도교 대표 안상덕(安商悳), 기독교 대표 박용희(朴容羲), 장붕(張鵬), 이규갑과 유교 대표 김규, 불교 대표 이종욱(李鍾郁) 등이었다. 4월 중순에는 안상덕, 현석칠(玄錫七) 등이 발기하여 국민대회를 소집하기로 하였다. 13도 대표들은 서울 서린동 봉춘관에 모여 국민대회를 서울에서 개최할 것을 협의하고 또 당일에 임시정부 각원을 선거하기로 하였다. 이들은 4월 23일 봉춘관에서 '국민대회' 간판을 걸고 임시정부 포고문과 국민대회 취지서, 결의 사항을 발표하였다. 또한 이승만을 집정관총재로, 이동휘를 국무총리총재로 하는 임시정부 각원과 파리강화회의 대표 및 약법(約法), 임시정부령 제1호(적국인 일본에 납세를 거절하라는 내용), 제2호(적의 재판과 행정상 모든 명령을 거절하라는 내용) 등도 함께 발표하였다.

약법의 주요 골자는 국체는 민주제를, 정체는 대의제를 채용하며 국시는 국민의 자유와 권리를 존중하고 세계 평화와 행복을 증진한다는 것 등이다. 한성정부는 연합통신(UP)에 보도됨으로써 국제적으로 큰 선전 효과를 얻게 되었다. 특히 한성정부가 서울에서 그것도 국민대회라는 국민적 절차를 통해 조직되었다는 점은 후일 여러 정부가 통합되는 과정에서 한성정부가 정통성을 확보하게 되는 중요한 구실을 하였다.

한성정부는 집정관총재와 국무총리총재 외에 정부 각료로 외무총장 박용만, 내무총장 이동녕, 군무총장 노백린, 재무총장 이시영, 법무총장 신규식, 학무총장 김규식, 교통총장 문창범, 노동국총판 안창호를 선임하였다.

한성정부의 특징은 의회가 없다는 것과 정부의 권한은 정식 국회가 소집되어 헌법을 반포할 때까지 전권이 정부에 위임되어 있다는 것이다. 따라서 국가 독립이 달성되어 정식 정부가 생길 때까지 이승만 독주의 길을 피할 수 없게 되었다.

### 통합 정부의 수립

3.1만세운동을 전후하여 국내외에서는 8개 지역에서 임시정부*가 국가적 형태를 갖고 수립되었거나 준비 단계에 있었다. 그 가운데서도 중심을 이루었던 정부는 앞에서 살펴본 대로 노령의 대한국민의회, 상하이의 대한민국임시정부, 한성의 임시정부였다. 이제 문제는 이들 세 임시정부가 대동단결하여 단일 민주 정부를

* 노령의 대한국민의회, 상하이의 대한민국임시정부, 서울의 한성정부 외에도 평안도의 신한민국정부, 서울의 조선민국임시정부, 기호지방의 대한민간정부, 간도 지역의 고려임시정부와 대한공화정부 등이 있었다.

수립하여 대외적으로 새로운 광복 운동의 구심체로서 역할을 수행하는 데 있었다.

1919년 3월 하순부터 상하이에서 임시정부 수립 문제가 논의되기 시작할 무렵에 노령에 있던 이동녕, 조완구(趙琬九), 조성환과 서간도 지린의 김동삼, 이시영, 조소앙 등 30여 명이 상하이에 도착하였다. 이들은 여운형이 노령과 만주로 파견되었을 당시 상하이로 오기로 이미 약속했거나 그후 서신 교환 등을 통해 상하이로 집결하게 된 것이다.

앞서 살펴본 대로 4월 8일에는 서울의 독립단 본부에서 파견된 강대현이 한성정부의 각료 명단과 임시정부 헌법 초안을 가져왔다. 상하이에서는 4월 10일 임시의정원을 개회하고 의장에 이동녕, 부의장에 손정도(孫貞道)를 선출한 후 4월 11에 관제를 집정관제에서 총리제로 바꿔서 임시정부를 조직하였다. 그리고 4월 13일에는 상해임시정부의 수립을 내외에 선포하였다.

대한국민의회의 원세훈(元世勳)은 4월 15일 대한국민의회와 임시의정원을 통합하고 정부의 위치를 노령으로 하자고 제의하였다. 원세훈은 5월 초에 다시 노령 방면의 특사로 상하이에 와서 외교부와 교통부만 상하이에 남기고 나머지는 모두 지린 또는 시베리아로 옮기자고 제안하였으나 상하이 측에서는 논의 끝에 결국 정부는 상하이에 두기로 결정하였다. 노령에는 많은 한인 교민이 살고 있으나 일제의 세력이 미치고 있어 언제 그 피해를 입을지 모르기 때문이었다. 이어서 상하이 임시의정원에서는 5월 13일 회의를 열고 대한국민의회를 의정원에 통합할 것을 결정하였다.

1919년 7월 10일 제5회 임시의정원 회의에서는 정부 측의 제의로 첫째, 임시정부의 위치를 상하이에 두되 거류민의 여론에 따라 위치를 변경할 수 있음, 둘째, 임시의정원과 대한국민의회를 통합하여 의회를 조직하되 노령 측에서 이 의회의 위치를 노령에 둘 것을 절대 주장할 경우 이를 허용함, 셋째, 의회의 의원은 단순한 의사기관만 될 것* 등의 내용을 가결시켰다. 이러한 통합안은 의회의 위치 문제를 제외하고는 이후 상해임시정부의 기본 입장이 되었다.

  임시정부의 위치에 대해서도 논란이 있었다. 조계지라는 안전지대가 있고 세계적인 정보망과 교통의 편의성을 갖춘 상하이와, 대규모 한인 사회가 존재하는 노령은 서로 다른 장단점을 갖고 있었다. 상하이 측에서는 상하이가 국제적인 도시임을 강조하고, 노령 측에서는 만주, 국내와의 연락의 편의성을 강조하면서 마찰이 빚어졌으나 결국 정부의 위치는 당분간 상하이에 두기로 합의하게 되었다.

  한편 내무총장 안창호가 상해임시정부의 내무총장이 되어 여러 시정 계획을 속속 제시하여 실행에 옮겼지만 이러한 실천에는 많은 제약이 따랐다. 가장 큰 이유는 이승만이 한성정부를 배경으로 활동을 시작했기 때문이다. 이승만은 6월 12일 '대한민주국 대통령 겸 집정관총재'라는 명의를 사용하여 파리강화회의에 파견되

---

\* 노령의 대한국민의회는 의회 기능뿐만 아니라 행정, 사법의 기능까지도 통일적으로 공유한 조직이었기 때문에 상해임시정부의 임시의정원과 같은 의회 기능만을 수행하는 것으로 제한하였다.

었던 김규식을 '대한민주국 대표 겸 전권대사'로 임명하였다. 그리고 임시정부의 명칭을 영어로 'Republic of Korea'라고 칭하고 '집정관총재'를 '대통령(President)'으로 번역하여 대외적 명칭으로 삼았다.

그뿐만 아니라 이승만은 임시정부의 수립 및 자신이 대통령이라는 사실을 국내외에 선전하고 있었다. 그는 6월 14일 '대한공화국 대통령' 명의로 대한제국과 조약을 체결하였던 미국, 영국, 프랑스, 이탈리아 등 열강 정부에, 그리고 6월 27에는 파리강화회의 의장 클레망소에게 한국에 '완벽한 자율적 민주 정부'가 수립되었으며 자신이 그 정부의 대통령으로 선출되었다는 사실을 통보한 것이다. 이승만은 국내외 동포들에게도 자신이 한성정부에서 대통령으로 선출되었다는 사실을 알렸다.

잘 알려진 대로 안창호는 이승만에게 대통령 칭호 사용을 중지하도록 요청한 사실이 있다. 8월 25일 안창호는 이승만에게 다음과 같은 전문을 보냈다.

처음의 정부는 국무총리 제도이고 한성정부는 집정관총재이며, 어느 정부에나 대통령 직명이 없으므로 각하는 대통령이 아닙니다. 지금은 집정관총재 직명을 가지고 정부를 대표하실 것이오, 헌법을 개정하지 않고 대통령 행사를 하시면 헌법위반이며 정부를 통일하던 신조를 배반하는 것이니, 대통령 행사를 하지 마시오.

그러나 이승만은 이러한 요청을 단호하게 거절하였다.

우리가 정부승인을 얻으려고 진력하는데 내가 대통령 명의로 각국에 국서를 보냈고, 대통령 명의로 한국 사정을 발표한 까닭에 지금 대통령 명칭을 변경하지 못하겠소. 만일 우리끼리 떠들어서 행동이 일치하지 못한 소문이 세상에 전파되면 독립운동에 큰 방해가 될 것이며, 그 책임이 당신들에게 돌아갈 것이니 떠들지 마시오.

이승만이 이렇게 나오니 안창호로서도 별다른 방도를 택할 수 없었다. 이미 이승만이 임시정부의 대통령이라는 것을 국내외에 선전하고, 또 그렇게 활동하고 있는 상황이었기 때문이다. 안창호는 한성정부를 중심으로 하여 세 임시정부를 통합하고, 이승만을 대통령으로 선출하는 쪽으로 방향을 잡을 수밖에 없었다. 안창호는 임시의정원에 출석하여 의원들에게 한성정부를 중심으로 통일을 이루자고 설득하였다. 정부를 하나로 통합해야 하는데 이미 한성정부가 국내에서 조직되었고 또 이승만이 한성정부의 대통령으로 활동하고 있으니 상하이에서 수립된 정부를 희생하고 한성정부를 승인하자고 한 것이다.

안창호는 두 방향으로 일을 추진해나갔다. 상하이 측 인사들을 설득하여 헌법의 개정 및 임시정부의 개조 사업에 착수하고, 다른 한편으로는 노령 측에 한성정부를 중심으로 하여 통일을 이루자는 방안을 제시하고 협상을 전개한 것이다.

헌법 개정과 임시정부 개조 사업은 임시의정원을 통해 이루어졌다. 이를 위해 상해임시정부에서 임시의회 소집을 요구하였고, 8월 18일 제6회 임시의회가 열렸다. 정부는 집정관총재를 대통령으로 고치고, 상해임시정부를 한성정부의 조직안대로 개조하자는 정부 개조안과 이에 따른 헌법 개정안을 제안하였다. 임시의정원에서는 8월 28일부터 이에 대해 토의하여 9월 6일 정부에서 제출한 헌법 개정안과 임시정부 개조안을 통과시켰다.

  안창호는 노령 측에도 대표를 파견하여 협상을 전개하였다. 노령 측에 제안한 협상안은 다음과 같다.

> 1. 상하이와 노령에서 설립한 정부들을 일체 작소(繳銷)하고 오직 국내에서 13도 대표가 창설한 '한성정부'를 계승할 것이니 국내의 13도 대표가 민족 전체의 대표인 것을 인정한다.
> 2. 정부의 위원은 아직 상하이에 둘 것이니 각지에 연락이 비교적 편리한 까닭이다.
> 3. 상하이에서 설립한 정부의 제도와 인선을 작소한 후에 한성정부의 집정관총재 제도와 그 인선을 채용하되 상하이에서 정부 설립 이래 실시한 행정은 그대로 유효한 것으로 인정할 것이다.
> 4. 정부의 명칭은 대한민국임시정부라 할 것이니 독립선언 이후에 각지를 원만히 대표하여 설립된 정부의 역사적 사실을 살리기 위함이다.
> 5. 현임 정부 각원은 일제히 퇴직하고 '한성정부'가 선출한 각

원들이 정부를 인계할 것이다.

　상하이와 노령에서 수립한 임시정부는 모두 없애고, 국내에서 수립한 한성정부를 계승하는 형식으로 통일을 이루자는 것이다. 또한 정부의 위치는 상하이에 두고, 정부의 이름은 대한민국임시정부로 하자고 하였다. 이에 따라 상하이와 노령의 각원은 모두 사퇴하고, 한성정부에서 선출한 각원으로 하여금 통합을 이룬 정부의 각원을 맡도록 하자는 것이었다.

　안창호는 노령 대표로 상하이에 와 있던 원세훈으로부터 위 타협안에 대한 동의를 얻었고, 이러한 교섭을 받은 이동휘가 대한국민의회 의원의 4/5가 상하이 임시의정원 의원에 흡수된다고 대한국민의회에서 설명하고 나서야 비로소 대한국민의회가 해산되었다. 노령 측이 이러한 상하이 측의 통일안을 받아들인 것은 상하이 측 각원 명단에 노령 측의 이승만, 안창호, 이동휘 등 세 거두를 모두 포함하였고, 노령 지도자 가운데 최재형, 문창범을 각각 재무총장과 교통총장으로 흡수하고 있었기 때문인 것으로 생각된다.

　안창호는 노령에 대표를 파견하여 대한국민의회 측에 이러한 협상안을 전달하였다. 노령 측에서도 한성정부를 중심으로 통합을 이룬다는 데 찬성했다. 대한국민의회 인사들은 8월 30일 이 문제를 협의하기 위해 의원총회를 열었다. 그리고 한성정부를 봉대한다는 전제하에 대국적인 견지에서 상해임시정부와 통합을 이루기로 하고, 그 자리에서 만장일치로 대한국민의회의 해산을 선포하였다.

이로써 3.1만세운동으로 수립된 노령의 대한국민의회와 상하이의 대한민국임시정부, 그리고 국내에서 수립된 한성정부의 통합 기반과 절차가 마련되었다.

그리고 1919년 9월 8일 노령 지역의 실력자이며 독립운동의 선구자인 이동휘가 통합 정부의 국무총리에 취임하기 위해 상하이에 도착함으로써 상해임시정부와 노령정부의 통합은 가시화되었다. 그런데 그후 노령 측에서는 상해임시정부가 한성정부를 승인하지 않고 개조함으로써 약속을 어겼다고 하면서 1920년 2월 대한국민의회를 부활하여 브라고베시첸스크로 이전하였다. 이후 대한국민의회는 공산주의 조직으로 변모되면서 1921년 6월 자연 해소되었다. 이로써 상하이 임시의정원은 유일한 권위를 가지는 명실상부한 최고 의정기관이 되었다.

그에 반해 상해임시정부와 한성정부의 통합은 비교적 순조롭게 이루어졌다. 왜냐하면 국내에서 정부 조직을 주도하던 인사들과 상하이 인사들은 일찍부터 상호 교류가 있었으며, 도중에 국내의 많은 인사가 상하이로 나가 그곳 임시의정원이나 정부 조직에도 참여하여 실제 상하이의 임시정부 조직에는 국내 인사들의 의사가 많이 반영되어 있었기 때문이다. 더욱이 앞서 밝힌 것처럼 4월 8일 서울에서 강대현을 파견하여 이동휘를 집정관으로 하는 각원 명단과 임시헌법안을 가져온 바도 있었다.

양 정부 통합의 구체적인 작업은 제6회 임시의정원 회의에 정부가 제출한 헌법 개정안과 정부 개조안에서 시작되었다. 8월 28일 상정된 임시헌법 개정안과 임시정부 개조안의 특징은 대통령만 임시의정원에서 선출하고 각 국무위원은 대통령이 임명하는 동시에 주권 행사도 대통령에게 위임한다는 것이었다.

제6차 임시의정원에서 토의된 헌법 개정안과 정부 개조안의 내용은 다음과 같다.

> 1. 제도를 변경하여 총리제를 대통령제로 하고, 현 국무총리 이승만 박사를 대통령으로 선거할 일
> 2. 정부 조직을 확장하여 행정 6부를 7부 1국으로 하고 총리, 총장 및 총판을 선임할 일
> 국무총리 이동휘    내무총장 이동녕    외무총장 박용만
> 군무총장 노백린    재무총장 이시영    법무총장 신규식
> 학무총장 김규식    교통총장 문창범    노동국총판 안창호

이 안건은 9월 6일 정부 원안대로 만장일치로 통과되어 이승만이 대통령으로 선임되었으며, 9월 11일 새 헌법과 함께 국무원의 명단이 발표되었다.

이로써 임시정부 통합의 최대 장벽이었던 대통령제가 정착하였는데, 이는 한성정부를 대표하는 이승만이 스스로 '프레지던트'라는 칭호를 사용하며 자신이 대통령임을 국내외에 선전한 독단적인 태도를 정당화시켜주는 결과가 되었다.

어쨌든 3.1만세운동의 주권재민 정신을 계승하여 상하이에 수립된 임시정부는 노령의 대한국민의회를 흡수하고 한성정부와의 통합을 이룸으로써 명실상부하게 국내외에서 독립운동을 지도하는

최고 기관으로서 존속하게 되었다. 그뿐만 아니라 1948년 대한민국 정부가 수립되기까지 대한민국임시정부는 외교의 주체가 되었으며 한민족 불멸의 정신적 지주가 되었다.

### 임시정부의 기반을 마련한 안창호

안창호(1878-1938)는 1919년 4월 11일 중국 상하이에서 수립된 대한민국임시정부에서 내무총장으로 선출된 이래 1921년 5월 노동국총판을 사임할 때까지 2년여 동안 대한민국임시정부에서 활동했다. 이 시기 동안 안창호는 내무총장으로, 동시에 행정수반인 국무총리 대리를 겸직하면서 초창기 대한민국임시정부의 조직과 체제를 마련하고 활동 기반을 다지는 데 크게 공헌하였다.

앞에서 밝혔듯이 3.1만세운동이 국내외로 확산되어가던 3월과 4월 사이에 국내외에서 모두 8개의 임시정부가 수립되었다. 이 과정에서 임시정부의 주요 지도자로 부각된 세 사람이 있었다. 이승만, 이동휘 그리고 안창호가 그들이다. 수립 사실이 알려진 8개의 임시정부 가운데 정부로서의 조직과 각원 명단이 발표된 곳은 6곳인데, 안창호가 이 6개 임시정부에서 모두 각원으로 선출되었다는 사실은 그의 위상이 어떠했는지를 짐작하게 한다. 안창호는 3.1만세운동 당시 미국에서 활동하고 있었고, 독립선언이나 임시정부 수립에 관여한 일이 없었다. 그런데도 그는 국내외에 수립된 임시정부에서 각원으로 선출될 만큼 잘 알려졌던 인물이다. 그는 독립협회에 참여하여 활동한 이래 1907년 신민회를 조직하여 애국계몽운동을 추진했고, 중국 칭다오와 러시아 연해주에 독립운동 기지를 건설하고자 하였다. 그리고 미국에서도 공립협회를 조직한 이래 미주 지역 한인들의 대표 단체인 대한인국민회, 흥사단(興士團) 등을 결성하여 지도자로 활동하고 있었다.

앞에서 살펴본 대로 안창호의 주선으로 세 정부의 통합은 이루어졌지만, '통합 정부'는 곧바로 출범하지 못했다. 우선 대통령으로 선출된 이승만이 상하이에 부임하지 않았다. 이승만은 국무총리 이동휘가 부임한 후 "원동(遠東)의 일은 총리가 주장하여 하고 중대한 사항만 나와 상의하시오. 구미(歐美)의 일은 내게 임시로 전임(全任)하시오, 중대한 일은 정부와 상의하겠소"라는 전문을 보내왔다. 상하이의 일은 국무총리가, 미주의 일은 대통령인 자신이 담당하되 중요한 일은 서로 상의하자는 뜻을 전한 것이다. 이는 자신은 미국에 있으면서 상하이에 있는 임시정부의 대통령직을 수행하겠다는 것과 다름없었다.

9월 18일 국무총리로 상하이에 온 이동휘도 한 달여 이상 취임하지 않고 사태를 살폈다. 상하이에 도착하여 이승만의 위임통치 청원 사실을 알게 된 그는 이승만에 대해 '독립 정신이 불철저한 썩은 대가리'라고 공격하면서 이승만 밑에서 총리가 될 수 없다고 버티고 있었던 것이다.

각료들의 취임도 늦어지고 있었다. 내무총장 이동녕과 재무총장 이시영은 베이징에, 법무총장 신규식은 항저우에 머물고 있었고, 군무총장 노백린과 학무총장 김규식은 미국에 있었다. 그리고 외무총장으로 선출된 박용만은 베이징을 근거로 활동하면서 임시 정부 참여 자체를 거부하였고, 교통총장 문창범은 승인 개조 문제를 제기하면서 취임하지 않았다. 각원 가운데 상하이에는 국무총리 이동휘와 노동국총판 안창호 두 사람뿐이었다. 이에 안창호는 신익희를 항저우로 보내 신규식을 청하여 오게 하고, 베이징으로는 현순을 파견하여 이동녕과 이시영을 모셔 오게 하였다. 이동휘로서도 더 이상 취임을 미룰 수 없는 상황이 되었다.

각부 총장들이 상하이로 집결하면서 이동휘가 국무총리 취임을 받아들였다. 그리고 11월 3일 국무층리 이동휘를 비롯하여 내무총장 이동녕, 법무총장 신규식, 재무총장 이시영, 노동국총판 안창호가 참여한 가운데 취임식이 거행되었다. 이로써 9월 11일 '통합 정부'의 수립이 선포된 지 50여 일 만인 11월 3일 통합 정부가 공식적으로 출범하게 되었다.

그러나 출범 후에도 통합 정부는 제대로 운영되지 못했다. 앞서 언급했듯이 우선 노령의 대한국민의회 측에서 '승인 개조' 문제를 제기했다. 노령 측은 상하이와 노령의 정부를 모두 해산하고 한성정부를 승인한다는 전제하에 통합에 찬동하고 대한국민의회를 해산했는데, 상하이에 와서 보니 상하이의 임시의정원은 해산하지 않은 채 그대로 존속하고 있으며 통합 정부도 한성정부의 봉대가 아닌 개조의 형식을 취하였다면서 문제를 제기한 것이다. 이로써 노령과 상하이 측 사이에 '승인 개조'를 둘러싸고 논쟁이 일어났고, 급기야 대한국민의회가 통합을 파기하는 것으로 결말이 났다. 노령 측 인사들은 상하이 측이 '거조'라는 기만적인 방법으로 대한국민의회를 해산하게 하였고 이동휘를 속여 국무총리에 취임하게 하였다면서 1920년 2월 해산한 대한국민의회의 재건을 선언하였다. 대한국민의회가 재건을 선언함으로써 사실상 통합을 파기한 것이 되었다. 이로써 통합 정부는 상하이와 노령의 이동휘를 중심한 한인사회당 세력의 일부만 참여한 부분적 통합에 그치게 되었다. 안창호가 나서서 "세 정부를 통일하는 데는 한성정부를 개조하고 이승만 박사를 대통령으로 선거하는 것 외에 통일의 길이 없었다"고 해명하였으나 잘 먹혀들지 않았다.

한편 정부 내에서도 대통령 이승만과 국무총리 이동휘 사이에 대립과 불화가 일어났다. 앞에서 살펴본 대로 상하이에 도착한 이동휘는 이승만의 위임통치 청원을 비판하였다. 이승만은 그러한 비난에 상관없이 미국에서 독자적으로 활동하고 있었다. 그는 상하이에 부임하지 않고 통신원들이 보내오는 편지를 통해 임시정부의 실정을 낱낱이 파악하면서 대통령으로 활동하고 있었다. 그리고 상하이 각원들과의 상의도 없이 독립공채를 발행하면서 자신이 설립한 구미위원부\*를 기반으로 재정권을 장악하고 있었다.

대통령과 국무총리의 대립은 임시정부를 혼란에 빠뜨렸다. 이동

---

\* 구미위원부의 공식 명칭은 구미주차한국위원회다. 이승만은 1919년 5월 한성정부 집정관총재 자격으로 워싱턴 D.C.에 집정관총재 사무소를 개설하고 외교 활동을 시작하였다. 9월에는 주 파리위원부와 서재필(徐載弼)의 대한민국통신부를 통합하여 구미위원부로 개편하였다. 구미위원부는 출범 초부터 이승만의 개인 기관으로 활용되어 대한인국민회가 임시정부에 보내는 애국금을 전용하는 등 문제를 일으켰다. 임시정부에서는 1925년 구미위원부를 폐지했으나 이승만은 1928년 재정난으로 문을 닫을 때까지 구미위원부를 계속 유지하였다.

2장 임시정부 수립 과정　89

휘는 이승만에 대해 불만을 갖고 있던 소장파 세력들을 중심으로 대통령 불신임안을 제출하도록 종용하였다. 이로 인해 국무총리와 각원들 사이에도 충돌이 일어났다. 각원들이 반대하고 나서자 이동휘는 1920년 6월 이승만에 대한 불신임 이유서와 국무총리직 사퇴서를 총장들에게 송부하고 중국 산둥의 웨이하이웨이(威海衛)로 떠나버렸다. 통합 정부는 정치적 위기를 맞게 되었지만 안창호 등의 중재로 사태는 일단 수습되었다. 국무총리가 다시 돌아오고, 1920년 12월에는 대통령 이승만도 상하이에 부임하여 1921년 1월 신년 축하식을 함께하였다. 대통령 부임과 함께 미국에 있던 학무총장 김규식과 군무총장 노백린도 상하이에 도착했다.

그러나 대통령과 국무총리의 갈등과 불신은 하루아침에 해소될 일이 아니었다. 이들 사이에는 정치적 이념과 독립운동 노선에도 커다란 차이가 있었다. 이동휘는 국무총리로 부임한 이후에도 한인사회당을 중심으로 공산주의를 선전하면서 만주와 연해주 지역의 독립군들을 기반으로 무장투쟁을 전개할 것을 강력히 주장하고 있었다. 반면 이승만은 소련과의 협력은 조국을 공산주의 국가의 노예로 만들자는 것이나 다름없다며 미국을 배경으로 한 외교 독립 노선을 주장하였다.

이들의 갈등은 1921년 1월 24일 이동휘가 국무총리직을 사임하면서 파국으로 치달았다. 이어서 각원들의 사퇴가 이어졌고, 대통령 사임도 요구하였다. 안창호는 사태 수습 방안을 강구한 끝에 방법은 대통령의 사임뿐이라고 판단하고 이승만에게 대통령 사임을 권고했다. 안창호는 대통령이 가만있다가는 머지않아 축출을

**임시정부와 임시의정원 신년 축하식(1921.1.1.)**

첫 번째 줄: 박윤근·전재순·김구·오희원·○·○·유기준·정태희·김재덕·김붕준·○·
정제형
두 번째 줄: 이규홍·김철·신익희·신규식·이시영·이동휘·이승만·손정도·이동녕·남형우·
안창호·오영선·윤현진·서병호·조완구
세 번째 줄: ○·임병직·○·김복형·도인권·최근우·김인전·이원익·정광호·김태연·이복
현·○·김홍서·나용균·황진남·김정목
네 번째 줄: ○·왕삼덕·차균상·김여제·안병찬·장붕·김석황·이규서·김용철·○송병조·
양헌·조동호·이유필

당할 것이고, 그렇게 되면 연해주 세력과 영원히 결별하게 될 것이라 보았다. 그리하여 대통령이 스스로 사직하고, 임시정부가 이동휘와 다시 손잡는 것이 독립운동을 계속할 수 있는 방법이라 생각한 것이다. 이승만은 안창호의 권고에 따라 사직하기로 마음먹고 3월 5일 상하이를 떠나 난징으로 향했다.

그러나 이승만은 사직을 번복하고 오히려 임시정부 조직을 재정비하였다. 그는 사퇴한 국무총리와 각원들을 면직시키고, 5월 초에는 법무총장 신규식으로 하여금 국무총리를 겸임토록 하였다. 이리하여 손정도(교통총장), 조완구(내무총장), 이희경(李喜敬)(외무총장), 김인전(金仁全)(학무총장), 이시영(노동국총판), 신익희(국무원비서장), 홍진(洪震)(의정원 의장) 등을 새로 임명하였다. 기호파* 중심의 내각 조직이었다.

임시정부는 더욱더 파국으로 치달았다. 임시정부 수립 당시부터 이승만을 비판하던 세력들이 임시정부 전체로 화살을 돌린 것은 1921년 초부터였다. 1921년 2월 상하이와 베이징에서 활동하던 박은식, 원세훈, 왕삼덕(王三德) 등은 '우리 동포에게 고함'이란 성명을 발표한 것이다. 이들은 임시정부의 무능과 분열을 비판하면서, '통일되고 강고한 정부 조직'과 '독립운동의 최량 방침 수립'을 위한 국민대표회의 소집을 요구하고 나섰다. 또한 1921년 4월 27일 박용만, 신숙(申肅) 등이 베이징에서 국내외 단체 대표들을 참여시

---

\* 당시 임시정부는 기호파(경기, 충청)와 서북파(평안)가 대립하여 기호파는 이승만을 지지하고 서북파는 안창호를 지지했다고 하는데 그 실체는 불명확하다.

켜 군사통일회의를 개최하면서 이승만의 위임통치 청원 제출을 성토함과 동시에 안창호와 임시정부에 대한 비판도 제기하고 나섰다. 이들은 안창호가 대한인국민회 중앙총회장으로 이승만을 선임한 것이 위임통치 청원을 동의 또는 묵인한 것이 아니냐고 문제 제기하며 임시정부 수립 당시에 위임통치 문제를 철저히 조사하지 않고 이승만을 국무총리로 선출한 것도 경솔하거니와 더욱이 그 사실을 뻔히 알게 된 후에도 이승만을 대통령으로 선출한 것은 더 중대한 죄가 된다고 비판하였다. 이들은 1921년 4월 27일 북경 군사통일회에서 임시정부와 임시의정원을 총체적으로 부정한다는 불신임안을 결의하였다.

사태를 수습하려 백방으로 노력했던 안창호로서도 임시정부가 처한 난국을 수습하기 어려웠다. 안창호는 1921년 노동국총판을 사임함으로써 2년여 만에 임시정부를 떠나게 되었다. 안창호는 임시정부 노동국총판을 사임한 다음 날 연설회를 개최하고, "우리 독립운동은 우리 민족의 손으로는 성공이 불가능하며 미국이 원조해주지 않으면 안 된다고 하여 미국만 우러러보고 있소. 그러나 이것은 독립 정신을 위배하는 것이오"라고 말하며 이승만의 노선을 정면으로 비판하였다. 그리고 임시정부에 대한 해결책과 민의의 통일을 위한 국민대표회의 소집을 요구했다.

이승만도 결국 임시정부를 떠났다. 이승만은 협성회(協成會)*를

* 1921년 4월 24일 상하이에서 조직된 임시정부 옹호 단체. 윤기섭을 비롯하여 신규식, 장붕, 신익희, 조완구 등 기호파 인사들을 중심으로 조직되었으며 이승만을 지지하는 세력으로도 알려져 있다.

조직하여 반대 세력에 정면으로 대응했지만, 베이징과 상하이를 중심으로 한 반대 세력들의 압력은 더욱 가중되었다. 베이징에서 젊은 청년들 10여 명이 상하이로 왔다. 이들은 이승만을 비롯한 정부 각원의 총사직을 강요하면서 비상수단까지 취하려 하였다. 그러자 이승만은 5월 17일 '외교상의 긴급과 재정상의 절박'으로 인해 상하이를 떠난다는 교서를 남기고 잠적하였다가 5월 29일 비밀리에 미국으로 향했다. 이로써 3.1단세운동 이후 민족의 지도자로 부각된 이동휘, 안창호, 이승만은 도두 임시정부를 떠나게 되었다.

# 3장 임시정부의 조직

**임시의정원**

　3.1만세운동 후 국내외에서 민족운동의 영도 기관을 세우려는 노력이 이어졌고, 그 결과 1919년 4월 11일 상하이에서 대한민국 임시정부가 수립, 선포되었음은 앞에서 살펴보았다. 그런데 임시정부의 수립이 대한민국 임시의정원(이하 임시의정원)이라는 대의 기구에 의해서 이루어졌다는 사실은 흔히 간과되어왔다. 이는 근대 민주공화정의 요체라 할 수 있는 삼권분립을 망각한 채 임시의정원을 임시정부(행정부로서의 임시정부)와 동일시하거나, 혹은 예하 기관 정도로 인식했던 것과 관련이 있다.

　임시의정원의 시작은 상하이에 설치된 독립임시사무소로 거슬러 올라간다. '민족 대표 33인'의 위임으로 상하이에 파견된 현순은 상하이 프랑스 조계 보창로 329호에 독립임시사무소를 설치했다. 독립임시사무소의 역할은 크게 두 가지로 정리할 수 있다. 첫째, 민족운동의 결정체인 3.1만세운동을 마무리하면서 그것을 계승할 방향을 모색하기 위해 각지에서 활동하고 있던 독립운동가들을 모을 수 있는 집결체로서의 역할이다. 둘째, 앞으로의 독립운동을 지속적으로 지휘해나갈 조직체인 정부를 수립하기 위한 준비 과정을 담당하는 역할이다.

현순은 독립임시사무소 총무로 선임되어 상하이 주재 각국 공관에 「독립선언서」를 배포하고 국내의 독립운동 상황을 현지 언론에 제공하였다. 또한 신한청년당이 파리강화회의에 파견한 김규식 및 미주의 이승만과도 연락을 취하는 등 활발한 활동을 전개했다. 더욱이 현순은 국내에서 파견될 때 이승훈이 천도교 측으로부터 받은 자금 5,000원 가운데 2,000원을 받아 와서 이를 독립임시사무소의 설치와 운영에 요긴하게 썼다.

임시의정원의 수립이 발의된 것은 손정도와 이광수의 제의로 소집된 '각지방대표회'를 통해서였다. 1919년 4월 10일 오전 10시 중국 상하이 프랑스 조계 김신부로의 한 셋집에 각 지방 출신 대표들이 모였다. 먼저 이 모임의 이름을 임시의정원으로 하자는 조소앙의 동의(動議)가 신석우의 재청으로 가결되었다. 회의에는 모두 29명이 참가하여 정부 수립을 위한 중요한 기본 문제를 논의하였다. 명칭을 우선 임시의정원이라고 붙이지만 독립하면 정식 '국회'를 만든다는 기본 방향을 잡았다. 이는 제헌 헌법인 대한민국임시헌장에 국토를 회복한 뒤 1년 안에 '국회를 소집한다'라고 명시되었다. 따라서 임시의정원은 1948년 대한민국 국회의 뿌리라고

할 수 있다. 대한민국 정부가 대한민국임시정부를 계승하듯이 대한민국 국회는 대한민국 임시의정원을 잇는 것이다.

회의 참석자들은 정부를 수립할 것인가, 아니면 정당을 만들 것인가에 대해서도 논의하였다. 정부를 수립하자니 이름에 걸맞은 조직을 갖추는 일이 쉽지 않아 부담이 클 것 같고, 정당을 만들자니 국가를 유지하고 운영하는 데 적절하지 않을 것 같았다. 많은 이야기가 오간 끝에 정부를 만들자는 목소리가 힘을 얻었고, 절대다수가 찬성하였다. 이에 따라 참석자들은 정부를 수립하기로 하고, 정부의 형태에 대해 논의하였다. 그 결과로 나타난 것이 '임시정부'이다. 정부를 만들기 위해서는 먼저 의회가 필요했고, 그래서 만든 조직이 또한 '임시의정원'이다.

첫 회의에서 결정된 사항은 네 가지였다. 국호와 연호의 제정, 정부 관제와 인선, 임시헌장의 채택, 선서문과 정강의 채택이 그것이다. 따라서 이 회의는 곧 임시의정원의 성립을 의미하는 모임이며 제1회 의정원 회의요, 제헌의회였던 것이다.

'각지방대표회'에 처음 모인 29인의 명단은 다음과 같다(괄호 안은 출생지와 활동지. 알려지지 않은 경우는 표기하지 않음).

현순(서울, 국내), 손정도(평남, 상하이), 신익희(경기, 일본), 조성환(서울, 노령), 이광(충북, 만주), 이광수(평북, 일본), 최근우(경기, 일본), 백남칠(白南七. 경상), 조소앙(경기, 만주), 김대지(金大池. 경남, 국내), 남형우(경북, 국내), 이회영(李會榮. 서울, 만주), 이시영(서울, 만주), 이동녕(충남, 노령), 조완구(서울, 노령), 신채호

(충북, 베이징), 김철(전남, 상하이), 선우혁(평북, 상하이), 한진교(평남, 상하이), 진희창(秦熙昌. 서울, 상하이), 신철(辛鐵. 서울?), 이영근(李榮根. 경남), 신석우(서울, 상하이), 조동진(경상), 조동호(충북, 상하이), 여운형(경기, 상하이), 여운홍(呂運弘. 경기, 미국), 현창운(玄彰運), 김동삼(경북, 만주)

각 지방의 대표라고는 했지만 이는 명분에 불과했다. 이들 가운데 서울, 경기, 충청 등 기호 지역 출신이 절반에 달했기 때문이다. 이후 상하이에 들어온 인사들 사이에서 이들 초대 의원들의 지역 대표성에 의문이 제기되는 한편 임시의정원법을 제정하여 의원을 다시 선출해야 한다는 주장이 일어나기도 했다.

어쨌든 제1회 임시의정원 회의에서는 다섯 가지의 주요 기본 사항이 결정되었다. 첫째, 대한민국 임시의정원이란 회의 명칭이 정해지고 의장단이 선출되었다. 의장에는 이동녕, 부의장에는 손정도, 서기에는 이광수와 백남칠이 선임되었다.

둘째, 국호와 연호가 제정되었다. 신석우의 동의와 이영근의 재청으로 제정된 '대한민국'이란 국호는 두 가지의 의미를 가졌는데, 하나는 빼앗긴 국가를 되찾는다는 뜻에서 10년 전에 상실한 국가 이름인 '대한제국'에서 '대한'을 도로 찾아 쓰는 것이고, 또 하나는 정치체제에 '제국'이 아닌 '민국'을 채택했다는 사실이다. 민국이라는 국호의 제정은 비록 소수이기는 했으나 3.1만세운동 직전까지 면면히 이어져오던 복벽주의*를 완전히 극복하고 한국사에서 최초로 민주정체를 달성했음을 의미한다. 연호도 '대한민국 00년'

으로 정했다. 따라서 오늘의 대한민국이란 국호가 탄생한 시점은 1919년이라 할 수 있다.

셋째, 정부 조직과 인선이 확정되었다. 이 회의에서는 한성정부에서 보내온 관제를 검토하고, 국무총리를 수반으로 하면서 국무원으로 내무, 외무, 재무, 교통, 군무, 법무의 6부를 설치하도록 했다. 앞서 보았듯이 여기에서 국무총리 이승만, 내무총장 안창호, 외무총장 김규식, 교통총장 문창범, 재무총장 최재형, 군무총장 이동휘, 법무총장 이시영 등이 선출되었다. 그 외 국무원 비서장 조소앙, 내무차장 신익희, 외무차장 현순, 군무차장 조성환, 법무차장 남형우, 교통차장 선우혁이 각각 선임되었다. 인선을 살펴보면 국내외의 명망 있는 인사들이 선정되었고, 차장은 상하이에서 실제 업무를 수행할 수 있는 비교적 젊은 인물들로 구성되었다.

넷째, 임시헌장이 제정되었다. 이 헌장은 이시영, 조소앙, 남형우, 신익희 등 법률에 소양이 있는 인물들에 의해 마련되었다. 서두에 헌법 전문 형식의 선포문이 포함되고, 이어서 10개 조항의 규정으로 구성되었다. 특히 중요한 사항은 대한민국은 민주공화제라는 제1조와 임시정부가 임시의정원의 결의에 의해 통치한다는 관리 정부 형식을 채택한 제2조였다(임시헌장은 1장 참조).

다섯째, 임시정부 명의의 선서문과 정강이 채택되었다.

제2회 회의는 4월 22일부터 23일까지 열렸다. 이 회의에는 모두

---

\* '복벽(復辟)'이란 물러났던 임금이 다시 왕위에 오른다는 뜻으로, '복벽주의'는 대한제국의 왕권을 다시 회복하자는 주장이다.

69명의 의원이 참가하여 제1회보다 규모가 확대되었다. 여기서 결의된 사항은 정부 조직의 개편과 그에 따른 인선 및 임시의정원 성립의 반포 등이었다. 먼저 정부 조직은 국무총리와 총장을 그대로 두고 그 하부 조직인 차장제를 위원제로 바꾸었다. 이유는 6개 부서의 총장 가운데 법무총장 이시영만 상하이에 도착한 상황에서 실제 업무를 차장이 혼자 담당하기에는 무리가 따랐기 때문이다. 따라서 6개 부서에 각각 위원을 두어 집단 운영 체제로 운영하였다.

제3회 회의는 4월 25일에 열렸다. 임시의정원법을 만장일치로 통과시키고, 의원을 선출하기로 하여 각 지역의 인구 30만 명당 1인씩을 선임하기로 하고 국내외 모두 51인의 의원을 두도록 했다.

제4회 회의는 4월 30일에서 5월 12일에 걸쳐 열렸다. 이 회의는 임시의정원법에 의해 체계화된 모습을 갖춘 첫 회의로서 인선과 재원 조달 방침을 정하고 연해주의 대한국민의회와의 통합을 결의하는 등 주요 문제를 다루었다. 우선 임시의정원법에 따라 의장으로 손정도, 부의장으로 신규식을 선출하였고, 각 위원회별 위원을 선출하였다. 이어 재원 확보를 위한 구급의연금의 모금과 인구세 징수 및 공채 발행 등을 결정하였다.

대한국민의회와의 정부 통합은 5월 25일 내무총장 안창호가 미국에서 상하이에 도착함에 따라 급진전되었다. 그의 노력으로 이동휘를 상하이로 합류시키는 데 성공하였고, 제5회 회의 기간 중인 7월 10일에 대한국민의회와의 통합에 대한 타결안을 마련하였다. 제5회 회의는 7월 7일부터 19일까지 37명의 의원이 참가한 가운데 열렸다. 이 회의에서는 자금 확보를 위한 공채 발행을 미국에서 활동하고 있던 이승만에게 일임할 것을 결정했다.

제6회 회의는 8월 18일부터 9월 17일까지 한 달간 열렸다. 주요 결의 사항은 정부 통합을 위한 임시정부 개조와 임시헌법의 개정(제1차 개헌)이었다. 먼저 정부 개조의 내용은 국무총리제를 대통령제로 바꾸고 국무총리인 이승만을 대통령으로 선출하는 것, 정부 조직을 6부에서 7부 1국으로 하고 새롭게 인선하는 것이었다. 이에 따라 국무총리 이동휘, 내무총장 이동녕, 외무총장 박용만, 군무총장 노백린, 재무총장 이시영, 법무총장 신규식, 학무총장 김규식, 교통총장 문창범, 노동국총판 안창호 등이 인선되었다. 또한 개정된 임시헌법은 전문에 이은 8장 58개조로 구성되었다. 임시정부는 1945년 광복을 맞을 때까지 모두 다섯 차례의 개헌을 하게 되는데, 이 제1차 개헌은 사실상 헌법의 제정이라고 할 수 있을 것이다. 왜냐하면 제1회 의정원 회의에서 제정된 임시헌장은 시간적으로 조급하게 이루어져 내용이 소략하였으므로 새롭게 보완될 필요가 있었기 때문이다. 제1차 개헌의 주요 사항은 국무위원을 임명함에 있어 임시의정원의 동의를 얻도록 함으로써 권력의 분산을 도모한 것이라 할 수 있다.

그러나 임시정부 개조안 및 임시헌법 개정안의 처리 과정에서 소외된 의원들의 잇따른 이탈과 임시정부 개조 작업의 결과로 빚어진 대한국민의회와의 충돌은 국민의 대표 기관을 자임하는 임시의정원의 위상에 적지 않은 타격을 주었고, 이는 결국 상해임시정부 안팎에서 국민대표회의 소집론이 대두하는 내적인 계기가 되었다. 여기에 더해 임시헌법의 거정으로 권력 구조가 내각책임제에서 대통령중심제로 변경됨으로써 임시의정원은 형식상으로는 행정부에 대한 의회로서의 우위를 상실하게 되었다.

1919년 9월 성립된 통합 임시정부는 승인, 개조 분쟁과 만주 지역에서의 서간도 사변* 등으로 야기된 무장 단체들의 이탈로 출발부터 표류하기 시작했다. 1920년 이후에는 제도 개혁을 통해 임시정부를 강화하려던 노력마저 실패함으로써 임시정부는 무기력한 모습을 보였다. 게다가 국무총리 이동휘와 내무총장 안창호의 사퇴는 임시정부를 통합 이전의 상터로 되돌려놓았다. 이러한 상황에서 국민대표회의 소집론이 대두되었다.

국민대표회의 소집을 주장한 인물들은 처음 임시정부를 조직할 때 각 방면의 의견을 수렴하지 않고 소수만의 전횡으로 현실과 괴리된 복잡한 직제와 방만한 제도를 만들었기 때문에 임시정부가 실패했다고 비판했다. 그렇기 때문에 연해주의 대한국민의회와의 통일이 파열로 돌아갔고, 서북간도의 각 단체마저 임시정부에 등을 돌렸다는 것이 이들의 주장이었다. 이들은 이를 바로잡기 위해 국민대표회의를 소집하여 전 국민의 의사에 따르는 통일적이고 강력한 정부를 조직하고 대중적 방책과 역량을 집중, 독립운동의

---

\* 1922년 10월 14일 야간에 복벽파 계열의 의병장 출신 전덕원(全德元)의 부하인 독립단(獨立團) 군인 20여 명이 만주 콴뎬현(寬甸縣)에 있는 이종성(李鍾聲)의 집을 습격하여 그곳에서 잠자던 김창의(金昌義)를 살해하고 실내로 들어가 양기탁(梁起鐸), 현정경(玄正卿) 등 대한통의부 간부를 구타한 사건이다. 이 사건은 복벽파와 공화파의 이념 대립에 의한 내부 갈등으로 알려졌다.

최고 방침을 세울 것을 촉구했다. 한편 앞에서 언급했듯이 임시정부 수립 당시부터 이승만의 '위임통치 청원'을 성토하며 반임시정부 세력을 형성했던 베이징의 박용만, 신숙, 신채호 등은 1921년 4월 베이징에서 군사통일회의를 열어 임시의정원과 상해임시정부에 대한 불신임안을 가결하고 이를 임시의정원에 전달했다. 만주 독립운동 단체들도 액목현(額穆縣)에서 회의를 열고 위임통치를 청원한 이승만 대통령의 퇴거와 임시정부의 개조를 요구하는 5개 항의 결의안을 채택하여 임시의정원에 전달하였다.

이러한 분위기는 임시정부 안팎에서 국민대표회의의 소집에 대한 강력한 요구로 이어졌다. 5월 12일 상하이에서는 국민대표회의 소집을 요구하는 연설회가 개최되어 안창호와 여운형이 연사로 나섰다. 5월 19일 제2차 연설회가 끝난 뒤에는 참석자 대표들을 중심으로 국민대표회의 상해기성회가 조직되었다. 이어 8월에는 국민대표회의 상해기성회와 북경군사통일회의 협의로 국민대표회의주비위원회(이하 주비회)가 조직되었다. 주비회의 성립으로 순조롭게 진행되던 국민대표회의는 그해 11월 미국 워싱턴에서 열리는 태평양회의 소식으로 다시 지연되었다.

임시정부와 임시의정원 내의 정부 옹호파(이승만 계열)는 태평양회의야말로 국민대표회의 소집 요구로부터 자신들을 방어하고 임시정부의 실추된 위상을 다시 세울 수 있는 기회로 판단했다. 상하이에 머물던 이승만은 1921년 5월 29일 이미 태평양회의 참가 준비를 명목으로 미국으로 떠나 있었다. 그러나 기대했던 태평양회의는 아무 성과 없이 끝났고, 상하이 정국에는 다시 국민대표회의 소집 요구가 거세졌다.

우여곡절 끝에 1923년 1월 상하이에서 국민대표회의가 개최되었다. 각 지역의 독립운동 단체 대표 140여 명이 상하이에 모였다. 이들은 의장에 김동삼, 부의장에 안창호와 윤해를 선출하고 회의를 진행하였다. 회의에서는 독립운동의 새로운 방향을 찾고자 하는 논의가 활발하게 이루어졌다. 논의의 방향은 대체로 두 갈래로 나뉘었다. 하나는 임시정부의 조직과 체제를 개조하여 임시정부를 활성화시키자는 것이었고, 다른 하나는 임시정부를 해체하고 새로운 조직체를 결성하여 독립운동을 전개하자는 것이었다. 전자를 개조파, 후자를 창조파라고 하였다.

회의는 4개월 동안 계속되었으나 결론이 나지 않았다. 개조파와 창조파가 이견을 좁히지 못하고 양측의 주장이 팽팽히 맞선 가운데 결국 창조파는 연해주로 이동하였다. 그리고 별도로 국호를 '한(韓)'으로 하고 '단군' 기원을 사용하는 새로운 정부를 수립할 것을 결의하였다.

창조파가 별도의 정부를 수립하자 개조파에서는 '한 민족 두 개의 국가'의 화근을 만들 수 없다는 명분을 내세우며 국민대표회의의 무효를 선언하고 탈퇴하였다. 그리고 임시정부 내무총장 명의로 내무부령 제1호를 발표해 국민대표회의의 해산을 명령했다. 이렇게 됨으로써 독립운동 세력의 의사를 결집해 임시정부를 개조하거나 새로운 정부를 수립하려던 국민대표회의는 아무 성과 없이 끝나고 말았다.

### 임시정부의 숨은 멘토, 이동녕

임시정부를 이야기하면서, 또한 임시의정원을 이야기하면서 석오(石吾) 이동녕(1869-1940)을 빼놓을 수는 없다. 이동녕은 1919년 국내외에서 3.1만세운동이 일어날 즈음에는 연해주와 만주를 중심으로 활동하고 있었다. 이동녕은 3월 하순경 만주와 노령에서 활동하던 독립운동가들과 함께 상하이에 도착한 후 독립임시사무소를 중심으로 임시정부 수립에 참여하였다. 이동녕을 비롯하여 이시영, 조소앙, 이광, 조성환, 신석우, 이광수, 현순 등 8명으로 이루어진 '8인 위원회'는 임시정부를 세우기 위한 선행 조치로 '임시의회'를 수립하였다. 임시정부는 몇 명의 독립운동가들이 주도하여 주먹구구식으로 수립한 것이 아니라 적법한 절차와 과정을 거쳐 수립한 것이다. 즉 국민의 대표를 선출하여 국회를 구성하고, 국회를 통해 국가의 명칭과 통치 체제 및 관제를 정하고, 헌법을 제정, 반포하는 등 근대적 국가 수립의 방식을 그대로 따랐던 것이다.

앞서 살펴보았듯이 각 지역을 대표하는 독립운동가 29명이 4월 10일과 11일 양일간 상하이에 모여 '임시의정원'이라는 명칭의 회의체를 구성하였고, 이동녕은 임시의정원 의장으로 선출되었다. 이로써 임시정부 수립을 위한 이른바 '제헌국회'가 조직되었고, 이동녕은 지금으로 보면 대한민국 제헌의회 초대 의장을 맡은 셈이다.

이동녕은 임시의정원 초대 의장으로 임시정부를 출범시키는 데 커다란 역할을 담당하였으며, 임시정부의 기틀을 다지는 데 크게 공헌한 안창호와의 깊은 신의와 긴밀한 관계를 바탕으로 임시정부를 정부로서 정착시키는 데 힘썼다. 아울러 그는 임시정부의 내무총장과 국무총리 대리, 국무위원회 주석과 법무장, 국무위원 그리고 임시의정원의 1대와 12대 그리고 15대 의장을 맡아 실로 임시정부의 큰 어른 역할을 하며 '터줏대감'으로 불렸으며, 김구와 함께 임시정부를 유지하고 옹호하는 데도 앞장섰다.

이동녕은 9월 11일 새롭게 출발한 통합 임시정부의 내무총장에 선임되었다. 내무부는 비서국과 지방국, 경무국, 농상공국 등 4개 국으로 구성되었다. 그 가운데 경무국은 경찰을 총괄하는 부서로 주요 임무는 경찰, 정보, 감찰, 법원 등의 기능을 담당하는 것이었다. 특히 일제의 파괴 공작, 다시 말해 상하이 일본총영사관과 조선총독부 등 일제의 여러 기관에서 파견한 밀정의 정탐 활동과 투항 및 변절 유도 공작 등으로부터 임시정부를 보호하는 막중한 책임을 맡았다. 경무국은 8월 12일 경무국장으로 임명된 백범 김구가 총괄했다. 이는 험난한 임시정부의 시종(始終)을 함께한 이동녕과 김구의 큰 인연의 출발점이었다.

임시정부 내무부에서는 국내의 도, 군, 면으로 이어지는 체제를 갖추기 위해 연통제를 실시했다. 이동녕은 내무총장으로서 연통제의 설치와 운영을 총괄하였다. 대표적인 활동은 한말 농상공부 대신을 지내고 조선민족대동단*의 총재를 맡았던 김가진(金嘉鎭)과

* 1919년 3월, 전(前) 일진회(一進會) 회원인 전협(全協), 최익환(崔益煥)이 중심이 되어 조직한 단체로 김찬규(金燦奎), 박영효, 김가진(金嘉鎭), 민영달(閔泳達) 등이 참여하였으며 항일 독립운동을 목적으로 했다. 제2의 독립 만세 시위를 시도하였으나 1919년 5월 일제에 발각되었다.

의친왕 이강(李堈)의 상하이 망명을 추진한 일이었다. 김가진의 상하이 망명은 성공했으나, 의친왕 이강은 아쉽게도 상하이로 탈출하는 과정 중 안동역에서 일본 경찰에 체포되고 말았다.

이 밖에도 이동녕은 임시정부의 국경일을 정하는 사업을 전개하였다. 국경일 제정 문제가 처음 논의된 것은 1919년 12월 개최된 국무회의에서였다. 이듬해 2월 23일 개최된 제7회 임시의정원 회의에서 독립선언일인 3월 1일과 건국기원일인 10월 3일이 국경일로 확정되었다. 이로써 대한민국은 공식적으로 10월 3일 건국기원절을 우리 민족이 처음 나라를 세운 날로, 그리고 3월 1일 독립선언일을 독립선언을 통해 대한민국이 근대국가이자 자주독립국가로 거듭난 날로 정했다. 국경일 지정을 통해 자주독립국가로서의 정체성을 널리 천명한 것이다.

이후 이동녕은 국무총리 임시 대리 겸 내무총장이라는 중책을 맡아 난항을 겪고 있던 임시정부를 지탱하기 위해 힘썼다. 그러나 앞에서 밝혔듯이 베이징을 중심으로 활동하며 임시정부의 외교 방략을 비판하고 독립전쟁론을 주장했던 박용만과 신숙 등이 중심이 된 군사통일주비회(軍事統一籌備會)*가 1921년 4월 임시정부에 대한 불신임안을 가결하고 국민대표회의 소집을 요구하고 나섰다. 1921년 5월에는 만주 액목현에서 여준과 김동삼 등 만주 지역 독립운동가들이 모여 이승만의 위임통치 청원을 문제 삼아 임시정

* 북경군사통일회는 4월 17일 소집되었는데, 소집 당시의 명칭은 군사통일주비회였다. 이 회의에서 각 단체 대표원의 자격 심사를 거쳐 4월 19일 회의의 명칭을 북경군사통일회로 결정하고 신숙을 의장으로 선출하였다.

부 개조안을 결의했다. 1922년 모스크바에서 개최된 극동인민대표대회 역시 임시정부의 개혁을 요구하는 결의안을 채택하였다. 이러한 움직임은 상하이에서도 나타나는데, 1921년 2월 임시의정원과 임시정부 외곽에서 활동하던 박은식과 원세훈, 김창숙(金昌淑) 등이 임시정부의 무능과 분열을 비판하면서 국민대표회의 소집을 요청한 것이다.

앞서 살펴보았듯이 결국 1923년 국민대표회의가 상하이에서 열렸다. 국내외에서 140여 명이 참가한 가운데 5개월 동안 총 63회에 걸친 회의가 있었다. 그럼에도 불구하고 개조파와 창조파가 대립하다가 결국 합의점을 찾지 못한 채 끝나고 말았다.

이러한 무정부 상태는 이동녕이 국무총리에 취임하고 새로운 내각을 구성하면서 점차 수습되어갔다. 이승만의 요청과 임시의정원의 임명 동의를 받아 1924년 4월 국무총리로 정식 취임한 이동녕이 가장 먼저 추진한 일은 내각을 조직하여 정부를 정상화시키는 것이었다. 그런데 이동녕 내각이 출범하고 곧이어 임시 대통령 이승만에 대한 불신임 문제가 제기되었다. 대통령에 대한 불신임 논의는 탄핵으로 확대되었다. 결국 국무원에서는 임시의정원의 결의에 의해 국무총리 이동녕이 대통령이 상하이로 귀환할 때까지 대통령직을 대리한다는 것을 공포함으로써 이승만의 임시 대통령 직권을 정지시켰고, 대통령 권한은 이동녕이 이어받게 되었다. 이동녕 내각은 1924년 12월에 발생한 이른바 '민정식 사건'*의

* 상당한 자금을 가지고 상하이로 온 민영익(閔泳翊)의 서자 민정식(閔珽植)을 임

책임을 지고 총사직하였고 1924년 12월 17일에는 박은식 내각이 출범하였다. 아울러 1925년 3월 최석순(崔碩淳)과 문일민(文一民) 등 10명의 의원이 '임시 대통령 이승만 탄핵안'을 임시의정원에 제출하였다. 이 탄핵안은 임시의정원 회의를 거쳐 통과되었고, 이후 심판위원회의 심리를 거치면서 '탄핵'이 '면직'으로 바뀌어 3월 23일 임시의정원의 결의로 이승만은 임시 대통령에서 면직되기에 이르렀다.

임시의정원은 이승만 대통령의 면직이 결정되자 바로 임시정부 지도 체제 개편을 위한 개헌을 단행하며 대통령제를 내각책임제로 전환하였다. 즉 국무령(國務領)과 국무원으로 구성된 국무회의를 통해 임시정부를 운영하고 국무령은 임시의정원에 대해 책임지는 형태의 내각책임제였다. 그러나 정부를 이끌어갈 국무령 선임이 다시 암초에 부딪혔다. 임시의정원은 개정된 헌법에 따라 이상룡과 양기탁(梁起鐸), 그리고 안창호와 홍진을 차례로 국무령에 선출하였다. 하지만 이들은 내각을 구성하지 못하거나 아예 취임하지 않았다.

앞서 초대 임시의정원 의장을 역임했던 이동녕은 1926년 11월 재차 임시의정원 의장에 선임되었다. 그가 가장 먼저 추진한 일은 공석이었던 국무령 선임과 정부 내각 구성이었다. 우선 사퇴한 홍진을 대신하여 김구를 국무령으로 추천하였다. 김구는 국무령 제

시정부에서 보호 감금하였다가 1924년 12월 10일 프랑스영사관의 협조를 얻은 일제 경찰에 다시 빼앗긴 사건이다.

안을 거부했지만 이동녕의 거듭된 설득 끝에 결국 1926년 12월 국무령에 취임했다.

국무령제는 다시 집단지도체제인 국무위원제로 전환되었고, 개정된 헌법에 따라 1927년 8월 새로운 내각이 구성되었다. 주석 겸 법무장에 임시의정원 의장을 맡았던 이동녕이 선임되었고, 내무장에는 김구 등 새로운 내각이 성립되었다. 이처럼 이동녕은 김구와 합심하여 위기의 임시정부를 지켜냈고, 동시에 임시정부의 안정적인 운영의 기초를 다졌다. 이후 두 사람은 1933년까지 국무위원회 주석과 국무원으로서 임시정부를 유지하고 지탱해나갔다. 국무위원제는 1940년 10월 주석 지도 체제로 개정될 때까지 존속했다.

이동녕은 임시정부의 정신적 지주로서 생애 후반기인 20여 년 동안 임시정부를 세우고, 위기로부터 정부 체제와 조직을 지켜냈다. 그는 1940년 타계할 때까지 올곧은 길을 가면서 한민족의 자주독립과 민족의 자유를 위해 자신을 희생하였다. 자신을 드러내지 않고 남을 도와 일을 성사시키고, 남과 공을 다투지 않는 희생정신과 인품을 가진 거인이었다. 김구를 비롯한 임시정부 요인들은 임시정부에 큰일이 있을 때면 가장 먼저 이동녕과 상의할 정도로 그에 대한 믿음과 신뢰가 두터웠다. 임시정부 내부와 독립운동계는 이념과 학맥, 지역 간의 갈등, 독립운동 방략에 대한 견해 차이 등으로 분열되어 있었다. 이동녕은 누구보다도 더 힘주어 그러한 독립운동계의 단결을 주장하고 이를 관철시키기 위해 노력한 독립운동계의 원로이자 진정한 스승이었다.

### 임시정부 수립 초기(1919-1921) 활동

대한민국임시정부는 중국 상하이에서 수립되었기 때문에 국내의 국민들을 직접적으로 효율성 있게 통솔할 수 없었다. 이러한 어려움을 타개하기 위하여 임시정부에서는 교통부 산하의 교통국과 내무부 소관의 연통제를 조직하였고, 이를 통하여 국내와의 연락, 독립 자금의 조달, 정부의 명령 전달 등 필요한 업무를 수행하였다.

**교통국의 설치**

교통국의 주요 임무는 1) 독립 자금 모금, 2) 정보 수집 보고, 3) 정부의 지령 및 문서 전달, 4) 독립운동가 소개와 연락 등이었다. 국내의 교통국 조직은 1군에 1국, 교통소는 1면에 1개소를 설치하도록 하였다. 이러한 교통국의 핵심 조직체는 만주 안동에 설치된 안동교통지부였다. 안동교통지부는 쇼(George L. Show)가 경영하는 이륭양행 2층에 설치되었다. 쇼는 아일랜드인 무역상으로 한국의 독립운동을 적극 옹호한 인물이었다. 이륭양행은 무역 회사와 태고선복공사(太古船輻公司)라는 선박 회사의 안동 대리점을 겸하고 있어서 한국 독립운동가들이 이 회사의 선편을 이용해 상하이와 안동을 무사히 왕래할 수 있었으며, 일제의 감시를 피할 수 있었다.

안동교통지부는 1919년 10월 17일 임시안동교통사무국으로 그 명칭이 변경되었고, 관할 구역도 국내 전체에서 통제하기 편한 평안남북도로 국한되었다. 또한 뒤에는 임시안동교통사무국이 만주 지방의 통신 업무도 관장하게 되었다.

이후 임시안동교통사무국이 일제의 정보망에 노출되면서 만주 지방의 통신 업무는 독립운동 단체로 넘어가고 압록강 부근에는 강변 8국 교통국이 설치되었다. 애초에는 국내 전 지역에 교통국을 설치하려 하였으나 일제의 감시 등 한계에 부딪히면서 결국 평안남북도와 황해도, 함경도 지방으로 교통국 설치가 한정되었다.

### 연통제의 실시

연통제는 임시정부의 지방행정 조직으로 1919년 7월 국무원령 제1호로 '임시연통제'가 공포되면서 시작되었다. 연통제의 목적은 "국민 간의 소통 연락과 광복 사업의 완성을 기하여 내외의 활동을 일치"시키는 데 있었다. 주요 업무로는 1) 정부에서 발하는 법령과 기타 공문 전파에 관한 사항, 2) 독립 시위운동 계속 진행에 관한 사항, 3) 장차 외지에서 동원하여 전쟁을 개시할 때 군인과 군속의 징모, 군수품의 징발 수송에 관한 사항, 4) 구국금 100원 이상을 거출한 구국재정단원 모집어 관한 사항, 5) 구국금과 기타 정부에 상납할 금전의 수합과 납부에 관한 사항, 6) 장차 정부에서 공채를 발행할 때 공채 발매에 관한 사항, 7) 통신에 관한 사항, 8) 기타 상부로부터의 임시 명령에 관한 사항 등이었다. 위의 사항에 대하여 연통 각부는 매 5일마다 정부에 보고해야 했다.

연통제의 조직은 감독부(도), 총감부(부·군), 사감부(면)로 이루어졌다.

## 임시정부의 군사, 외교 활동

### 군사 활동

대한민국임시정부는 수립 당시부터 군사 활동을 주요 목표로 정했다. 그러나 정부가 타국의 영토(상하이)에 위치하고 있는 이상 활동의 제약을 받지 않을 수 없었다. 당시 일본은 제1차 세계대전의 전승국으로서 국제적 지위가 높았으며 일본의 군사력 또한 세계적으로 막강했기 때문에 임시정부는 우리의 군사력을 배양한 후 일본이 중국 또는 미국과 전쟁을 일으켜 국제 정세가 우리에게 유리하게 전개되는 시점에 독립전쟁을 개시할 수 있다고 판단하고 있었다. 따라서 임시정부로서는 우선 대일 항전 자체보다는 군사력 배양에 중점을 두면서 독립전쟁 준비에 착수할 수밖에 없었다.

대한민국임시정부는 1919년 9월 11일에 공포한 임시헌법과 같은 해 11월 5일에 공포한 「대한민국임시관제」에서 군사에 관한 내용을 열거하고 있으나 초창기 임시정부의 군사 활동은 실제로 실행되기 어려웠다. 시베리아와 만주 일대의 독립군 단체가 대일 항쟁의 대부분을 맡고 있는 것이 현실이었다. 당시 임시정부의 역할은 파라강화회의 및 미국에 대한 외교 활동과 초기의 연통제, 교통국을 통한 국내 독립운동에 주력하는 것이었다.

1920년대에 들어서면서 임시정부는 사관학교 설립, 비행대 편성, 군사 법규 정비 등의 군사 활동을 벌이게 된다. 먼저 「대한민국육군임시군제」, 「대한민국육군임시군구제」, 「임시육군무관학교조례」 등을 제정하여 군사 활동의 기초가 되는 제반 규정을 정비

북로군정서 청산리전투 승리 기념(1920)

하였다. 그러나 무관학교 설립 외에는 경비 문제로 다른 군사 활동을 거의 실현하지 못했다.

또한 임시정부에서는 군무부를 만주로 이동시키고 독립군을 재편성하여 독립전쟁을 수행하기 위한 계획을 세우기도 하였다. 이것은 1920년 2월에 열린 제7회 임시의정원에서 윤기섭, 이진산(李震山) 등 5인이 제안하여 통과한 '군사에 관한 건의안'에 나타나 있는데 그 내용은 1) 금년 5월 내에 군사 회의를 소집할 것, 2) 군사 기관을 만주로 이동할 것, 3) 금년 내에 적어도 만주에서 10-20개 연대의 보병 병력 2만 내지 4만 명을 훈련할 것, 4) 금년 내에 적어도 사관, 준사관 1,000명을 양성할 것, 5) 금년 내에 전투를 개시하되 보병 10개 연대를 출동시킬 것 등으로 되어 있다. 또한 간부 양성을 위해 임시육군무관학교 조례를 제정하였지만 결국 수업 기간이 1년에서 6개월로 단축되고 졸업 인원도 수십 명에 불과했다. 무관학교의 운영에서도 경비 문제가 최대 걸림돌이었던 것이다.

앞서 언급한 대로 임시정부의 군사 활동 가운데 가장 활발했던 것은 시베리아와 서북간도로 일컬어지는 만주 일대를 중심으로 대일 항전을 시작한 무장 독립군 단체의 활동이었다. 임시정부는 이들을 산하로 통합하여 일제와의 독립전쟁을 준비하게 되는데, 서간도의 서로군정서(西路軍政署),* 북간도의 북로군정서(北路軍政署),** 남만주의 광복군총영(光復軍總營)*** 등을 비롯한 독립군 부대가 임시정

* 1919년 서간도에서 조직된 독립군 무장 단체. 1910년 서간도 지역 독립운동가들은 자치기관으로 경학사(耕學社)를 조직하고 신흥무관학교(新興武官學校)를 설립하였다. 경학사는 부민단(扶民團), 한족회로 발전하였고, 1919년 3.1만세운동이 일어나자 무장 부대로 군정부(軍政府)를 설치하였다. 상하이에 임시정부가 세워지자 명칭을 서로군정서로 바꾸었다. 서로군정서는 신흥무관학교 졸업생을 중심으로 무장 부대를 편성하여 독립군의 중추적인 역할을 하였다. 1922년 보다 효과적인 항일 투쟁을 전개하기 위해 대한통군부(후에 대한통의부로 개편)를 조직하였다.
** 북로군정서의 공식 명칭은 대한군정서이다. 북간도에서 서일(徐一) 등이 중심이 되어 중광단(重光團)을 결성하였고, 3.1만세운동 이후 정의단, 대한군정회, 대한군정부로 확대 개편되었으며 임시정부의 권고로 군정부의 명칭을 대한군정서로 바꿨다. 총재 서일, 총사령관 김좌진 등은 사관 양성소를 통해 다수의 장교를 배출하였으며, 1920년 10월 청산리전투에서 승리한 후 미산(密山)을 거쳐 러시아 이만(Iman)으로 이동하였다. 자유시로 이동 중 러시아 당국이 무장해제를 요구하자 이를 거부하고 만주로 귀환하였다. 북로군정서 일부는 박두희(朴寧熙)의 지휘 아래 자유시로 이동하였다.
*** 1920년에 남만주에서 오동진(吳東振)이 조직한 무장(武裝) 독립군. 일본의 대규모 공격으로 광복군사령부의 기능이 거의 마비된 뒤 조직되어, 국내외 각지에서 일제의 기관을 습격하고 파괴하는 의열 활동을 하다가 대한통의부에 편입되었다.

부의 간접적인 지휘를 받기도 하였다. 그러나 각 지역 무장 독립군의 이념 차이 등으로 인하여 만족할 만한 성과는 얻지 못했다.

### 비행대 편성과 미주 지역 한인비행사양성소

앞서 잠깐 언급했듯이 1920년대에는 비행대 편성 계획이 활발하게 진행되어 비행기 구입 문제를 놓고 구체적인 논의가 있었다. 비행기 구입의 목적은 국내에 선전문을 살포하고 각처에 있던 독립군 단체 혹은 각 지역의 동포 사회와 신속하게 연락을 수행하는 것이었다. 그러나 계획은 끝내 성사되지 못했는데, 조사 결과 당시 임시정부로서 구할 수 있는 비행기는 150마일밖에 비행할 수 없는 것이었고, 이마저도 자금 문제로 좌절되고 말았다.

그러나 비행사양성소 계획이 따로 추진되어 1920년 2월 20일 미국 캘리포니아주에서 당시 임시정부 군무총장 노백린의 주도로 한인비행사양성소가 설치되었다. 그해 5월에는 비행기 2대를 구입하여 미국인 기술자 1명과 비행사 6명으로 교관단이 구성되기도 하였다. 양성소의 학생 수는 처음 19명에서 1922년 6월에는 41명에 이르게 되었으며, 1923년에는 11명의 졸업생을 배출하였다. 이들은 무선통신 장비를 갖춘 비행기도 5대나 보유하였지만 끝내 실전을 수행하지는 못했다. 이 양성소는 총재 김종림(金鐘林)의 재정 지원에 의해 운용되었으며, 양성소의 임원으로는 총재 김종림 외에 총무 노백린, 감독 곽임대(郭林大) 등이 있었으며, 비행사로는 노정민(盧正敏), 박낙선(朴洛先), 우병옥(禹柄玉), 오임하(吳臨夏), 이용선(李用善), 이초(李超) 등이 있었다.

군무총장 노백린과 한인비행사양성소 교관들(1920.2.5.)
장병훈·오임하·이용선·노백린·이초·이용근·한장호

### 임시정부의 비행사 양성과 공군 창설 계획

앞에서 살핀 대로 임시정부에서는 안창호 등을 중심으로 공군력 양성을 위한 많은 노력을 기울였으나 결국 임시정부가 독자적으로 공군력을 양성하기에는 역부족이었다. 그래서 임시정부나 독립운동가들은 중국 또는 소련의 항공학교에 비행 교육을 위탁하거나 또는 자원 입교하여 비행술을 배웠다.

1920년 초에는 김공집(金公緝), 박현환(朴賢煥), 김형균(金亨均) 등 20명을 광둥의 육해군학교에 보내 항해학, 비행술 등을 습득하게 하였고, 1921년 가을에는 박태하(朴泰河), 김진일(金震一) 등이 광둥

육군항공학교에, 1923년 4월에는 이영무(李英茂), 장지일(張志日), 이춘(李春), 권기옥(權基玉) 등이 윈난육군항공학교에 입학하였다. 같은 해 최용덕(崔用德)과 서왈보(徐曰甫)는 베이징 돤치루이(段祺瑞) 군벌의 육군항공학교를 졸업하기도 하였다. 그 외에도 장덕창(張德昌), 이기연(李基演), 민성기(閔成基), 정재섭(鄭再燮), 권태용(權泰用) 등이 펑위샹(馮玉祥)과 우페이푸(吳佩孚) 군벌의 공군으로 활동하였다. 한편 1921년 일본 오쿠리비행학교 출신의 우리나라 최초의 비행사였던 안창남(安昌男)도 중국 군벌 옌시산(閻錫山) 휘하의 타이위안비행학교의 교관으로 활동했는데 비행기 사고로 사망하였다. 이 밖에도 중국에서 활동하던 김공집과 박태하가 소련 모스크바항공학교를 수료하였고, 1927년에는 차정신(車貞信), 장성철(張聖哲), 유철선(劉鐵仙) 등이 모스크바항공학교로 유학하기도 하였다.

이들 가운데 일부 비행사는 일제 말까지 중국 공군에서 활동하였으며, 특히 1940년대 임시정부와 한국광복군 비행대의 편성과 작전 계획에 참여하여 항일 독립전쟁을 수행하며 임시정부 공군 창설 계획에도 참여하였다.

임시정부에서는 1943년 3월 30일 「대한민국임시정부잠행중앙관제」를 발표하면서 육군, 해군, 공군에 관한 규정을 설정하여 3군 체제를 갖추었다. 같은 해 8월 19일에는 「공군설계위원회 조례」를 공포하여 군무부 직할하에 '공군설계위원회'를 두어 공군 창설의 의지를 보이기도 했다.

1945년 3월에는 '한국광복군 건군 및 작전 계획' 제9항에 한국광복군 내 비행대 편성과 작전을 구체적으로 제시하였다. 당시 중국 공군에 복무 중이던 인물들을 소집하는 계획을 세웠는데 비행사는 최용덕, 이영무, 정재섭, 최철성(崔鐵城), 권기옥 등이었고, 정비사는 김진일, 장성철, 손기종(孫基宗), 이사영(李思英), 염온동(廉溫東), 왕영재(王英哉) 등이었다. 이들과 함께 미군과 합작하는 방침을 세우기도 하였으나 연합군과 교섭을 진행하던 중에 일본군이 무조건항복을 선언하여 결실을 보지는 못했다. 결국 공군의 창설은 1943년으로부터 6년이 경과한 후인 1949년에야 실현될 수 있었다.

### 임시정부 직할 군단, 광복군사령부

임시정부는 수립 초반에는 외곽단체를 통해 간접적으로 독립전쟁에 참여하였다. 당시 독립전쟁을 수행한 대표적인 외곽단체로는 서간도에 있던 한족회와 그 군사 단체인 서로군정서, 그리고 북로군정서가 있다. 임시정부가 만주에 직할 군단을 편성한 것은 1920년 광복군사령부와 1924년 육군주만참의부(陸軍駐滿參議府)였다. 먼저 광복군사령부의 편성은 당시 만주에 있던 독립군 부대들의 상황 인식에서 시작되었다. 즉 이들은 효과적인 대일 투쟁을 전개하기 위해서는 각지의 무장 독립군을 통합하는 것이 시급한 과제이며 이러한 통합의 주체는 무엇보다도 대한민국임시정부가 되어야만 한다고 판단한 것이다. 만주 지역의 독립군 지도자들은 즉시 대한청년단연합회, 한족회, 대한독립단, 평북독판부의 간부 등과 긴밀히 협의하여 통일 기관을 설치할 것에 합의하였다. 만주 지역 각 단체 대표인 김승학(金承學), 안병찬(安炳瓚), 이탁(李鐸)은 상하이로 가서 남북만주 독립운동의 경과와 통일 기관 설치

관계를 임시정부에 보고하였고 임시정부에서는 쾌히 이를 수용하여 민정을 총괄하는 광복군참리부(光復軍參理部)와 군정을 총괄하는 광복군사령부를 설치할 것을 결정하였다. 이에 광복군사령부는 서간도 지역의 모든 무장 항일 단체로 구성된 군사 기관으로서 임시정부 군무부 직할이 되었다. 당시 광복군사령부의 임원으로는 사령장 조맹선(趙孟善), 참모장 이탁, 군정 겸 군기국장 김승학, 군법국장 유응하(劉應夏), 군령국장 박이열(朴利烈), 소모국장 홍식(洪植), 정보국장 양기하(梁基瑕), 훈련국장 여순근(呂淳根) 등이 있었다.

광복군사령부는 산하에 독립군의 훈련과 일제의 군경 및 행정 기관 파괴를 전담하는 6개의 군영을 두어 각 지방에 설치하였다. 각 군영의 지도자로는 제1영장 변창근(邊昌根), 제2영장 오동진(吳東振), 제3영장 홍식, 제4영장 최시흥(崔時興), 제5영장 최찬(崔燦), 제6영장 김창곤(金昌坤) 등이 임명되었다.

한편 서간도 지역 교민들의 민정을 담당한 광복군참리부는 참리부장 조병준(趙秉準), 협찬 김승만(金承萬), 내무사장 신우현(申禹鉉), 외무사장 김두만(金斗萬), 법무사장 신언갑(申彦甲), 경무사장 윤창수(尹昌壽), 교통사장 백의범(白義範), 재무사장 백기준(白基俊)으로 구성되었다. 그러나 이 양 기관을 통해 서간도 지역의 군정과 민정을 총괄하려던 임시정부의 계획은 1920년 10월 일제가 만주를 침공하면서 차질을 빚게 되었다.

광복군사령부는 설립 초기부터 무기를 구입하여 소속 군인들을 무장시킬 수 있었다. 대한독립단의 재무 책임자였던 김승학은 임시정부 파견 대표로 상하이에 건너갈 때 수만 원의 자금을 휴대하였는데 이것이 무기를 구입하기 위한 자금이었던 것이다. 안창호의 주선으로 상하이에서의 무기 구입은 비밀리에 진행되었다. 권총을 비롯한 무기 240정과 탄약 수만 발이 선편으로 상하이에서 안둥의 이륭양행으로 운반되었고, 쇼의 도움으로 일본 경찰의 감시선을 뚫고 소형 목선과 마차 편으로 1920년 8월 하순 야간에 광복군사령부 주둔처인 콴뎬현(寬甸縣) 본부에 도착하였다. 운반된 무기가 광복군사령부 소속 군인들이 도열한 가운데 개봉되었다. 광복군들의 사기는 충천하였고, 곧이어 압록강 국경 지대에서는 활발한 무장투쟁이 전개되었다.

일제의 기록에 따르면 1920년 말까지 광복군들은 일제와의 교전 78회, 일제의 주재소 습격 56회, 면사무소와 영림서(營林署)* 방화 20여 개소, 일제 경찰 95명을 사살하는 전과를 올렸다. 일제는 크게 놀라 국경 경비를 강화하는 한편 압록강 연안에 2리 혹은 5리마다 검문소를 설치하는 등 광복군의 국내 진격(進擊)을 막기에 애썼다. 일제 관리들은 경찰관의 보호 없이는 문밖출입을 못하고, 친일 부자들은 광복군에 줄 돈을 미리 준비해두거나 또는 다른 지역으로 피신하기도 하였다. 국경 지대인 선천, 의주, 용천, 구성 등지의 면장들은 겁에 질려 사직서를 제출하기도 했다.

* 관할 구역 내의 국유임야와 귀속 임야에 대한 관리 경영 및 조림, 보호 등의 임무를 수행하는 기관. 조선총독부는 1910년 9월 농상공부 식산국 아래 임정(林政) 기관으로 산림과를 두고 삼림에 관한 사무를 담당했는데 이는 조직적으로 국유림에 대한 자원 수탈 체제를 갖추기 위한 것이었다.

### 한국노병회

1922년 10월 28일 김구, 여운형 등은 한국노병회(韓國勞兵會)를 조직하였다. 이들은 1922년부터 1932년까지 10년간 100만 원의 자금을 확보하여 군사를 양성한다는 계획을 세웠다. 한국노병회를 통해 중국 각처의 군사학교에 학생을 파견하여 수학하게 하는 등의 성과도 있었으나, 번번이 발목을 잡아온 군자금 조성 문제와 아울러 거듭되는 상하이 정계의 혼란, 특히 1927년부터 불거진 유일당 결성 문제 등의 영향으로 김구, 윤기섭 등의 중심인물이 탈퇴하면서 한국노병회는 점차 쇠퇴하였다.

### 한인애국단을 결성하다

1920년대 중반 이후 침체되었던 임시정부의 상황은 1930년대에 들어서도 개선되지 않았다. 1931년 7월 2일 발생한 '완바오산(萬寶山)사건'*과 곧이어 9월 18일 발생한 '루거우차오(蘆溝橋)사건'**이 발단이 되어 일어난 일제의 만주 침략과 그에 따른 친일파의 발호 등으로 한중 양국민의 갈등과 대립이 격화되었다. 일제의 야만적인 침략을 막아내기 위해서는 한중 양국민이 힘을 합쳐도 모자랄

* 1931년 7월 2일 중국 지린성 창춘현(長春縣) 싼싱바오(三姓堡) 완바오산에서 일본의 술책으로 한인 농민과 중국 농민 사이에서 농수로 문제를 둘러싸고 일어난 충돌을 말한다. 일제의 조작된 보도 기사로 중국에서는 조선인 배척 운동이 일어나고 국내에서는 중국인 배척 운동이 일어나 양쪽에서 사상자가 발생하였다. 일제는 이 사건을 만주사변을 일으키는 구실로 삼았다.
** 1937년 7월 7일 베이징 부근 루거우차오에서 일본의 자작극으로 벌어진 발포사건으로 중일전쟁의 발단이 되었다. 이 사건으로 중국 내 반일 감정이 거세지고 국민당은 공산군과의 내전을 종식하고 함께 대일 항쟁에 들어갔다.

판에 적 앞에서 분열되는 양상을 보인 것이다.

이렇게 되자 김구를 비롯한 임시정부 지도자들은 수차례 국무회의를 열어 비상 대책을 강구하였다. 한중 양국민의 갈등을 해소하고 침체된 독립운동에 활기를 불어넣기 위한 특공 작전을 추진하게 된 것이다. 그 특공 작전은 의열 투쟁의 방법으로 전개되었다. 의열 투쟁은 독립전쟁 시기에 적의 화력이 월등하게 우세할 경우, 민족 독립과 조국 광복, 나아가 인류 정의와 평화의 메시지를 전하기 위해 펼치는 투쟁이다. 의열 투쟁은 최소의 경비로 최대의 성과를 얻을 수 있는 방법이었다. 적은 인원과 자금으로 독립전쟁 이상의 효과를 거둘 수 있고, 어떠한 외교 활동보다 높은 외교적 성과를 기대할 수 있는 것이었다.

1930년대 초반에 의열 투쟁을 직간접으로 주도해간 것은 임시정부 승인하에 1931년 11월 결성된 김구의 한인애국단이었다. 한인애국단의 첫 명칭은 '특무대'로 활동의 전권은 김구에게 있었고, 그 결과만 정부에 보고하도록 되어 있었다. 한인애국단 외에도 상해임시정부 주변에서는 특무 공작이라는 명칭하에 많은 의열 투쟁이 모색되었다. 한국독립당, 의경대(義警隊), 병인의용대(丙寅義勇隊), 의생단(義生團), 한중항일대동맹, 한인청년당 등이 의열 투쟁을 전개한 단체들이었다.

여기서 우리가 주의해야 할 점은 의열 투쟁은 흔히 일컬어지는 '테러'와는 매우 다르다는 것이다. 특히 독립운동 방략으로서의 의열 투쟁은 테러와 큰 차이가 있다. 테러는 사적인 목적을 달성하기 위해 무고한 양민의 희생을 수단으로 삼는다는 점에서 반인류

적이고 반인도주의적이다. 하지만 의열 투쟁은 인류의 정의와 평화를 파괴하는 제국주의 침략의 원흉을 표적으로 삼는다는 점에서 본질적으로 인도주의적 운동이다.

일찍이 1919년 11월 만주 지린에서 김원봉(金元鳳), 이종암(李鍾巖), 윤세주(尹世胄) 등이 결성한 의열단이 이러한 의열 투쟁의 인도주의적 성격을 단적으로 보여준다고 할 수 있다. 즉 의열단의 창단 공약에는 "천하의 정의로운 옽을 맹렬히 실행함, 조선의 독립과 세계의 평등을 위하여 신명(身命)을 희생함" 등의 실천 강령이 포함되었고, 공격 대상으로는 이른바 '7가살, 5파괴'가 설정되었다. 7가살이란 처단해야 할 일곱 대상으로, 조선총독 이하 고관, 군부 수뇌, 대만 총독, 매국적(賣國賊),* 친일파 거두, 적 밀정, 반민족적 토호를 말하며, 5파괴란 파괴시켜야 할 다섯 대상으로, 조선총독부, 동양척식회사, 매일신보사, 각 경찰서, 기타 일제의 주요 기관을 가리킨다. 이처럼 의열단원들이 표적으로 삼은 대상은 선량한 민간인이 아닌 일제의 고관과 한국인 민족 반역자 부류, 그리고 식민지 지배의 정치 기관, 선전 기관, 폭압 기구, 수탈 기구와 부속 시설물 등으로 명확하게 한정되어 있었다.

한편 한인애국단은 김구의 지휘하에 특공 작전으로 의열 투쟁을 전개하였다. 1932년 1월 8일 이봉창(李奉昌)의 일왕 저격 의거와 같은 해 4월 29일 윤봉길(尹奉吉)의 홍커우공원 의거가 대표적이다. 이 밖에도 한인애국단은 1932년 1월 28일 일본군의 상하이

* 사사로운 이익을 위하여 남의 나라에 나라와 민족을 팔아먹는 반역자.

침공 직후 여러 차례 특공 작전을 시도하였다. 1932년 2월 12일 상하이 주둔 일본군사령부가 설치된 일본 군함 이즈모호 폭파 기도, 3월 3일 윤봉길도 참여한 상하이 강만비행장 격납고 및 무기고 폭파 기도, 같은 달 이덕주(李德柱), 유진식(兪鎭軾)의 조선총독 처단 계획, 5월 최흥식(崔興植), 유상근(柳相根)의 관동군사령관, 관동청장관, 남만주철도주식회사 총재 처단 계획 등이 그것이다.

### 이봉창 의거: 일왕을 저격하다

한인애국단이 결성된 후 최초로 결행한 것이 일왕의 처단을 목적으로 한 이봉창 의거다. 많은 의열 투쟁 가운데서도 침략의 원흉이자 최고 수뇌인 일왕을 직접 처단하려고 시도한 것은 이봉창 의거가 유일하다. 이봉창은 1901년 서울 용산에서 태어났다. 청년이 된 이봉창은 용산역에 일자리를 얻었으나 일본인과 동등한 대우를 받지 못했다. 차별 대우로 불만이 커진 그는 일본으로 건너갔다. 1928년 11월 이봉창은 교토에서 거행되는 일왕 히로히토(裕仁)의 즉위식을 구경하러 친구와 함께 갔다가 영문도 모른 채 붙잡혀 11일 동안이나 유치장에 갇혔다. 하루 벌어 하루 먹고사는 처지에 일왕 얼굴 한번 보겠다고 하루 일을 쉬면서까지 오사카에서 교토로 갔다가 이런 봉변을 당한 것이다. 이것이 평범한 삶을 살아가던 이봉창의 인생행로를 바꾸는 계기가 되었다.

이봉창은 일본인처럼 살아보려던 과거를 청산하고 본명인 이봉창으로 떳떳하게 살고자 했다. 한국인으로 살아갈 각오를 하고 떠난 곳이 상하이였다. 1931년 1월 중순 상하이에 도착한 이봉창은 곧바로 임시정부를 찾아갔지만 아무 소개인도 없이 간 그는 의심을 받았다. 일본어와 한국어를 섞어가며 말하고 행색조차 일본인과 흡사한 그를 누구도 믿지 않았던 것이다. 그럴수록 이봉창은 임시정부 청사를 자주 찾아가 청년들과 이야기를 나누면서 "왜왕을 도살하기는 극히 쉬운데 왜 독립운동가들은 이것을 실행하지 않는가?"라며 열변을 토했다. 이 말을 전해들은 김구가 여관으로 이봉창을 찾아가 그의 본심을 떠보았다. 이봉창은 김구에게 자신이 살아온 길과 자신이 하고 싶은 일을 다 털어놓았다. 이봉창의 말은 김구를 감동시켰고, 김구는 곧 폭탄과 자금을 준비하였다. 두 개의 폭탄이 준비되었다. 하나는 일왕을 폭살하기 위한 것이고, 다른 하나는 자결을 위한 것이었다. 1931년 12월 13일 이봉창이 일본으로 떠날 채비를 갖추고 찾아오자 김구는 이봉창을 안공근(安恭根)의 집으로 데리고 가 한인애국단에 입단시켰다. 김구가 임시정부의 특무 조직으로 한인애국단을 조직한 것은 이봉창과 함께 일왕 처단을 추진하면서였다.

  1931년 12월 22일 이봉창은 고베를 거쳐 도쿄에 도착하였다. 여기서 이듬해(1932) 1월 8일 일본 육군의 신년 관병식이 거행된다는 것과 이 행사에 일왕이 참석한다는 사실을 알았다. 이봉창은 즉시 김구에게 전보를 쳐서 1월 8일 거사를 일으키겠다는 뜻을 알렸다. 1월 8일 이봉창은 관병식을 마치고 돌아가는 일왕을 저격하고자 경시청 앞에 도착하였다. 마침 일왕의 마차 행렬이 경시청 정문 앞을 막 통과하고 있었다. 이봉창은 일왕을 향해 힘껏 폭탄을 던졌다. 폭탄은 일왕의 마차 뒤쪽에서 커다란 폭음을 내며 폭발하

**이봉창(1901.8.10.–1932.10.10.)**
이봉창은 일본 도쿄로 떠나기 전 사진을 찍을 때 처연한 표정의 김구를 보며 "인생의 목적이 쾌락이라면 31년을 사는 동안 인생의 쾌락을 맛보았다"면서 "이제는 '영원한 쾌락'을 얻으러 가는 길이니 웃으며 사진을 찍자"라고 하였다고 한다.

였다. 궁내부대신이 타고 가던 마차가 손상되면서 일왕 행렬은 아수라장이 되었다. 이봉창은 일왕을 노렸지만 처단하지는 못했다. 자결을 위해 준비한 폭탄도 터뜨리지도 못한 채 체포되고 말았다. 하지만 일본의 수도 한복판에서, 그것도 경시청 정문 앞에서 일본인에게는 신과 같은 존재인 일왕을 향해 폭탄을 던졌다는 사실만으로도 이는 엄청난 사건이었다. 이봉창은 자신이 폭탄을 던진 사람이라고 당당하게 밝히고 체포되었다. 이봉창은 신문과 재판 과정에서도 의연한 태도를 잃지 않았다. "나는 분명히 일왕을 폭사시킬 생각으로 폭탄을 던진 것이다. 다만 폭탄의 위력이 부족해서 목적을 달성하지 못한 것을 유감으로 생각한다"고 밝혔다. 이른바 대역 사건으로 재판은 대심원에서 이루어졌다. 그리고 1932년 9월 30일 사형이 선고되었고, 10월 10일 이봉창은 도쿄 이치가야형무소에서 순국하였다. 이때 이봉창의 나이 서른두 살이었다.

이봉창 의거에 대한 국제사회의 반향은 컸다. 특히 중국에서는 일제의 만주 침략 이후 증폭된 반일 감정이 이봉창 의거에 대한 보도에 투영되어 이른바 '불행부중(不幸不中, 불행하게도 폭탄이 적중하지 못했다)'이라는 불경 기사를 둘러싼 중일 간의 대립으로 격화되었다. 이것은 바로 1월 28일 상하이사변으로 연결되었다.

### 윤봉길 의거: "중국의 백만 대군도 못한 일을 일개 조선 청년이 해냈다"

임시정부의 특무 조직인 한인애국단이 전개한 의열 투쟁 가운데 최대의 성과는 윤봉길 의거라 할 수 있다. 윤봉길은 1908년 충남 예산군 덕산에서 태어났다. 청년 윤봉길은 농촌계몽운동에 뜻을 두고 자신의 집 사랑방에 야학을 개설하였을 뿐 아니라 『농민독본』 3권을 만드는 등 농촌계몽운동에 본격 뛰어들었다. 1929년 11월 3일 봉기하여 전국적으로 파급된 광주학생항일운동 소식은 윤봉길의 민족의식을 더욱 촉발했다. 그는 1930년 3월 "丈夫出家生不還(대장부가 집을 떠나 뜻을 이루기 전에는 살아서 돌아오지 않는다)"이라는 비장한 글을 남기고 중국 망명의 길에 올랐다.

1931년 6월 상하이에 도착한 윤봉길은 어느 날 김구를 찾아가 독립운동의 의지를 밝혔다. "제가 채소 바구니를 등 뒤에 메고 날마다 홍커우 방면으로 다니는 것은 큰 뜻을 품고 천신만고 끝에 상하이에 온 목적을 달성하기 위해서입니다. 그런데 일본이 상하이를 침공하는 상하이사변도 중국에서 굴욕적으로 정전협정이 성립되는 형세인즉, 아무리 생각해보아도 마땅히 죽을 자리를 구할 수 없습니다. 그렇지만 선생님께서는 동경 사건*과 같은 경륜이 있을 줄 믿습니다. 저를 믿으시고 지도하여주시면 은혜는 죽어도 잊지 못할 것입니다." 윤봉길의 포부를 들은 김구는 감복하여 윤봉길을 한인애국단에 가입시켰다. 김구는 처음에 윤봉길을 비롯한 한인애국단원들을 부두 노동자로 위장 침투시켜 상하이를 점령한 일본군의 무기 및 군수품 창고를 폭파하려는 작전을 추진하였다. 그러나 3월 3일 일본군이 임시 휴전 성명을 발표하고 전투정지령을 내리면서 부두 노동자들의 무기고 접근을 막았기 때문에 이 작

* 이봉창 의거를 말한다.

전은 성공하지 못했다.

그러던 중 일왕의 생일인 천장절 기념식을 일본군의 상하이사변 전승축하식과 함께 합동으로 상하이 홍커우공원에서 1932년 4월 29일 거행할 예정이라는 소식이 들려왔다. 이 기회를 틈타 거사 계획은 치밀하게 진행되었다. 거사 준비가 완료되자 윤봉길은 4월 26일 대한교민단 사무실에서 '한인애국단 선서식'을 거행하고 기념 촬영을 하였다. "나는 적성(赤誠)으로 조국의 독립과 자유를 회복하기 위하여 한국애국단의 일원이 되어 중국을 침략하는 적의 장교를 도륙하기로 맹서하나이다"라는 선언문을 목에 걸고 기념사진을 찍은 것이다. 이는 이 의거가 개인 차원의 행동이 아니라 한국 민족 전체의 의사를 대변하는 것이라는 점을 세계에 널리 알리기 위한 것이었다. 윤봉길은 날마다 홍커우공원으로 나가 식장 설치하는 것을 살펴보며 거사할 위치를 점검하였다. 상하이 병공창(兵工廠)의 주임이었던 김홍일(金弘壹) 장군의 주선으로 폭탄도 마련되었다.

거사일인 4월 29일 아침 윤봉길은 동지 김해산(金海山)의 집에서 김구와 마지막 아침 식사를 하였다. 때마침 7시를 치는 종소리가 울렸다. 윤봉길은 새로 장만한 시계를 꺼내 김구의 헌 시계와 바꾸었다. 김구는 기념으로 그의 시계를 받고 자신의 시계를 윤봉길에게 건네주었다. 자결용 폭탄까지 마련한 그날 아침 윤봉길의 모습은 평소와 다름없었다. 윤봉길을 태운 자동차가 서서히 움직이기 시작하자 김구는 마지막 작별의 말을 건네었다. "후일 지하에서 만납시다." 윤봉길이 차창 밖으로 김구를 향해 머리를 숙이자

**윤봉길(1908.6.21-1932.12.19.)**

4월 29일 의거를 일으키기 전인 4월 27일에 왼손에 폭탄, 오른손에 권총을 들고 가슴에 절명사를 붙인 채 안공근의 집에서 찍은 사진

자동차는 경적 소리를 울리며 홍커우공원을 향해 떠났다.

4월 29일 홍커우공원에는 수많은 인파가 모여들었고 삼엄한 경계가 겹겹이 쳐졌다. 단상 위에는 시라카와(白川義則) 대장과 우에다(植田謙吉) 중장, 제3함대사령관 노무라(野村吉三郎) 해군중장, 주중 일본공사 시게미쓰(重光葵), 상하이 일본총영사 무라이(村井倉松), 상하이 일본인거류민단장 가와바다(河端貞次), 일본인거류민단 서기장 도모노(友野盛) 등 침략의 원흉들이 도열해 있었다.

오전 11시 40분 전승축하식 중 일본 국가가 거의 끝날 무렵이었다. 윤봉길은 물통형 폭탄의 덮개를 벗겨 안전핀을 뽑고 사람들을 헤치고 나아가 단상 위로 폭탄을 힘껏 던졌다. 폭탄은 시게미쓰와 가와바다 사이에서 천지를 진동하는 굉음을 내고 폭발하였다. 식장은 순식간에 아수라장이 되었다. 이 의거로 시라카와 대장과 가와바다 일본인거류민단장은 사망하고, 노무라 중장은 실명하고, 우에다 중장은 다리가 부러지고, 시게미쓰 공사는 오른쪽 다리를 잃고, 무라이 총영사와 도모노 거류민단 서기장은 중상을 입었다.

윤봉길 의거는 기고만장하던 일제의 기세를 단번에 꺾어버린 쾌거이자 한국독립운동의 존재를 세계에 알린 거사였다. 30만의 중국 장제스(蔣介石) 정예군도 막아내지 못한 일본군의 상하이 침공 승전축하장에 한인애국단의 윤봉길이 단신으로 들어가 적진을 일시에 초토화시켜버린 것이다. 중국 정부는 물론 중국 국민들도 모두 크게 놀라며 경탄해 마지않았다. 특히 장제스 중국군 사령관은 "중국의 백만 대군도 못한 일을 일개 조선 청년이 해냈다"고 감격하면서 임시정부에 대한 전폭적인 지원을 약속했다.

윤봉길 의사 순국 장면(1932.12.19.)

이후 중국 정부는 중앙육군군관학교에 한인특별반을 설치하도록 하는 등 한국독립운동을 적극적으로 지원하였으며, 한동안 침체에 빠져 있던 임시정부도 이 의거를 계기로 다시 독립운동의 구심체로 부활하였다.

윤봉길은 현장에서 체포된 후 5월 25일 상하이 파견 일본군법회의에서 사형선고를 받았다. 일제는 11월 18일 윤봉길을 일본의 오사카 위수형무소로 옮겼고, 12월 18일 밤에는 일본군 제9사단 본부가 있는 가나자와육군형무소로 옮겼다. 윤봉길은 그 이튿날인 1932년 12월 19일 오전 7시 40분 미쓰코지 산속에 있는 육군공병 작업장에서 십자가 형틀에 매여 총살 순국하였다. 윤봉길의 나이

25세 때였다.

### 뤄양군관학교 입교의 길이 열리다

임시정부는 이봉창, 윤봉길로 대표되는 의열 투쟁의 성공으로 새로운 활력을 찾게 되었다. 김구는 장제스를 만나 중국 중앙육군 군관학교 뤄양(洛陽) 분교에 한인특별반을 설치하고 군사간부를 양성할 수 있는 길을 열게 되었다. 이에 김구는 1933년 만주에서 활약하던 한국 독립군 총사령관 지청천(池靑天)을 비롯하여 황학수(黃學秀), 공진원(公震遠), 조경한(趙擎韓), 오광선(吳光鮮), 이복원(李復源), 최용덕, 김학규(金學奎) 등을 중국 관내(關內)로 불러들였다. 뤄양군관학교 한인특별반에서는 교관에 지청천, 생도대장에 이범석, 생도반장에 오광선을 임명하고 군사훈련에 전념하였다. 이 군관학교를 통해 1936년까지 250명에 달하는 독립군 기간요원이 양성되었다.

### 중일전쟁 이후의 군사 활동

임시정부의 군사 활동을 촉진시킨 계기가 된 것은 1937년 7월에 발발한 중일전쟁이었다. 중일전쟁이 발발하자 임시정부는 전시체제에 대비해 보다 적극적인 군사 활동을 펼치기 위한 대책으로 1937년 7월 15일 국무회의를 열어 군무부 산하에 '군사위원회'를 설치하였다. 군사위원회의 설치 목적은 독립전쟁의 연구 계획, 광복군 양성, 군사 지식의 습득을 위한 서적 편찬 등이었다. 이 중에서도 특히 광복군 양성에 중점을 두고, 유동열, 지청천, 이복원, 현익철(玄益哲), 김학규, 안공근 등 6명의 위원을 선임하여 군사위원회를 발족시켰다. 이들은 모두 만주에서 독립군을 조직, 운영한 경험이 풍부한 인물들로서 전시체제에 대비한 임시정부의 군사정책을 전담하였다. 군사위원회는 우선 훈련소를 설립하여 단시일 내에 '초급장교 약 200명 양성'과 '1개 연대의 군대 편성'을 계획하였다. 이를 위해 37만 원의 예산을 책정하기도 하였다. 그러나 1937년 10월 일본군이 임시정부가 임시로 거처하고 있던 항저우를 공격 점령하게 되면서 임시정부는 피난길에 올라야 했다. 중일전쟁이 점차 확대되고 일본군에 밀린 중국군의 총퇴각으로 임시정부에서 준비했던 군사 계획은 무산되고 말았다. 장제스 정부의 지원을 받고 있던 임시정부는 장제스 정부와 함께 이동할 수밖에 없었다. 난징에서 전장(鎭江), 창사(長沙)를 거쳐 류저우(柳州), 치장(綦江)으로 피난하는 과정에서 군사 예산으로 책정한 자금마저 백여 명 소속 인원의 구급비로 소진해버리고 말았다.

  1939년 중국국민당 정부가 충칭(重慶)에 임시 수도를 정한 후 임시정부 역시 중국 정부의 협조를 얻어 충칭 근처 치장에 정착하였다. 임시정부는 1939년 10월 3일부터 개최된 임시의정원 회의에서 국무위원의 숫자를 확대하기로 하고 재건 한국독립당의 홍진과 조소앙, 조선혁명당의 이청천(李靑天), 유동열을 각각 국무위원으로 선임하였다. 이로써 한국국민당, 재건 한국독립당, 조선혁명당이 참여하는 이른바 '3당 연립내각'을 구성하게 되었다.

  이후 임시정부에서는 독립전쟁을 원활히 수행하기 위하여 '군사특파단'을 구성하여 시안(西安)으로 파견하였다. 이는 중일전쟁이 발발하면서 화베이(華北) 지역으로 이주해 온 한인들을 초모(招募)하기 위해서였다. 아울러 군사 계획을 수립할 기구로 정부 기관 내에 참모부를 설치하였다. 이들은 3개년 계획으로 '독립운동 방략'을 확립하였다. 그 핵심은 군사 양성과 독립전쟁의 수행이었다. 구체적으로는 일본과의 독립전쟁을 전개하기 위해 장교 1,200명, 무장 군인 10만 명, 유격대원 35만 명을 갖춘다는 것이다. 그러나 매번 그러했듯이 인적, 재정적 기반을 확보하지 못한 상태에서 계획은 예정대로 추진될 수 없었다.

# 4장 임시정부 헌법의 개정과 정부 개조

**국민대표회의**

　임시정부가 국내에 구축하고자 했던 연통제와 교통국은 일제 기관에 대부분 발각되었다. 이에 따라 행정조직과 군자금 루트는 완전히 붕괴되고 말았다. 미국에서 활동하다가 임시정부의 소환에 응한 이승만 임시 대통령은 상하이에 도착했지만 아무런 성과도 내지 못한 채 6개월 만에 미국으로 돌아갔다. 그가 큰소리치며 기대를 걸게 했던 태평양회의에서는 한국 문제가 거론조차 되지 않았다. 많은 독립운동가가 임시정부의 존폐 문제를 이야기하기 시작했다. 이러한 난국을 타개하기 위하여 안창호가 각계의 의견을 수렴하여 제안한 것이 독립운동가들의 대표로 국민대표회의를 구성하는 것이었다.
　안창호가 이 회의를 제안한 것은 1921년 2월이었다. 이 시기는 만주 지역 독립군들이 일제의 만주 대토벌을 피해 러시아 국경을 넘어 자유시(自由市)로 들어갔을 때였다. 만주 일대에서는 이른바 '경신참변(庚申慘變)'*이라는 전대미문의 대학살극이 벌어지고 있었지만 임시정부는 아무런 대책을 세우지 못하고 수수방관하고 있었다.

이에 박은식, 원세훈, 김창숙 등이 임시정부를 명실상부한 최고의 독립운동 기관으로 개편하여 무장 독립 투쟁을 지지하고 독립군 부대의 통합과 지휘 계통의 체계를 확립하고자 국민대표회의를 요구하였다. 3월에는 안창호와 여운형이 이를 실현시키려 나섰고, 4월에는 베이징에서 활동하던 박용만과 신숙이 나서서 군사통일회의를 준비하였다. 더욱이 이들은 이승만이 미국 대통령 윌슨에게 '위임통치'를 요구했다는 사실을 알고 그에게 맹비난을 퍼부었다. 남만주에서도 1921년 5월 6일 액목현에서 열린 회의에서 이승만의 위임통치설을 문제 삼아 국민대표회의의 소집을 요구했다. 그동안 임시정부를 지지하던 남만주의 독립운동계가 이승만을 비롯한 임시정부의 정책에 문제 제기를 하고 나선 것이다.

이러한 배경에서 국민대표회의를 이끌어낸 인물은 안창호였다. 안창호는 앞장서서 회의 개최 준비 작업을 해나갔다. 1921년 5월

---

\* 1920년 만주를 침략한 일본군이 무고한 한국인을 대량 학살한 사건이다. 1920년 들어 독립군의 국내 침공이 더욱 활기를 띠자 일제는 중국 정부를 위협해 공동으로 독립군 토벌 작전을 전개하였다. 그러나 청산리전투 등에서 오히려 참패를 당한 일본군은 이에 대한 보복으로 무차별 한인 학살을 감행하였다. 3-4개월 동안 수만 명의 동포가 참혹한 죽음을 당했다.

12일 상하이에서 국민대표회의 소집을 요구하는 연설회를 개최하고 여운형과 함께 연사로 나서 쇠약해진 임시정부를 되살리기 위해 국민대표회의를 열든지 아니면 다른 좋은 방법으로 민의를 통일시켜야 한다고 주장했다. 일주일 뒤인 5월 19일에는 제2차 연설회를 개최하여 재차 국민대표회의 소집을 촉구하였다. 이 연설회에서는 신채호 등 베이징 지역 인사들도 임시정부를 부인하고 새로운 정부를 수립하여 대일 전쟁에 나서야 한다고 주장했다. 안창호는 국민대표회의 상해기성회를 조직하고 9월 15일에 국민대표회의를 개최한다는 목표 아래 상하이와 베이징 대표들을 규합하여 모임을 가졌다.

국민대표회의가 본격적으로 추진되던 무렵인 1921년 6월 4일 이승만은 비밀리에 하와이로 떠났다. 이때부터 상해기성회와 베이징 세력의 연합 준비가 본격화되었으나 개회는 계속 미루어졌다. 그 가장 큰 이유는 국제 상황의 변화와 경비 마련의 어려움에 있었다. 이승만의 제안에 따라 1922년 2월 워싱턴에서 열린 태평양회의를 지켜보았으나 아무런 소득이 없었다. 이와는 달리 같은 시기 모스크바에서 열린 극동인민대표대회에서는 한국 문제를 심도 있게 논의하고 운동의 방향까지 결의하는 등의 결실을 거두었다. 특히 레닌(Vladimir Il'ich Lenin)의 자금 일부가 상하이로 들어와 국민대표회의를 열 수 있는 자금으로 활용되었다. 그런 바탕 위에서 국민대표회의가 1923년 1월 3일 상하이에서 열렸고, 6월 중순까지 계속되었다.

이 회의는 중국 관내는 물론 국내, 만주, 노령, 미주 등 독립운동

단체의 대표 130여 명이 한데 모인 한국독립운동사상 최대의 민족회의였다. 수개월 동안 지속된 회의에서는 독립운동 세력 간의 지역적 기반과 독립운동 노선 차이로 분열된 독립운동계의 통일 방안과 활동 방안을 새롭게 모색하고자 하였다.

김동삼, 이진산, 배천택(裵天澤), 김형식(金衡植)도 서간도 대표로 상하이로 갔다. 김동삼은 서로군정서를 대표했고, 김형식은 한족회를 대표했다. 1922년 12월 23일자『독립신문』은 남만주 독립군단의 통합 조직인 대한통의부(大韓統義府) 총장으로 서간도 서로군정서 대표가 된 김동삼의 상하이 도착 소식을 알리고 있다.

1923년 1월 3일 국민대표회의 개최일에 참석한 대표는 62명이었고, 임시의장에 안창호가 선임되었다.『독립신문』기사에 따르면 국민대표회의는 1월 3일부터 시작되어 개조파가 회의에 불참한 5월 15일까지 63회에 걸쳐 이루어졌다.

이 회의에서 가장 쟁점이 된 것은 임시정부의 법통 문제였다. 임시정부를 개조할 것인가(개조파), 아니면 임시정부를 없애고 새로운 정부를 만들 것인가(창조파)를 두고 논란이 계속되었다. 임시정부를 중심으로 활동하던 인물들은 대개 개조파로서 임시정부 개편과 독립운동 세력 강화라는 목표를 내걸었으나, 윤해와 원세훈 등 창조파는 이승만 배척, 임시정부 해체, 새로운 정부 수립을 목표로 삼고 있었던 것이다.『독립신문』은 사설에서 이 문제에 대하여 다음과 같이 밝히고 있다.

희(噫)라 그나마 강토가 있으면 3국이 정립하던지 6국이 병립하던지 오히려 존속할 가치가 있으려니와 촌토(寸土)와 분권(分權)이 우리 것이 아닌 금일에 기관이니 법통이니 논쟁함으로 능사를 삼아 식자의 비웃음을 사게 됨은 어리석은 일이 아닌가. … 행여나 과거 진부한 문제에 빠져 지장을 초래하거나 세월을 허송하지 말기를 바라며 묵은 책장은 덮어놓고 앞으로의 목표를 향하여 하루라도 빨리 왜적을 격퇴하고 국토를 광복할 방침을 수립하여 천명(天命)과 인의(人意)를 체현하기를 축원하노라.

국민대표회의에서 김동삼은 독립운동계의 최고 인물로 떠올랐다. 만주 무장투쟁 단체 대한통의부의 총장이라는 위상이 크게 작용했을 것이다. 김동삼은 먼저 400여 명의 참가 대표들의 자격을 심사하는 업무를 맡았다. 면밀한 심사 끝에 의결권을 가진 대표로 인정된 사람이 130여 명이었다. 제9차 회의가 열린 1923년 1월 18일 김동삼은 국민대표회의 의장으로 선출되었다. 부의장으로는 각각 좌파와 우파를 대표하는 윤해와 안창호가 선임되었다.

앞서 살펴보았듯이 국민대표회의는 임시정부를 그대로 유지하면서 실정에 맞게 효과적으로 개편, 보완하여 이를 독립운동의 구심점으로 삼자는 '개조파'와 임시정부를 해체하고 새로운 독립운동 기구를 조직하자는 '창조파'로 나뉘었는데, 5개월여에 걸쳐 회의가 진행되었지만 의견 차를 좁히지는 못했다. 김동삼은 김형식과 함께 개조파의 입장에 섰다. 일단 임시정부가 독립운동을 총괄하고 필요에 따라 체계를 일부 개조해야 한다는 의견을 가지고 있었던 것이다. 두 가지 주장이 팽팽하게 맞서는 바람에 국민대표회의는 진행 자체가 어려웠다. 김동삼을 비롯한 핵심 인사들은 국민대표회의가 파국으로 치닫는 것을 막기 위해 쉬운 문제부터 논의하려고 분과별 회의를 독려하기도 하였으나 결국 국민대표회의는 결렬되고 말았다.

김동삼은 『독립신문』과의 인터뷰에서 자신과 남만주 독립운동계의 견해를 소상히 밝히고 있다. 『독립신문』 1923년 1월 17일자 기사를 살펴보자.

> 나는 당초부터 제2정부가 생기는 것도 용허치 않으려니와 소위 위임통치를 주창한 사람의 소행도 가증스럽게 여깁니다. 그래서 우리가 모지(某地)에서 회의한 결과 이전에 베이징에서 모인 군사통일회의에 대하여는 제2정부를 설립치 못할 것을 제의하고 임시정부에 대하여는 위임통치 주장자를 퇴직시킬 것을 제의하는 동시에 전기(前記) 양처(兩處)에서 다 그 제의를 용인치 않을 때에는 한족회는 지체 없이 탈퇴할 것을 예시하였습니다. 정부에서 처음에는 그 제의를 환영하는 듯하였으나 후에는 냉각(冷却)하는 회답을 하였습니다. 그러므로 우리 한족회는 부득이 초지(初志)에 의하여 임시정부와의 탈리(脫離)를 선포하였습니다.

이처럼 국민대표회의가 창조파와 개조파로 나뉘어 지루한 논쟁이 이어지자 서간도 독립운동계는 대표들을 불러들이기로 결정했다. 논쟁이 해결될 기미가 없다고 판단했기 때문이다. 대표 소환령에 따라 의장 김동삼을 비롯하여 비서장 배천택과 이진산, 김형식 등은 자리를 사임하고 서간도로 다시 돌아가고 말았다.『독립신문』1923년 6월 13일자는 김동삼, 배천택, 김형식, 이진산 등 서간도 한족회와 서로군정서 대표들이 소환을 받고 국민대표회의를 탈퇴하였다고 발표했다.

김동삼의 후임으로 북간도 대한국민회 대표 윤해가 국민대표회의 의장에 선출되었고, 천도교 대표 신숙과 연해주 수청(水淸) 남부 대표 오창환(吳昌煥)이 부의장에 선임되었다. 이제는 창조파가 국민대표회의의 주도권을 장악하게 된 것이다. 이렇게 되자 개조파는 회의장에서 모두 퇴장해버리고 무기 정회가 선언되었다. 결국 5월 15일 회의를 끝으로 국민대표회의는 사실상 결렬되고 말았다.

창조파는 독자적인 모임을 갖고 '국민위원회'를 조직하였다. 6월 3일 창조파 50여 명이 김동삼의 후임으로 윤해, 신숙 등이 선출된 것이 부당하다는 내용의 성명서를 발표했다. 그 뒤 창조파는 새로운 정부를 수립한다는 계획하에 블라디보스토크로 떠났다. 이듬해 (1924) 이들은 근거지를 만주로 옮겨 '조선공화국' 또는 '한(韓)'이라는 새로운 국가를 건설한다고 발표했으나 이 계획은 끝내 실현되지 못했다.

### 임시 대통령 탄핵과 개헌(1925년 4월)

국민대표회의가 결렬된 후 독립운동 전선은 이전보다 더 큰 혼란에 빠져들었다. 임시정부 자체를 유지하기조차 어려운 상황에 놓이게 된 데다 독립운동 세력들은 이념과 노선에 따라 제각기 독자적인 세력을 형성하며 분열 대립하고 있었다. 임시정부가 선택할 수 있는 길은 첫째, 체제를 개편하는 일, 둘째, 오랫동안 대통령 자리를 공석으로 두고 소임에 충실하지 않았던 임시 대통령 이승만을 물러나게 하는 일이었다. 이승만을 물러나게 하는 것은 간단치 않았다. 대통령의 임기가 헌법에 명시되어 있지 않은 상태에서 대통령을 사퇴시키는 것이 쉽지 않았던 것이다. 이미 앞에서 몇 차례 언급한 것처럼 이승만은 임시정부가 수립되던 당시부터 문제가 많았다. 여기서 다시 정리하면 이승만의 고집으로 원래 국무총리 체제였던 정부 체제를 헌법을 바꾸면서까지 대통령 체제로 바꿔야 했을 뿐만 아니라 임시 대통령으로 선출되던 1919년 당시부터 이승만은 위임통치론 주장으로 말미암아 신채호를 비롯한 임시정부 구성원으로부터 심한 공격을 받았다. 1920년 5월에는 임시정부 차장들이 임시 대통령 불신임을 결의한 일도 있었고, 1921년에는 각료들이 대통령 사퇴를 종용하고 나서기도 했다. 1922년 제10회 임시의정원에서는 국민대표회의 개최 논의와 맞물려 불신임안이 결의되었다가 취소됐고, 국민대표회의가 한창이던 제11회 임시의정원에서는 대통령 탄핵안이 발의되었다. 이는 임시 대통령 이승만에 대한 불신이 얼마나 깊었는지를 보여주는 동시에 이승만이 임시정부가 안고 있는 폭탄과도 같은 존재였음을 말해주는 것이다. 이승만에 대한 탄핵 문제는 해를 넘겨 1924년에 열린 임시의정원에서 다시 제기되었다.

1924년 2월에 열린 제12회 임시의정원에서 대통령 탄핵안이 다시 중심 안건으로 떠올랐으나 정원 36명 가운데 7명의 의원만이 참석하여 정족수 미달로 산회(散會)할 수밖에 없는 상황이었다. 그나마 참석한 의원 중 김붕준(金朋濬)과 최석순은 대다수 의원이 출석하지 않은 것은 국민이 현 정부를 승인하지 않는다는 증거라고 하면서 사임하기까지 했다.

이승만은 이러한 임시정부의 난국을 타개하려는 적극적인 의지도 없었고, 방안도 강구하지 않았다. 임시정부 측에서는 전문이나 편지 등을 통해 이승만에게 해결책을 요구했지만 이승만은 오히려 '다시는 사사로운 비용이나 운동비를 보내라고 요구하지 마시오'라고 답할 뿐이었다. 그러면서 각원들 협의하에 누구든지 한 사람을 세워 국무총리의 책임을 맡기라고 하였다.

이러한 배경에서 성립된 것이 이른바 '이동녕 내각'이다. 1924년 5월 이승만의 뜻에 따라 기호 출신 의원들을 중심으로 이동녕 내각이 출범하였다. 그러나 이동녕 내각은 임시의정원의 동의를 얻지 못한 '대리' 내각이었다. 이러한 '대리' 내각의 출범은 결국 임시의정원 내부에서 정부 옹호파와 개조파 사이의 세력 다툼으로 비화되었다.

1924년 6월 조상섭(趙尙燮), 김붕준, 최석순 등 개조파 의원 8명은 「임시 대통령 유고 문제에 관한 제의안」을 제출했다. 이 제의

안은 현임 대통령 이승만이 4년 동안 자리를 비우고 임지를 멀리 떠나 있는 것은 허용될 수 없는 문제라면서 임시 대통령 이승만을 유고로 처리하고 국무총리로 하여금 대통령 직무를 대리케 하자는 주장을 담고 있었다. 임시정부는 이 제의안을 가결하고 6월 21일자 전보로 이 사실을 이승만에게 알렸다.

대통령의 유고와 국무총리의 대통령 직무대리 문제가 결의 공포되자, 이승만은 이에 대한 대항책을 내놓았다. 그것은 재정과 관련된 조치였다. 임시정부에 대한 재정적 지원을 완전히 차단하고, 미주 교포들이 임시정부로 직접 납부하던 인구세마저 구미위원부로 납부하도록 한 것이다. 또한 이승만은 임시의정원에 따로 유고안을 재의(再議)해줄 것을 요구했다. 그러나 대통령재의요구심사위원회는 "이승만이 4년 동안 정부 소재지인 상하이를 떠나 있어 실질적으로 대통령직을 수행할 수 없었기에 대통령의 유고 결정은 아무런 문제가 없다"라는 결정을 내렸다. 임시 대통령 이승만이 상하이에 부임하기 전까지는 유고로 결정하고 헌법 제17조에 의거 국무총리 이동녕으로 임시 대통령의 직권을 대리하기로 한 결의가 공포되었다. 이처럼 유고안이 기정사실화되었음에도 불구하고 이승만은 다시 국무원에 공첩(公牒)을 보내 자신은 결코 임시의정원의 결정에 따르지 않겠다고 강경한 입장을 밝혔다. 그는 다시 '한성정부 계통론'을 내세웠다. 이승만은 자신에게 유리하고 필요한 경우에는 임시정부 대통령으로 행세하다가, 세가 불리하면 한성정부를 내세우는 등 이중적 태도를 취했다. 하지만 그럴수록 그는 점점 고립되어갔다.

이승만 대통령의 탄핵은 1925년에 이루어졌다. 결정적인 국면 전환은 1924년 12월 이동녕 내각의 총사직에 따른 박은식 내각의 출범에서 비롯되었다. 이로써 이동녕 내각 때의 각부 총장들과 실무 책임자들이 모두 사직하고 박은식을 국무총리로 하는 새 내각이 정식 출범했다. 박은식 내각의 각원들 대부분은 이승만 불신임안을 주도했던 인물들이었다.

임시 대통령을 탄핵할 수 있는 권한은 임시의정원에 있었다. 이승만 대통령의 탄핵은 실제로 1925년 3월 중순부터 말일 사이에 이루어졌지만 이는 사전 계획과 일련의 과정에 따른 것으로 총 3단계로 이루어졌다고 볼 수 있다. 1단계는 1924년 6월 제12회 임시의정원에서 조상섭 외 7명의 의원이 제출한 '대통령 유고안'을 가결시킴으로써 이승만의 대통령 직권을 정지시킨 것이고, 2단계는 1924년 12월 이승만이 선임한 이동녕 내각이 물러나고 박은식 내각이 출범한 것이며, 3단계는 1925년 3월 임시 대통령 탄핵안을 임시의정원에 상정시켜 처리하고 임시정부를 새로운 체제로 운영하기 위해 임시헌법을 개정한 것이다.

이승만이 탄핵당한 1925년의 제13회 임시의정원은 임시 대통령 탄핵과 임시헌법 개정이라는 중대한 문제를 처리했음에도 회의록에는 이 내용이 전하지 않는다. 다만 이승만 탄핵 결의안과 심판서가 『대한민국임시정부 공보』에 실려 있어 탄핵의 사유와 결과를 알 수 있다. 이승만의 탄핵 사유는 그가 자신을 지지하던 인사들로부터도 신뢰감을 잃었을 뿐만 아니라 무엇보다도 대통령으로서 임시정부의 살림살이를 돌보지 않았다는 데 있었다. 심지어 이승만은 미주의 동포들로부터 애국금을 거두었는데 이 돈을 임시정부에 보내야 했음에도 불구하고 임시정부의 현상 유지에 필요한 최소한의 비용조차 보내지 않았다. 임시의정원에서 대통령을 탄핵, 면직시킴과 동시에 임시정부에서는 1925년 3월 10일 '임시대통령령 제1호'로 구미위원부 폐지령을 공포했다. 그리고 이승만 대통령 면직이 결정되자 곧바로 임시정부 지도 체제를 개편하기 위한 개헌을 단행하였다.

**탄핵당한 대통령, 이승만**

이승만은 3.1만세운동 당시 미국에서 활동하고 있었고, 국내외 임시정부 수립에도 직접적으로 관여한 사실이 없었다. 3.1만세운동이나 임시정부 수립 사실도 사후에 인편이나 전보를 통해 알게 되었다. 그런 그가 국내에 수립된 한성정부 집정관총재라는 지위를 내세워 최고 지도자로 활동을 시작했다. 그는 한성정부에서는 집정관총재로, 상해임시정부와 노령 지역 임시정부에서는 수반급 지도자인 국무총리로 선출되었다. 그런데 그는 한성정부가 다른 어떤 정부보다도 정통성이 있다고 생각했던 것 같다. 6월부터 '집정관총재'를 '대통령'으로 번역하여 대외적 명칭으로 삼고 임시정부 수립 및 자신이 대통령으로 선출된 사실을 각국에 통보하였다. 그리고 7월 17일 워싱턴 D.C.의 메사추세츠가에 사무실을 마련하고 본격적인 활동을 개시하였다.

이승만이 우선적으로 추진한 것은 공채를 발행하여 재정을 확보하는 것이었다. 그런데 공채를 발행하여 재정을 확보한다는 방안은 한성정부나 상해임시정부와의 협의를 거쳐 나온 것이 아니라 이승만 자신이 독자적으로 결정한 것이었다. 그는 9월 1일부터 '대한민국 집정관총재 이승만과 특파주차구미위원장 김규식'의 공동 명의로 공채를 발행, 판매하기 시작하였다.

또 하나 이승만이 독자적으로 추진한 것은 활동 기구의 설립이었다. 파리강화회의에 파견되었던 김규식이 미국으로 건너오자 이승만은 김규식을 위원장으로 하는 한국위원회를 설립하였다. 정식 명칭은 구미주차한국위원부이고, 흔히 '구미위원부'라고 불렀다. 구미위원부는 이승만이 집정관총재 직권으로 설립한 것으로 형식상으로는 미주와 유럽 지역에서 임시정부의 사무를 대표하는 기관이었다. 이후 구미위원부는 미주의 대한인국민회 중앙총회가 담당하고 있던 인구세 징수와 공채 발행 업무를 넘겨받으면서 미주 지역의 재정 및 외교의 실권을 장악해나갔고, 점차 이승만의 사조직체가 되었다.

이러한 이승만의 활동은 한성정부나 상해임시정부와의 협의하에 이루어진 것이 아니었기에 당연히 상해임시정부 측에서는 이러한 독자적인 활동과 자의적인 명칭 사용에 제동을 걸었다. 이것이 이후 이승만과 임시정부 간에 마찰을 불러일으키는 주요 사안이 되었다.

이후 노령의 대한국민의회와 상해임시정부 사이에서 임시정부 통합 논의가 일어나 통합 정부의 소재지를 어디에 둘 것이냐와 국

**구미위원부 직원 일동**(워싱턴, 1920.3.1.)
앞줄: ○ · 송헌주 · 이승만 · 김규식 · ○ / 뒷줄: ○ · 김병직 · 노디김 · ○ · ○

내에서 수립된 한성정부를 어떻게 처리할 것이냐를 두고 교섭이 한창일 때 이승만은 이에 아랑곳하지 않고 미국에서 대통령 칭호를 사용하면서 한성정부를 기정사실화하고 있었다. 앞에서 살펴본 대로 안창호는 이승만에게 대통령 칭호 사용을 중지할 것을 여러 번 요청했다. 그러나 이승만은 대통령 칭호 문제를 가지고 왈가왈부하면 독립운동에 방해가 된다는 답변만 보내왔다. 안창호로서도 별다른 방도가 없었기에 결국에는 이승만의 뜻대로 헌법을 개정해서 대통령제를 시행할 수밖에 없었다. 일부의 반대 의견이 없지 않았지만, 상하이의 임시의정원에서도 헌법 개정안과 임시정부 개조안이 통과되었다. 이러한 과정을 거쳐 이승만은 통합 임시정부의 '임시 대통령'으로 선출되었다. 한성정부를 계승한다는 취지로 각원은 한성정부의 각원을 그대로 따랐다. 한성정부를 중심으로 통합을 이룰 수 있었던 것은 한성정부가 국내에서 13도 대표대회라는 절차를 통해 수립되었다는 명분 때문이었다.

대통령으로 선출된 이승만은 민족의 대표자인 동시에 독립운동을 지휘 통할해야 하는 최고 책임자가 되었다. 그러나 이승만은 임시정부가 소재하고 있는 중국 상하이로 부임하지 않았다. 예전처럼 미국에 그대로 머물러 있으면서 전문(電文)과 통신원을 통해 간접 통치를 했던 것이다. 통신원들은 이승만의 조력자들이었다. 이들은 상하이의 실상과 국내외 정보를 소상하게 조사 분석하여 이승만에게 보고하였다. 이러한 통신원들의 도움을 받아 이승만은 미국에 머물면서도 상하이를 비롯한 국내외 사정을 훤히 알 수 있었다. 현순, 안현경(安玄卿), 장붕, 조소앙 같은 인물들이 통신원의 역할을 충실히 수행하였다.

이승만이 이와 같이 미국에 머물면서 임시정부의 대통령직을 수행하는 동안 상하이에서는 이승만에 대한 반대 여론이 형성되고 있었다. 처음 이승만에 대한 반대 여론이 일어난 것은 임시정부 수립 초기였다. 앞서 살펴보았듯이 이승만의 위임통치 청원 건이 문제가 되었다. 즉 파리강화회의 참석이 좌절되자 이승만이 정한경과 공동 명의로 국제연맹에 위임통치를 청원하는 청원서를 작성하여 미국 대통령 윌슨에게 제출했던 것이다. 신채호를 중심으로 강력한 반대가 일어나면서 이승만 개인뿐 아니라 임시정부 전체에 대한 비난이 빗발쳤다. 대통령 칭호 문제, 공채 발행 문제도 이승만의 발목을 잡았다.

무엇보다 국무총리 이동휘와의 의견 대립이 이승만에 대한 반대 여론이 형성되는 데 커다란 요인으로 작용했다. 이동휘는 이승만에게 두 가지에 대한 답변을 요구했다. 하나는 독립운동의 방략이 국제연맹에 호소하는 등의 외교론에 있는가 아니면 무장투쟁론에 있는가 하는 독립운동 노선의 문제이고, 다른 하나는 공채를 발행할 것인가 아니면 애국금에 의존할 것인가 하는 독립운동 자금 마련의 문제였다. 이승만은 답장을 통해 독립운동 노선에 대해서는 최후 수단인 무장투쟁은 준비가 되지 않아서 할 수 없고 미국에서 미국 인심을 촉구할 것이며, 재정 문제는 공채를 계속 발행해서 해결할 것이라 하였다. 이후 이동휘는 '이승만과는 함께할 수 없다'고 외치며 이승만에 대한 반대의 목소리를 높여갔다.

상하이를 중심으로 이승만에 대한 반대 여론이 형성되고, 그것이 임시정부에 대한 비판으로 확산되어가던 무렵 이승만은 상하이행을 결심하게 된다. 그는 워싱턴에서 하와이를 거쳐 1920년 12월 5일 상하이에 도착했다. 대통령의 상하이 부임으로 임시정부의 독립운동이 크게 진전될 것이라는 기대가 일어났다. 그러나 이승만은 상하이로 부임하면서 임시정부의 운영이나 독립운동에 대해 별다른 대책이나 방안을 준비하지 못했다. 그는 자신의 시정방침과 독립운동에 대한 견해를 밝히면서 오히려 무장투쟁이나 의열 투쟁을 비인도적 행동으로 규정하고 이를 삼가라는 뜻을 표명하기도 하였다. 이승만은 "소규모 무장 부대의 국내 진입은 오히려 국내 동포들의 탄압과 피해를 가중시킬 것이며, 소련과의 협력은 조국을 공산주의 국가의 노예로 만들자는 것이나 다름없다"라는 등의 논리로 반대하였다. 대통령으로서 임시정부가 당면하고 있던 현안들에 대한 대책이나 독립운동에 대한 방안을 제시한 내용은 별달리 없었다. 결국 임시정부 내부에서는 대통령과 각원들 사이에 갈등이 증폭되어갔고, 외부에서는 이승만과 임시정부를 비판하고 부정하는 움직임이 거세지고 있었다.

상황이 이렇게 되자 이동휘는 국무총리직을 사임하였다. 이어서 학무총장 김규식, 군무총장 노백린 그리고 노동국총판 안창호 등의 각원들이 연이어 사퇴하였다. 이승만은 이동휘와 안창호를 대표로 하는 서북 지역 인사들이 사퇴한 가운데 신규식을 국무총리로 앉히고 기호파 인사들을 중심으로 임시정부를 재정비하였다. 그러나 베이징을 중심으로 임시정부에 대한 불만이 표출되면서 국민대표회의 소집에 대한 요구가 나타나기 시작했다. 이에 맞서 이승만은 1921년 3월 협성회를 조직하여 자신과 임시정부의 옹호에 나섰다.

5월에 접어들면서 안창호, 여운형 등이 이승만은 "우리 독립운동은 우리 민족의 손으로 성공이 불능하며 미국이 원조해주지 않으면 안 된다고 하여 미국만을 우러러보고 있다. 그러나 이것은 독립 정신을 위배하는 것이다"라며 이승만의 노선을 정면으로 비판하면서 임시정부에 대한 불만 해결과 민의의 통일을 위한 국민대표회의 소집을 주장하였다. 또 한편으로는 베이징과 상하이를 중심으로 반이승만, 반임시정부 세력들의 압력도 더욱 강화되고 있었다. 일제의 자료에 따르면 '이들 가운데 한 패는 만약 이승만이 강경한 태도를 보이면 즉시 비상수단을 취하려고 이미 폭탄과 권총을 휴대하고 있다'는 설이 나돌 정도로 상황은 급박하게 돌아갔다.

이승만으로서도 신변의 위협을 느끼지 않을 수 없었을 것이다. 그는 1921년 5월 17일 '외교상 긴급과 재정상 절박'으로 인해 상하이를 떠난다는 교서를 임시의정원에 남기고 잠적하였다. 비밀리에 상하이를 떠난 것이다.

이승만은 상하이에 부임한 지 6개월 만에 다시 하와이로 돌아갔다. 그곳에서 자신의 지지 세력을 규합해 동지회를 조직하고, 동지회와 구미위원부를 중심으로 미주 지역에서 활동 및 지지 기반을 마련해가는 한편, 임시정부의 대통령직도 그대로 수행하고 있었다. 이승만이 상하이에서 기호파를 중심으로 조직한 신규식 내각이 총사직을 표명하였으나, 후계 내각은 조직되지 않았다. 임시정부는 월세조차 내지 못해 정부 청사를 유지할 수 없을 정도로 재정적으로 매우 어려웠다. 임시정부는 무정부 상태에 빠지게 되었다.

앞에서 살펴보았듯이 1923년 1월부터 상하이에서 국민대표회의가 개최되어 임시정부의 폐지 및 개조 문제를 둘러싸고 논쟁이 거듭되었으나, 이승만은 대통령으로서 별다른 조처를 취하지 않았다. 1924년 5월 '이동녕 내각'이 출범하였으나 오히려 대통령 직무대리 문제가 제기되었고, 이어서 대통령 탄핵 문제가 대두되었다.

1925년 3월 최석순, 문일민, 임득산(林得山) 등의 연서 형태로 「임시 대통령 이승만 탄핵안」이 임시의정원에 제출되었다. 이와 함께 정부에서는 대통령제 대신 국무령제를 핵심으로 한 대한민국 임시헌법 개정안을 임시의정원에 제출하였다. 대통령 탄핵안은 3월 18일 통과되었고, 심판위원회를 거치면서 탄핵이 면직으로 바뀌어 1925년 3월 23일 '임시 대통령 이승만을 면직'한다는 이승만의 대통령 면직안이 임시의정원의 결의로 통과되었다. 이로써 이승만은 5년 6개월에 걸친 임시정부 대통령직을 '면직'으로 마감하였다. 면직의 이유는 대통령이 현지를 떠나 외지에 있으면서 임시정부를 돌보지 않고, 한성정부의 정통성을 내세우며 상하이의 임시정부와 임시의정원을 부인했다는 것이었다. 임시의정원에서는 이승만 대통령의 면직을 결정함과 동시에 박은식을 새 대통령으로 선출하였다. 이승만의 면직과 함께 구미위원부도 폐지되었다. 임시정부에서는 대통령 탄핵안이 제출되기 전인 3월 10일 이승만이 설립한 구미위원부의 폐지를 명하였고, 이어 재무총장 이규홍(李圭弘)과 국무총리 박은식으로 하여금 구미위원부의 재정과 사무를 대한인국민회에 인수하도록 조치하였다.

### 임시정부의 지도 체제 변경

　임시정부 수립 당시 지도 체제는 국무총리제였다. 이후 임시정부의 지도 체제는 대통령제(1919-1925), 국무령제(1925-1927), 국무위원제(1927-1941), 주석제(1941-1944), 주석과 부주석제(1944-1945)로 변천하였다. 이에 따라 관련 개헌이 있어났는데, 제1차 개헌으로 대통령제가 채택되었고, 제2차 개헌으로 국무령제, 제3차 개헌으로 국무위원제, 제4차 개헌으로 주석제, 제5차 개헌으로 주석과 부주석제가 되었다. 이처럼 임시정부 27년 동안 모두 5차례에 걸친 헌법 개정을 통해 지도 체제가 바뀐 것이다.

임시정부 수립 당시에는 민주정치에 대한 경험이 전혀 없었기 때문에 제헌헌법의 경우 정부의 형태나 이념에 이상적이고 이론적인 면이 많았다. 통합 정부의 헌법은 근대적 헌법으로서의 면모를 갖추기 위해 삼권분립을 채택했지만 사법부의 활동에는 제약이 많았으며, 정부 형태로 택한 대통령제도 실질적으로는 대통령제와 의원내각제의 절충 형태인 대통령책임제로 시행되어 양쪽의 책임 소재가 분명하지 않았을뿐더러 대통령과 내각 간의 이념과 의견 차이로 혼선과 갈등이 빈번하였다. 또한 헌법에는 대통령과 국무총리의 임기 규정이 없었다. 이는 머지않아 독립이 될 것으로 예상하고 대통령과 국무총리가 교체되는 경우를 생각하지 못했기 때문이다. 이 역시 정국 혼란의 한 요인으로 작용했다.

그리하여 앞에서 살펴본 대로 이승만 대통령이 물러나고 이동녕 임시 대통령 직무대리의 비상조치가 개헌으로 확정되었다. 곧 1925년 3월 30일 정부 제안의 국므령 지도 체제인 내각책임제를 골자로 한 제2차 개헌안이 임시의정원을 통과하고 4월 7일 공포되어 내각책임제로 지도 체제가 바뀌게 되었다. 이로써 대통령제가 폐지되고 국무령이 국정의 최고 책임자가 되었다. 국무령의 임기는 3년으로 하되 연임을 허용하였다.

그러나 내각책임제로 개헌이 이루어졌음에도 불구하고 중진급 인사의 소극적 참여와 상호 간의 분열 대립으로 정국은 난항에 빠졌다. 초대 국무령으로 취임한 이상룡은 바로 내각 구성에 착수했다. 이탁, 김동삼, 오동진 등 만주 지역 인사들을 국무원으로 명하였는데, 이는 남북 만주 3부 요인을 골고루 포함시키고 출신 지역도 안배한 것이었다. 그러나 이들 대부분은 상하이로 부임하지 않았다. 임시정부 내부의 갈등 상황을 잘 알고 있었기 때문일 것이다. 이상룡은 내각도 구성하지 못하고 사임하였다. 뒤이어 선출된 양기탁과 안창호는 자진 사퇴하였다. 임시정부는 다시 최고 지도자가 없는 공백 상태를 맞았다. 임시의정원 의장이 임시로 국무령을 대리하여 공백을 메워나갔다. 혼미한 정국은 1926년 7월 8일 홍진이 국무령으로 취임함에 따라 겨우 수습 국면을 맞았다. 1926년 12월 9일 홍진이 국무령에서 물러나면서, 다음 날인 1926년 12월 10일 김구가 국무령에 선임되었다. 국무령제가 시행된 2년간 임시정부는 여러 가지 어려움을 겪었지만 그나마 내각 구성이 순조롭게 이루어진 것은 김구 내각 때였다. 김구는 오랫동안 상하이에서 함께 고난을 이겨온 윤기섭, 오영선(吳永善), 김갑, 김철, 이규홍 등 청장년들로 내각을 구성하였다.

## 민족유일당운동

임시정부는 1920년대 중반 민족유일당운동(民族唯一黨運動)을 전개하였다. 민족유일당운동은 전 민족이 대동단결하여 민족을 대표하는 유일한 정당을 조직하고 이를 중심으로 독립운동을 전개하자는 운동이었다. 이는 중국국민당의 당을 중심으로 국가를 운영한다는 이른바 '이당치국(以黨治國)'에서 영향을 받은 것으로 독립운동을 효율적으로 전개하기 위해서는 정부 조직보다는 정당의 형태가 바람직하다는 생각에 따른 것이었다.

민족유일당운동은 임시정부 인사들에 의해 추진되었다. 임시정부 인사들은 국민대표회의가 결렬된 후 자체적으로 정부 개혁을 단행하였다. 앞에서 살펴본 대로 대통령제로 인한 폐단을 없애기 위해 1925년 4월 헌법을 개정하여 국무령제로 고쳤으나 국무령제가 실효를 거두지 못하자 이러한 상황을 타개하기 위해 안창호가 유일당 결성의 필요성을 제창하고 나섰다. 또한 국무령에 취임한 홍진도 취임식에서 전 민족을 망라한 정당을 조직할 것을 주요 방침으로 제시하였다.

민족유일당운동은 1926년 5월 조상섭, 오영선 등의 민족주의자들이 상하이에서 결성한 독립촉성회에서 시작되고, 안창호가 '주의 여하를 막론하고 단합된 통일전선을 결성하여 일대 혁명당을 결성할 것'을 촉구하고, 베이징의 좌파 세력인 원세훈 등과 협의하면서 본격화되었다. 안창호와 원세훈은 임시정부 세력과 베이징의 좌파 세력을 규합해 1926년 10월 16일 대독립당조직북경촉성회(이하 북경촉성회)*를 결성했다.

  1926년 12월 홍진에 이어 국무령에 취임한 김구는 민족유일당운동을 뒷받침하기 위해 개헌을 단행하였다. 1927년 3월 개정된 헌법에는 '광복운동자가 대단결한 당이 완성될 때에는 최고 권력은 그 당에 있는 것으로 한다'고 하였고, 민족 유일당이 완성될 때 헌법 개정도 당에서 할 수 있도록 고쳤다.

  임시정부를 중심으로 하는 민족유일당운동에 대해서는 사회주의 세력도 호응하여, 1927년 3월 홍진과 홍남표 두 사람의 명의로 「전 민족적 독립당 결성의 선언문」이 발표되었고, 한국유일독립당 상해촉성회가 성립되었다. 상해촉성회는 임시정부 계열에서 16명, 사회주의 계열에서 8명의 집행위원이 선정되어 좌우합작을 이루게 되었다.

  민족유일당운동은 각지에서 촉성회를 결성하는 방식으로 진행되었다. 북경촉성회를 시발로 상하이, 광저우, 우한(武漢), 난징 등지에서도 촉성회가 성립되었다. 이후 각지의 촉성회를 연합하려는 움직임이 전개되어 1927년 11월 9일 상하이에서 한국독립당관내촉성회연합회가 개최되었다. 이 회의에서는 그동안 독립운동이 침체되었던 이유가 운동 방법이 부적합하고 유기적 통일 기관이 부재했기 때문이라고 진단하고, 이에 각지의 촉성회를 연합한 조직을 당조직 주비회로 발전시키고자 하였다. 이것은 연합회를 유일당 결성 준비 작업으로 간주한 것이다.

\*   한국독립유일당북경촉성회로도 불린다.

연합회의 지도부는 집행위원회 15명, 상무위원회 5명으로 구성되었는데, 여기에는 홍진을 중심으로 한 임시정부 세력뿐만 아니라 그동안 임시정부에 대해 비판적이었던 베이징 세력과 사회주의 세력도 참여했다. 이러한 점에서 연합회에는 관내 지역 독립운동가들이 거의 모두 참여했다고 해도 과언이 아니었다. 이 연합회는 전위 조직으로 1927년 11월 중국본부한인청년동맹을 조직하며 주도적으로 활동하였다.

1928년 이후 민족유일당운동은 답보 상태에 빠지게 되었다. 이 무렵 민족주의 세력은 민족적 단일대당(單一大黨) 결성을 통해 임시정부의 위상과 역할을 강화하려는 목적을 가지고 있었다. 하지만 사회주의 진영은 민족유일당운동을 좌파 세력의 확대와 주도권을 장악하기 위한 통일전선 전술로 파악하고 있었다. 우파 진영은 민족유일당을 '전민 일치의 중앙집권적인 대독립당'으로 성격을 규정한 데 비해, 좌파 진영은 노농 대중에 기초한 혁명적 통일전선의 일환으로 삼은 것이다. 특히 1928년 코민테른 '12월 테제'*에서는 민족부르주아 세력에 대한 노농 대중의 주도권을 강조하면서 민족유일당 결성보다는 좌파 세력의 주도권 확보를 중시하

---

\* 1928년 코민테른 집행위원회 정치서기국이 채택한 「조선공산당 재조직에 관한 결서서」를 말한다. 1928년 7월부터 모스크바에서 열린 코민테른 제6차 대회의 결의서에서 「식민지, 반식민지 국가의 혁명운동에 대하여」에 기초한 것으로, 이전의 코민테른이 주장한 '민족주의 세력과 협동해야 한다'는 기존의 방침과는 달리 상당한 좌편향적인 내용을 담고 있다. 12월 테제는 당시 한국 공산주의 운동에 큰 영향을 미쳐 일본, 만주에 있던 당 조직도 1국 1당 원칙에 따라 각각 중국공산당, 일본공산당으로 흡수되었다.

는 노선을 주장하였다. 이에 따라 민족유일당운동은 기대했던 결실을 거두지 못했다.

### 임시정부의 정당정치 모색

1920년대 민족유일당운동이 성과를 거두지 못하자 각지의 독립운동 세력들은 이념과 노선에 따라 독립운동 정당을 결성하였다. 이리하여 1930년을 전후한 시기에 만주에서 한국독립당과 조선혁명당이 결성되었고, 상하이에서는 임시정부 인사들이 중심이 되어 또 다른 한국독립당을 창당하였다. 그 밖에 난징에서는 한국혁명당이 결성되었고, 종래의 의열단도 정당 조직으로 재편되었다.

1931년 일제가 만주를 침략하자 이에 효과적으로 대항하기 위해 만주 및 중국 관내의 독립운동 세력의 통일 운동이 전개되어 분산되어 있던 독립운동 정당이 연합된 조직으로 개편 결성되어 나갔다. 이로써 1932년 10월 한국대일전선통일동맹(이하 통일동맹)이 결성되었다. 이 동맹은 1935년 7월 민족혁명당으로 발전적으로 해소되었다. 민족혁명당에는 만주 및 중국 관내의 독립운동 단체뿐만 아니라 미주 지역의 독립운동 단체도 참가하였으며, 민족주의 세력뿐만 아니라 사회주의 세력도 참가하였다. 민족혁명당이 바로 좌우 연합이 실현된 민족유일당으로 출범한 것이다. 그러나 민족혁명당의 통일전선으로서의 성격은 그리 오래 지속되지는 못했다. 조소앙 등의 세력은 민족혁명당 성립 직후 곧바로 탈퇴하여 한국독립당을 재건하였으며, 1937년에는 이청천의 조선혁명당 세력도 탈퇴하였다.

　1937년 7월 중일전쟁이 발발하자 우파 민족주의 세력들은 중국과의 연합작전을 원활하게 전개하기 위해 우파 진영의 통일 운동을 활발하게 전개하였다. 이 운동은 김구가 이끄는 한국국민당이 중심이 되었다. 1937년 8월 난징에서 김구의 한국국민당, 조소앙의 재건 한국독립당, 이청천의 조선혁명당 등 3당과 현순의 대한인국민회, 이승만의 대한인동지회 등 6개 단체가 연합해 한국광복운동단체연합회(이하 광복진선光復陣線)를 결성하였다.

　우파 민족주의 진영의 연합 전선 조직인 광복진선은 선전 활동을 활발하게 전개하였으며, 1938년에는 한국광복진선청년공작대를 조직하여 군사 활동도 추진하였다. 광복진선은 임시정부 옹호론을 주장했는데, 이는 중국과 연합하여 군사작전을 유리하게 전개하려면 정부 조직이 효과적이었기 때문이다.

　조선민족혁명당으로 당명을 바꾼 민족혁명당을 비롯한 조선민족해방동맹, 조선혁명자연맹, 조선청년전위동맹이 참여한 좌파 세력은 우파의 광복진선에 대항하기 위해 1937년 12월 조선민족전선연맹을 결성하였다. 조선민족전선연맹은 중일전쟁 이후 중국군과 연합해 일본군에 항전할 조직으로 1938년 10월 조선의용대를 결성하였다.

　이로써 1930년대 후반 한국의 독립운동계는 우파의 연합 세력인 광복진선과 좌파의 연합 세력인 조선민족전선연맹으로 나뉘어져 대립하였다. 이에 중국국민당 정부에서는 한국독립운동 세력

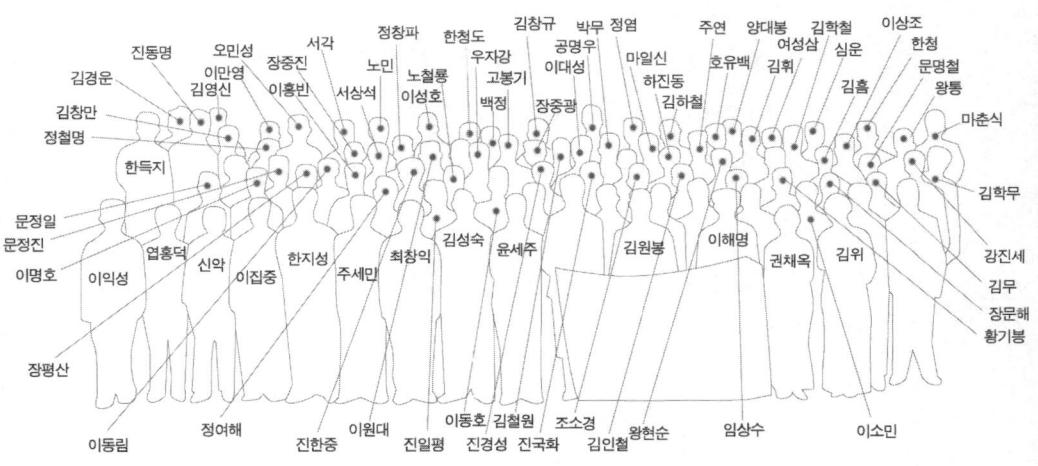

조선의용대 성립 기념(우한, 1938.10.10.)

들의 통일을 강력하게 권유하였다. 그리하여 한국국민당의 김구와 조선민족혁명당의 김원봉이 1939년 5월 공동 명의로 발표한 것이「동지 동포 제군에게 보내는 공개 통신」이라는 발표문이다. 여기에서 이들은 전 민족적 통일 기구의 조직을 천명하면서 10개 항목의 정치 강령을 천명하였다. 10개 항목의 정치 강령은 다음과 같다.

1. 일본 제국주의 통치를 전복하고, 조선 민족의 자주 국가를 건설한다.
2. 봉건 세력 및 일체의 반혁명 세력을 숙정하고 민주공화제를 건설한다.
3. 국내에 있는 일본 제국주의자의 공사 재산 및 매국적 친일파의 모든 재산을 몰수한다.
4. 공업, 운수, 은행 및 기타 산업 부문에 있어서, 국가적 위기가 있을 경우에는 각 기업을 국유로 한다.
5. 토지는 농민에 분배하는 것으로 하고, 토지의 매매를 일체 금지한다.
6. 노동시간을 줄이고, 노동에 관련된 모든 종업원에게 보험 사업을 실시한다.
7. 여성의 정치, 경제, 사회상의 권리 및 지위를 남녀가 같도록 한다.
8. 국민은 언론, 출판, 집회, 결사, 신앙의 자유를 향유한다.
9. 국민의 의무교육과 직업교육을 국가 경비로써 실시한다.

10. 자유, 평등, 상호부조의 원칙에 기초한 인류의 평화와 행복을 촉진한다.

나아가 효과적인 항일 투쟁을 위한 좌우파 연합의 필요성을 역설하면서 독립운동 단체의 통일 조직으로 연맹의 형태보다는 단일당 형태가 바람직하다고 주장하였다. 이후 좌우파 세력의 통일 노력이 더욱 구체화되었다.

1939년 8월 쓰촨성(四川省) 치장에서 한국혁명운동 통일 7단체 회의(7당통일회의)가 개최되었다. 여기에는 광복진선 측의 한국국민당, 한국독립당, 조선혁명당과 조선민족전선연맹 측의 조선민족혁명당, 조선민족해방동맹, 조선혁명자연맹, 조선청년전위동맹이 참가했다. 이 회의에서 김구와 김원봉은 통일 조직으로 단일당을, 조선민족해방동맹과 조선청년전위동맹의 두 공산주의 단체는 연맹 형식을 각각 주장했다. 결국 통일 방식에 대한 의견 차이로 연맹 형식을 주장하던 두 단체는 탈퇴해 5개 정당이 참가하는 통일 회의가 개최되었다.

1939년 9월 5개 정당은 서로 연합해 전국연합진선협회(全國聯合陣線協會)를 결성하게 되었다. 그러나 곧 통일당의 당의(黨議), 정책 등의 문제에서 이견이 생겨 회의는 중단되고, 광복진선과 조선민족전선연맹 측이 제각기 자신의 주장을 되풀이함에 따라 회의는 결렬되었다. 김원봉의 민족혁명당이 곧바로 탈퇴함으로써 1930년대의 협동전선운동은 일정한 한계점을 보였다고 할 수 있다.

1930년대에 독립운동가들은 정당의 통일 운동을 전개하였지만 좌우파를 통합한 단일 정당이 결성되지는 못했다. 그러나 임시정부를 옹호하는 우파 민족주의 세력의 주도로 전국연합진선협회가 결성되었다는 사실은 임시정부의 위상이 점차 강화되고 있었음을 보여준다.

임시정부에서는 1939년 10월 임시의정원 회의에서 국무위원과 임시의정원 의원을 확대 개편해 기존의 한국국민당 인사 외에 재건 한국독립당과 조선혁명당의 지도자들을 영입하였다. 11월에는 '독립운동 방략'을 발표하면서 광복운동단체연합회 소속 3개 정당의 통일을 촉구하고 독립군의 서북 진출을 목표로 제시하였다. 이에 따라 1940년 5월 한국국민당, 재건 한국독립당, 조선혁명당의 3당이 합당하여 한국독립당이 결성되었다. 한국독립당은 이후 임시정부의 중심 정당이 되었다. 이어서 9월에는 한국광복군이 창설되었고, 10월에는 국무위원제를 주석제로 바꾸는 개헌을 단행하여 김구가 주석으로 취임하였다.

이와 같이 1940년 중국 관내 우파 독립운동 세력은 임시정부를 중심으로 결집하여 임시정부의 세력과 지지 기반을 확대해나갔다. 이제 임시정부에서는 광복군이라는 정식 군대를 갖추었고, 주석제를 채택하여 지도 체제도 정비하였다. 1940년에 들어서면서 임시정부는 한국독립당, 임시정부, 광복군이라는 당, 정, 군 체제를 갖추고 위상을 강화하게 되었다.

**한국독립당 제1차 중앙집행위원·중앙감찰위원 전체 촬영(치장, 1940.5.16.)**
앞줄: 김붕준·이청천·송병조·조완구·이시영·김구·유동열·조소앙·차리석
뒷줄: 엄항섭·김의한·조경한·양우조·조시원·김학규·고운기·박찬익·최동오

### 좌우 연합 정부의 성립

 한편 김원봉을 중심으로 한 좌파 진영에서는 임시정부에 관여하지 않는다는 원칙을 견지하고 있었다. 임시정부는 '각 혁명 단체와 국내 인민의 민주적, 합법적 선출에 의해 조직된 것이 아니고, 국토와 인민이 없는 상황에서 정치권력을 행사할 수 없다'고 보았기 때문이다. 민족의 대표 기관 혹은 독립운동의 구심점으로 임시정부를 인정하지 않은 것이다. 그러나 좌파 진영이 이러한 방침을

4장 임시정부 헌법의 개정과 정부 개조

철회하고 임시정부에 참여할 수밖에 없는 상황이 전개되었다. 먼저 중일전쟁 이후 중국국민당 정부는 한국독립운동의 두 지도자인 김구와 김원봉에게 좌우합작을 권유하면서 김구와 김원봉으로 이원화된 지원 창구를 임시정부로 일원화하는 정책을 채택하였다. 아울러 국제사회에서 임시정부의 승인 문제를 적극적으로 추진하겠다는 의사를 밝혔다. 이에 김성숙(金星淑)이 이끄는 조선민족해방동맹은 1941년 12월 독립운동 세력의 통일을 위해서는 당보다는 정부 형식이 효과적이라면서 임시정부 중심의 통일을 주장하였다.

1941년 12월 8일 일본의 진주만 기습으로 태평양전쟁이 발발하자 임시정부는 12월 10일 대내외에 대일 선전포고를 발표하였다. 이를 통해 대일 전쟁의 구심점으로 임시정부의 역할이 크게 확대되었다. 이날 조선민족혁명당도 '여러 민주국이 파시즘의 집단과 혈전을 전개하고 있음과 임시정부의 국제적 승인 가능성'을 거론하면서 임시정부 참여를 공식화하였다.

한편 1940년에 접어들면서 우파 민족주의 세력들이 임시정부의 김구 주석을 중심으로 결집한 데 반해 좌파 진영에서는 김원봉의 지도력이 약화되는 사건이 발생하였다. 1941년 봄 조선의용대의 대원 상당수가 화베이 지역으로 이동하였던 것이다. 조선의용대는 1938년 10월 창설된 이래 중국군사위원회의 직접적인 지원을 받으면서 강력한 무장 세력으로 성장하고 있었다. 그런데 1941년 3월 중순부터 5월 하순에 걸쳐 조선의용대의 대원 80%가 황허(黃河)강을 건너 중국공산당 지역인 화베이의 옌안(延安)으로 넘어갔다. 이들의 화베이 진출은 그곳에서 활동하고 있던 한인 공산주자들의 유도에 따른 것으로 조선 동포가 많이 거주하는 곳으로 진출하여 무장 조직을 강화한다는 목적을 가지고 있었다. 타이항산(太行山)에 도착한 조선의용대는 1941년 7월 조선의용대 화북지대로 개편되었다. 조선의용대의 화베이 진출은 중국 당국에서도 사후에 알았을 정도로 비밀리에 이루어졌고, 조선의용대를 지원하고 있던 중국 당국에서는 큰 충격을 받았다. 이 사건 후 중국 측은 김원봉에게 임시정부와 통합할 것을 종용하였다. 충칭에 남아 있던 김원봉으로서도 약해진 세력을 보완하기 위해 임시정부와의 협력을 모색하지 않을 수 없었다.

좌파 진영의 임시정부 참여는 군사 부문에서 먼저 시작되었다. 조선민족혁명당 측에서는 조선의용대와 한국광복군을 통합하여 조선민족혁명군으로 새롭게 편성하자는 입장이었다. 그러나 임시정부에서는 대등한 통합보다는 조선의용대를 한국광복군에 편입하는 형식을 원했다. 1942년 4월 임시정부 국무회의는 조선의용대의 한국광복군 편입을 결의하고, 5월 김원봉을 한국광복군 부사령에 선임하였다. 중국군사위원회도 조선의용대의 한국광복군 제1지대로의 개편과 김원봉의 광복군 부사령 임명을 승인하여 임시정부 중심의 군사 통일을 지원하였다. 이로써 1942년 7월 조선의용대는 광복군 제1지대로 정식 편제되었다. 이보다 앞서 1941년 1월 무정부주의\* 계열의 한국청년전지공작대(韓國靑年戰地工作隊, 이

* 오늘날의 아나키즘(Anarchism)을 말한다. 당시에는 아나키즘을 무정부주의

하 전지공작대) 100여 명이 광복군에 편입되었다. 이렇듯 조선의용대와 전지공작대가 광복군에 편입되는 방식으로 좌우편 진영의 군사 통일이 이루어진 것이다.

군사 부문에서 통일이 이루어진 후 1942년 8월 임시의정원 의원 선거 규정이 개정되었다. 이는 좌파 인사들을 참여시키기 위한 조처였다. 10월에 실시된 임시의정원 의원 선거에서 조선민족혁명당 10명, 조선혁명자연맹 2명, 조선민족해방동맹 2명 등 14명의 좌파 인사가 포함된 23명의 의원이 새롭게 선출되었다. 이어 의원 23명이 보선되어 모두 46명으로 임시의정원이 확대 개편되었다. 이로써 한국독립당 소속 의원은 29명, 좌파와 무소속은 17명으로 좌우 연합에 의한 임시의정원이 구성되었다. 이에 따라 1942년 10월 25일 임시의정원 개원식은 "1919년 임시정부 성립 이래 최대의 성황"을 이루게 되었다.

과거 독립운동의 방법, 단체, 당파의 대립이 임시의정원으로 통일되었다는 점은 그 의미가 크다. 임시의정원 구성도 일당제에서 다당제로 바뀌었다. 각 정당이 해치되지 않고 각자의 조직을 그대로 유지한 상태에서 참여한 것이다. 한국독립당은 여당으로서, 조선민족혁명당 등 좌파 정당은 야당으로서의 역할을 하면서 다당제 정치를 실현하게 되었다.

라고 하였으므로 이 책에서는 당시의 표현을 살려 무정부주의라고 쓴다. 1942년 10월 실시된 임시의정원 의원 선거에서 조선혁명자연맹(뒤에 조선무정부주의자연맹으로 개편)의 대표로 의원으로 선출된 류자명(柳子明)과 유림(柳林)이 당시 임시정부에 참여한 대표적인 아나키스트이다.

대한민국 임시의정원 제34회 의원 일동(1942.10.25.)

1944년 4월 임시의정원 의원은 한국독립당이 25명, 조선민족혁명당이 12명, 조선민족해방동맹이 3명, 조선무정부주의자연맹이 2명, 통일동맹이 1명, 무소속이 7명이었다. 여당인 한국독립당이 전체 50명 가운데 25명으로 50%를 차지하여 야당과 세력 균형을 유지하였음을 볼 수 있다. 이들 좌우 세력이 합의하여 4월 22일 임시정부의 헌법인 임시약헌을 개정해 광복 직전의 헌법으로 임시헌장을 제정하였다.

나아가 임시의정원 회의에서는 정부 조직과 기능을 확대하는 조치도 이루어졌다. 부주석이 신설되었고, 국무위원 수를 6-10명에서 8-14명으로 증원하였으며, 행정 부서도 내무, 외무, 군무, 법무, 재무의 5부 외에 문화, 선전 2개 부서를 증설하였다. 이러한 조직 개편과 함께 인선이 이루어졌다. 주석에는 한국독립당의 김구, 부주석에는 민족혁명당의 김규식이 선임되었다. 국무위원에는 한국독립당 9명(이시영, 조성환, 황학수, 조완구, 차리석, 박찬익, 조소앙, 김붕준, 안훈安勳), 조선민족혁명당 3명(김원봉, 성주식成周寔, 장건상張建相), 조선민족해방동맹 1명(김성숙), 조선무정부주의자연맹 1명(유림柳林) 등 14명이 선임되었고, 7가의 행정 부서에도 좌파 계열 인사들의 참여가 이루어졌다. 이로써 임시정부는 중국 관내 지역의 좌우파 인사를 망라한 통일 합작 정부가 되었다.

1940년대 임시정부는 중국 관내 독립운동 세력의 통일적 지도 기관으로 확대 강화되었다. 나아가 임시정부는 국제사회에서 정부로서 공식적으로 승인을 받기 위한 승인 외교와 제2차 세계대전 이후 건국 사업에 대비하기 위해 미주 지역과의 연계도 시도하였다.

이에 미국에서 활동하던 이승만을 주미외교위원부 위원장으로 임명하여 재미 한인 독립운동과의 연계 활동을 강화하였다. 그뿐만 아니라 중국 산시성(陝西省) 옌안의 조선독립동맹,* 국내의 건국동맹**과도 연계해 통일전선을 결성하기 위한 활동을 추진하였다.

1940년대 임시정부 요원과 조선독립동맹 요원들은 여러 차례의 서신 교환을 통해 전선 통일을 위해 협의하였다. 그리고 1945년 4월 임시정부는 장건상을 산시성 옌안에 파견해 조선독립동맹 위원장 김두봉(金枓奉)을 만나 충칭에서 개최하는 독립운동가대표대회에 참여하겠다는 동의를 얻어냈다. 또한 국내에서 조직된 여운형의 건국동맹은 최근우를 베이징에 파견해 임시정부 측과의 연대를 모색하기도 했다. 이렇게 국내외 독립운동 세력의 통일전선 운동이 한창 진행되던 중에 일제가 항복하였다. 이로써 독립운동 세력의 통일 노력이 실질적인 성과로 나타나지는 못하였지만, 임시정부는 명실상부한 민족의 대표 및 독립운동의 중심 기관으로서 소임을 다하였다.

임시정부 국무위원회는 1941년 11월 28일 「대한민국 건국 강

---

* 1942년 화북조선청년연합회를 확대 개편하여 결성된 단체로 중국 화베이에서 결성되어 화북조선독립동맹이라고도 부른다. 당수는 김두봉(金枓奉)이고 김무정(金武亭), 최창익(崔昌益), 백남운(白南雲), 허정숙(許貞淑) 등이 주요 간부로 활동했다. 당의 군사 조직인 조선의용군 총사령은 김무정이다.
** 일제강점기 말기인 1944년 8월 10일 조직된 비밀결사로 광복 당시 국내에서 조직적 실체를 유지했던 독립운동 단체이다. 1945년 8월 15일 발족한 조선건국준비위원회의 모체 역할을 했고, 1945년 10월 정당으로 전환되었다. 11월에는 조선인민당으로 확대 발전하였다. 여운형이 주도하였고 간부로는 조동호, 황운(黃雲), 이석구(李錫玖), 현우현(玄又玄), 김진우(金振宇) 등이 있었다.

령」을 발표하였다. 조소앙이 기초를 마련한 「대한민국 건국 강령」은 제1장 총강 7개 항, 제2장 복국 10개 항, 제3장 건국 7개 항, 이렇게 총 3장 24개 항으로 구성되어 있다. 「대한민국 건국 강령」의 기본 이념은 정치, 경제, 교육의 균등과 개인, 국가, 민족의 균등을 핵심 가치로 삼은 삼균주의다. 삼균주의는 1920년대 좌우파의 이념 대립을 지양하고 독립운동 진영을 통일하려는 민족유일당운동의 전개 과정에서 탄생한 것이다. 그리고 1930년대 임시정부의 중심 정당이었던 한국독립당과 한국국민당뿐만 아니라 좌파 세력이 주도한 조선민족혁명당의 정강 정책에도 반영되었다.

삼균주의는 정치적으로는 민주주의, 사회경제적으로는 대토지와 중요 산업의 국유화, 교육적으로는 국비 교육 등 평등주의를 추구하였다. 그리고 단군의 평등사상과 토지국유제의 역사적 전통에 근거한 사회주의의 평등주의 요소를 민족주의를 바탕으로 수용하였다. 삼균주의에 토대를 둔 「대한민국 건국 강령」에는 좌우파의 이념 대립을 지양하는 민족 통합의 정신이 담겨 있다. 이것이 바로 좌우 연합 정부가 성립될 수 있는 바탕이 되었다.

# 5장 선전, 외교 활동

## 『독립신문』 발행

1919년 4월 상하이에서 수립된 임시정부에서는 기관지를 발행할 필요성을 느끼고 외형적으로는 정부 기관과 독립된 신문사를 조직하여 신문을 발행하였다. 1919년 8월 21일자로『독립』이 창간되었고, 그후『독립신문』*으로 제호가 바뀌면서 1926년 말까지 총 198호가 간행되었다. 이 국문판 신문과 더불어 1922년 7월부터는 중문판이 발행되었고, 중일전쟁의 와중에 충칭으로 이전한 뒤인 1943년부터 다시 중문판『독립신문』이 해방 전까지 7호가 발행되었다.

『독립신문』이 발행되기에 앞서 상하이에서는 1919년 3월 28일

* 1896년 4월 7일 서재필이 창간한『독립신문』과는 별개의 신문이다.

『독립신문』 창간호
『독립』(1919.8.21.)

자로 『독립신보』라는 등사판 신문이 창간되기도 하였다. 김홍서, 백남칠, 배동선, 이광수, 김성근(金聲根) 등이 협력하여 4월 11일자 제10호까지 발행하였다.

『독립신문』의 발간은 내무총장인 안창호의 주도로 이루어진 것으로 보인다. 『독립신문』은 임시정부 기관지를 표방했지만 편집과 운영에 있어서는 임시정부의 간섭이나 통제를 받지 않았다. 다만 초기 창간 비용의 상당 부분은 임시정부의 지원을 받았다고 한다. 비록 독립신문사가 임시정부의 부속 기관은 아니었지만 『독립신문』은 임시정부의 법령을 비롯하여 인사 포고문, 또는 국무회의와 임시의정원의 기사 등을 실어 임시정부의 기관지로서의 역할을 충실히 수행하였음을 알 수 있다.

1919년 8월 21일자로 창간된 신문은 『독립』이라는 제호로 주 3회, 즉 화, 목, 토요일에 발행되었다. 신문의 창간 준비는 이광수, 이영렬(李榮烈), 조동호, 주요한(朱耀翰) 등이 했고, 재정은 임시정부의 지원금 1,000원과 김석황(金錫璜), 이유필(李裕弼) 등이 신문사 설립에 출연한 돈 등으로 충당했다. 사장 겸 주필(편집국장)에 이광수, 영업부장에 이영렬, 출판부장에 주요한으로 진용을 갖춰 운영되었고, 기자로는 조동호, 차리석, 박현환, 김여제(金輿濟) 등이 참여하였다.

『독립』은 1919년 10월 16일자 제21호까지 순조롭게 발행되었다. 그러나 일제의 상하이총영사가 프랑스 조계 당국에 지속적으로 임시정부 사무소와 신문사의 폐쇄를 요구하며 압박을 가하자 『독립신문』으로 제호를 바꾸기에 이른다. 또한 일제의 제재 요구가 있을 때마다 프랑스 조계 당국에서는 일본 측의 요구를 신문사에 미리 알려주었고 제재 역시 형식적으로 이루어졌다.

독립신문사는 1920년 6월 24일자 제86호를 발행한 뒤 일제의 집요한 항의로 다시 폐쇄되었다. 또한 재정난이 극심해지자 신문 발간은 주 1회 정도에 그치게 되었다. 더욱이 이러한 시기에 사장 이광수는 안창호의 적극적인 만류에도 불구하고 신문사를 떠나, 1921년 4월 상하이로 찾아온 애인 허영숙(許英肅)과 함께 귀국하고 말았다. 그후로 이영렬이 신문사와 삼일인쇄소의 책임을 맡았으나 1921년 6월 9일 조계 당국은 신문을 인쇄하던 삼일인쇄소의 폐쇄를 명령하였고, 결국 신문은 다시 정간(停刊)에 들어갈 수밖에 없었다.

이광수에 이어 신문을 맡았던 이영렬마저 국내로 돌아가고 난 후 만주에서 무장 독립운동에 참여했다가 상하이로 온 김승학이 거금을 출자하여 신문사와 삼일인쇄소의 책임을 맡게 되었다. 김승학의 회고에 따르면 이영렬이 신문 발간 자금이 부족하다 하여 전후 사정을 모르던 김승학이 500원을 대여해주었더니 이영렬은 그 돈을 여비 삼아 국내로 돌아가면서 신문사와 인쇄소의 위치를 일제의 상하이총영사관 측에 알려주었다고 한다. 그래서 신문사는 봉쇄당하고 인쇄 기구는 프랑스 조계 당국에 압수되었다는 것이다.

김승학은 안창호와 상의하여 『득립신문』을 속간하기로 작정하고 자신의 중국 국적을 이용하여 프랑스 조계 당국에 신문 재발간 승인을 요청하였다. 그리고 신문 발간에 앞서 조계 당국과 몇 가지 준수 사항을 협정하였다. 즉 인쇄 기구는 중국인에게 교부하고 프랑스 조계 안에 두지 말 것, 신문 지상에 신문 발간소를 다른 지방으로 명기할 것, 신문사를 혹 프랑스 조계에 몰래 설치할 경우에는 그 장소를 조계 공무국에 보고할 것, 공무국의 통지가 있을 때는 신문 편집국과 기타 인쇄 기구를 24시간 내로 다른 지역으로 이전하여 일본 관헌에 발각되지 않게 할 것, 신문사나 인쇄소의 위치는 다수의 한국인이 알지 못하도록 할 것 등이 그 내용이었다.

김승학은 그가 신문사를 맡고 있던 1921년부터 1925년까지 인쇄소를 28번 이전했고, 이전할 때마다 활자를 운반하기 위해 마차 2량과 인력거 20여 채를 동원해야 했으며, 이전 후보지로 빈 건물 한 채를 미리 준비해두어야 했다. 여기서 잠깐 부연할 사항은 김승학이 상하이로 건너갈 당시 거금의 자금을 지니고 있어서 중국 당국으로부터 조사를 받게 되었다는 술회가 있는데, 일제의 정보 자료에 따르면 김승학은 거금 5만 원의 군자금을 가지고 있었던 것으로 파악된다. 이 군자금은 그 자신이 기반을 두고 있던 만주와 국내로부터 수집된 군자금의 일부였으며, 이것이 『독립신문』 발행 자금에 충당되었을 것으로 추정된다.

『독립신문』은 1922년 7월 중순부터 중문판을 인쇄하게 되는데, 이는 중국인을 상대로 한국 독립의 당위성을 알리며, 일본이라는 공동의 적에 함께 대적하기 위한 선전용이었다. 중문판은 무료로 배포되었기 때문에 신문사가 그 제작비, 발송비를 모두 떠안아야 해서 운영 부담이 그만큼 클 수밖에 없었다. 당시 신문사는 사장 김승학, 주필 박은식, 편집국장 차리석, 기자 조동호, 김문세(金文世), 박영(朴泳), 이윤세, 인쇄부장 고준택(高準澤), 발송부장 백기준 등이 운영하였다.

대한통의부 등 만주 독립운동 단체의 적극적인 지원을 받으며 어렵사리 발간되던 『독립신문』은 1924년 10월부터 대한통의부의 내분을 비판하는 기사를 대대적으로 실으면서 대한통의부와 사이가 틀어져 서로 불신하게 된다. 당시 대한통의부 내에서는 공화파와 복벽파의 대립이 계속되고 있었다. 이러한 상황은 1923년 8월 채찬(蔡燦), 조능식(趙能植) 등 대한통의부의 군인 대표들이 임시정부로 와서 육군주만참의부를 결성하게 되는 것과 무관하지 않은 것으로 보인다. 육군주만참의부로 이탈해 간 군인들은 끊임없이 대한통의부로부터 공격을 받았다. 급기야 육군주만참의부 참의장 채찬이 1924년 9월 13일 대한통의부의 무장 세력에 의해 피살되는 사건까지 발생하였다. 이러한 상황에서 대한통의부는 자신들을 비판한 『독립신문』에 대해 노골적인 적대감을 드러냈다. 특히 이때는 1924년 10월 대한통의부를 해체하고 정의부(正義府)를 설립하기 위한 '전만통일회의주비회' 발기회를 마치고 본회의를 앞둔 시점이기도 했다.

결국 임시정부에 대한 반대 운동과 『독립신문』에 대한 구독 금지 운동이 남만주 대한통의부와 그에 이어 설립된 정의부를 중심으로 전개되자 김승학은 이를 책임지고 신문사를 사퇴하였던 것으로 보인다. 그리고 임시정부 측에서는 상하이에 와 있던 대한통의부, 정의부 세력들과 협의하여 『독립신문』을 계속 운영하도록 조처한 것으로 판단된다.

이후 『독립신문』은 대한통의부 계열의 최천호(崔天浩) 등이 인수하여 발행하였다. 다만 최천호는 처음 한동안 독립신문사와 삼일인쇄소를 분리하여 김승학이 계속 인쇄소를 관할하는 조건으로 신문사를 맡았다. 그러나 김승학이 신문사를 떠난 후 1925년부터 1926년에 이르는 기간 동안 신문사의 운영진에는 3차례의 변화가 있었고, 신문은 18호밖에 간행되지 못했다. 이후 임시정부의 약화로 『독립신문』은 폐간되고 말았다.


**임시정부의 역사서 편찬**

임시정부가 1919년 9월에 편찬한 『한일관계사료집』은 한국의 문제를 대외에 알리기 위한 외교 활동의 일환으로 국제연맹에 제출하기 위한 것이었다. 『한일관계사료집』은 임시정부가 민주공화정을 표방한 이래 임시정부에서 간행한 최초이자 유일한 관찬 사서로서 일제의 침략과 지배로 단절되었던 관찬 사서 편찬의 전통과 맥락을 계승하였다는 의의를 지닌다.

임시정부는 『한일관계사료집』의 편찬을 위해 임시사료편찬회를 구성하였다. 임시사료편찬회는 총재 안창호, 주임 이광수, 간사 김홍서, 위원 8명(김병조 등)과 조역 22명(김명제金命濟 등)으로 구성(총 33명)되었다. 편찬의 실질적 업무는 고대부터 국권피탈까지는 김두봉이, 독립운동사는 김병조와 이원익 목사가 각각 자료 수집과 집필을 분담하여 수행하였다.

임시사료편찬회는 1919년 7월 초순부터 활동을 개시하여 8월 하순에 『한일관계사료집』의 정리를 일단 마무리하였다. 그러나 시간 부족으로 활판인쇄는 하지 못하고 필경 작업으로 100질을 등사하였다.

본서는 총 4부 739쪽으로 구성되었다. 제1부는 삼국시대 이래의 한일 관계사를 편년순으로 정리하였다. 제2부는 우리나라가 일본에 병합되거나 지배를 받아서는 안 된다는 당위성을 역사적, 문화적으로 규명하고자 하였다. 제3부는 국권피탈 이후 3.1만세운동 발발 직전까지 일제 식민지 지배와 탄압의 실상을 실례와 구체적 자료를 근거로 서술한 보고서의 형태로 구성되었다. 제4부는 3.1만세운동의 원인, 경과, 결과를 망라한 3.1만세운동사이다.

『한일관계사료집』은 국제연맹에 제출하기 위해 편찬된 임시정

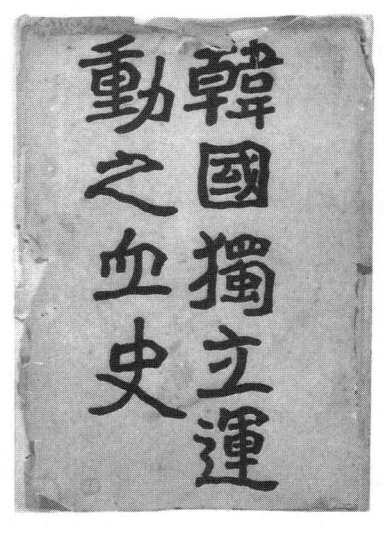

『한국독립운동지혈사』

부의 외교 활동 자료로서뿐만 아니라 역사학적으로도 중요한 자료라 할 수 있다. 특히 3.1만세운동에 대한 서술은 최초의 실증적 정리로서 박은식의 『한국독립운동지혈사』나 김병조의 『한국독립운동사략』 상편 서술의 기초 자료가 된 매우 중요한 자료라고 할 수 있다.

### 태평양회의와 극동인민대표대회

파리강화회의 이후 침체되었던 독립운동계는 1921년 말 열릴 예정이었던 태평양회의(워싱턴회의)와 극동인민대표대회의 개최에 주목하였다. 두 회의 모두 한국 문제를 상정할 수 있는 좋은 기회였기 때문이다. 1921년 7월 11일 미국의 하딩(Warren Gamaliel Harding) 대통령이 워싱턴에서 모임을 갖자는 제안을 했다. 모임의 목적은 파리강화회의에서 미흡했던 태평양 지역 군비 축소 문제를 다루는 것으로 대상 국가는 영국, 프랑스, 이탈리아, 일본 등이었다. 이 소식을 처음 접한 사람은 구미위원부 임시위원장 서재필(徐載弼)이었다. 그는 임시정부에 편지를 보내 이 회의에서 한국 문제를 다룰 가능성이 크고, 이 회의가 한국인에게 매우 중요한 결과를 가져다줄 것이라는 의견을 피력했다.

임시정부에서는 국무회의를 열고 국무총리 신규식 명의로 구미위원부에 일체의 업무를 위임하기로 결의하였다. 8월 15일 상하이에서 태평양회의외교후원회를 결성하였고, 임시정부에서는 포고문 제2호를 발포하여 태평양회의에 거는 기대를 밝혔다. 임시정부뿐만 아니라 임시정부에 냉담했던 인사들까지 태평양회의외교후원회 결성에 참여하였다. 안창호는 교민단 공회당(프랑스 조계 백이로 439호)에서 연설하고 태평양회의에 참가한 열국이 동양 평화의 근본적인 문제인 한국의 독립을 완전히 승인할 것을 요구하였으며, 9월 29에는 기관지로 『선전(宣傳)』이라는 주간신문을 창간하였다.

임시정부는 태평양회의외교후원회와 협의하여 각 방면의 외교 활동을 분담시켰다. 1921년 10월 신규식은 임시정부 친선 전권대사 자격으로 쑨원의 호법정부에 급파되었다. 미주 지역에서는 이승만이 직접 대표단장을 맡고 나섰다. 그러면서 베이징 정부와 광둥 정부에 위원을 파견하라고 임시정부에 지시했고, 신규식은 9월 말 광둥에 도착, 쑨원을 만나 한국 지원 문제와 태평양회의에 대한 공동 대응책을 제안하고 합의하기에 이르렀다. 그러나 미국이 광둥 호법정부를 제치고 베이징 정부 대표를 초청하는 바람에 임시정부와 광둥 호법정부가 태평양회의에서 연대 활동을 벌인다는 합의는 별다른 성과를 얻지 못하고 말았다.

한편 직접 대표단장을 맡은 이승만은 미주 지역의 지인들을 동원해 태평양회의 참석을 기도했지만 1921년 11월부터 이듬해 2월까지 열린 회의에 끝내 참석할 수 없었다. 태평양회의외교후원회를 조직하면서까지 태평양회의를 준비해온 임시정부에서는 기운이 빠질 수밖에 없었고, 이들의 시선은 극동인민대표대회가 열리는 모스크바로 쏠리게 되었다.

극동인민대표대회는 소련이 태평양회의와 때를 같이하여 모스크바에서 극동 아시아 지역으로 공산주의 팽창 정책을 추진하기 위한 목적으로 개최한 회의였다. 자본주의 열강이 태평양회의를 준비하자, 코민테른에서는 이에 대항하여 동방으로 혁명을 확산시킬 수 있는 모임을 준비한 것이다. 1921년 11월 11일 이르쿠츠크(Irkutsk)에서 '약소민족은 단결하라'는 표제를 내걸고 극동 여러 나라의 공산당과 민족 혁명 단체 대표자의 연석회의를 개최한다는 계획이었다. 한국 독립운동가들이 태평양회의에서 받은 실망감은 역으로 극동인민대표대회에 대한 기대감을 더욱 갖게 했다.

코민테른은 한국 문제에 깊은 관심을 갖고 있었다. 그러한 관심은 임시정부와 한국 독립운동가들에게 그대로 전달되었고, 이들의 시선은 자연스럽게 모스크바로 집중되었다. 이념 차이는 큰 문제가 되지 않았다. 사회주의를 수용하든 수용하지 않든 많은 인사가 소련으로 가기를 희망했고, 우리 민족 문제를 적극적으로 이해하고 원조한다는 발언에 고무되었다.

대회 소집을 주관한 기관은 코민테른 극동비서부였고, 한국인 대표자 선정은 극동비서부 고려부가 담당했다. 이 기관은 고려공산당 이르쿠츠크파와 긴밀한 관계를 가졌고, 상하이와도 밀접한 관계를 가지고 있었다.

참석자들의 도착이 늦어지자 코민테른은 개회 시기를 1922년 1월 말로 늦추고, 장소도 수도인 모스크바로 변경하였다. 1922년 1월 7일 대표자들을 태운 특별열차가 모스크바역에 도착하였다. 1922년 1월 21일 모스크바 크렘린 궁에서 개회식이 열렸다. 소련이 아닌 극동 지역 참가자들은 한국을 비롯하여 9개국 144명이었다. 이 가운데 한국 대표가 (23개 단체 대표) 52명으로 가장 많았고, 이어 중국 42명, 일본 16명이었다. 한국, 중국, 일본, 몽골에서 각각 2명씩 의장단에 배정되었으며, 한국에서는 김규식과 여운형이 의장단으로 선출되었다. 회의는 2월 2일까지 13일 동안 진행되었다. 이 회의에서 결의된 한국 문제는 크게 두 가지다. 첫째, 한국은 농업국으로 아직 공산당에 대한 지식이 없기 때문에 농민이 민족주의를 공명한 자를 움직여 민족운동을 일으킬 것. 둘째, 임시정부를 지지할 뿐만 아니라 이를 개량하고 촉진시킬 것. 이 내용은 1920년 레닌이 코민테른 제2차 회의에서 「민족 및 식민지 문제에 관한 테제」를 통해 강조한 식민지 해방 투쟁에 있어 부르주아의 역할을 거듭 확인시켜주는 것이다.

회의는 2월 2일 대회 선언을 채택하는 것으로 막을 내렸다. 폐막식은 페트로그라드(현 상트페테르부르크)에서 열렸다.

제3부　　　　　　　이동 시기(1932-1940)

大韓民國
臨時政府史

# 6장 이동 시기의 임시정부

### 고난의 시절, 8년 동안의 이동

임시정부 27년의 역사 가운데 상하이 시절이 13년, 이동 시절이 8년여, 충칭 시절이 5년 남짓 된다. 그 가운데서도 8년여 동안의 이동 시기는 임시정부 관련자들뿐 아니라 그들의 가족들 모두에게도 고난의 시기였다.

임시정부가 이봉창 의거, 윤봉길 의거 등 한인애국단의 의열 투쟁으로 던진 승부수는 세계적인 반향을 불러일으키는 데는 성공했지만 또 한편으로는 임시정부에 새로운 시련을 가져다주었다. 거사 직후인 1932년 5월 임시정부는 긴급히 항저우로 피신하였다. 상하이에 은신해 있던 김구도 자신이 거사를 주도했다고 성명을 발표한 뒤 상하이와 항저우 사이에 있는 작은 시골 도시인 자싱(嘉興)으로 몸을 숨겼다. 김구가 숨죽이고 일제의 밀정들을 따돌리는 동안 임시정부는 항저우에서 정세를 지켜보고 있었다.

　항저우에 머물던 임시정부는 내륙 지방인 난징 방향으로 이동하여 1935년 11월 전장에 자리 잡았다. 전장은 상하이와 항저우에서 난징으로 가는 길목에 있는 조그만 도시로 임시정부가 난징에 주재하면 양쯔강(揚子江)을 거슬러 올라 함포사격을 하겠다는 일제의 위협 때문에 임시정부는 전장에 머물렀다. 하지만 임시정부 요인들은 난징에 근거지를 마련하고 활동하며 중국 당국과 계속 접촉을 가졌다. 그 가운데서 특기할 만한 것은 김구와 장제스가 가진 면담이었다. 한인애국단의 거사 이전에는 중국 정부가 임시정부를 실제적으로 도와준 일이 없었다. 무엇보다도 일본에게 꼬투리를 잡히지 않겠다는 소극적인 태도를 가졌던 것이다. 하지만 한인애국단의 거사 직후 중국 정부만이 아니라 중국인들 모두가 임시정부를 성원하고 나섰다. 김구는 장제스에게 적극적인 지원을 요청하였고, 장제스는 뤄양군관학교에서 한인 청년을 초급 군사간부로 양성하도록 조치해주었다.

　1937년 7월 중일전쟁이 터졌다. 김구는 한국국민당을 이끌면서 임시정부의 어려운 살림을 꾸려가그 있었다. 임시정부는 전쟁 발발 직후인 8월에 이청천과 조소앙 등 우파 세력이 김구를 중심으로 집결하고 미주 지역 6개 단체와 연합하여 광복진선을 결성하고 전시체제를 모색하게 되었다. 전쟁이 시작된 지 넉 달 만인 11월 중국 정부는 충칭으로의 천도를 선언하였다. 중국 당국의 지원을 받고 있던 임시정부도 11월 말 급하게 배를 마련하여 난징을 떠났다. 일본군이 난징을 점령하면서 30만 명을 학살한 이른바 난징대

김구 등 임시정부 요인들의 피신을 도와준 중국인 가족과 함께(자싱, 1933)

어린이: 김자동(김의한 아들)·엄기동(엄항섭 아들)·엄기선(엄항섭 딸)
앞줄: 쉬슈성(許秀生, 천퉁성 부인)·정정화(김의한 부인)·이헌경(민필호 어머니)·연미당(엄항섭 부인)·주자루이(朱佳蕊, 추펑장 부인)
뒷줄: 천퉁성(陳桐生)·○·김의한·이동녕·박찬익·김구·엄항섭·추펑장(褚鳳章, 추푸청 아들)

윤봉길 의거 후 김구는 상하이에 있는 미국인 피치(George A. Fitch)의 집에 피신해 있으면서 사태를 수습하였다. 그 사이에 임시정부는 항저우로 이동하였고, 임시정부 요인들과 김구는 중국인 추푸청(褚輔成)의 도움으로 저장성 자싱의 각각 다른 장소로 피신하였다.

학살을 두 주일 앞둔 긴박한 순간이었다.

임시정부가 옮겨 간 곳은 창사였다. 창사는 곡물 가격이 싸고 홍콩을 통해 국제통신을 접하기 쉬운 곳이라는 판단에서 나온 선택이었다. 임시정부가 후난성(湖南省)의 성도(省都)인 창사에 도착하고 몇 개월 후인 1938년 5월 '남목청사건'이라 불리는 총격 사건이 일어났다. 우파 3개 정당, 즉 김구가 이끌던 한국국민당과 이청천의 조선혁명당, 조소앙의 재건 한국독립당의 통합을 논의하는 모임이 열리고 있던 조선혁명당 당사에서 요인들이 피습을 당한 것이다. 이 통합 논의에 불만을 품은 조선혁명당원 이운한(李雲漢)이 권총을 휴대하고 회의 장소를 덮쳐 김구와 조선혁명당의 현익철, 유동열, 이청천이 차례로 총격을 당했다. 가슴에 총상을 입은 김구는 절명 직전의 상태로 긴급히 병원으로 후송되었다. 김구가 곧 죽으리라 생각한 의사는 김구를 그냥 내버려두었으나 김구가 4시간이 지나도록 살아 있자 그때서야 수술에 나섰다. 한커우(漢口)에 있던 장제스는 소식을 듣고 후난성장 장즈중(張治中)에게 최선을 다해 김구를 돕도록 지시하고 병원비를 보냈다. 현익철은 현장에서 사망하고 유동열은 중상을, 이청천은 경상을 입었다.

전황(戰況)이 급박해지자 임시정부는 다시 피난길에 올랐다. 1938년 7월 19일 새벽 4시 임시정부는 창사를 떠나 광저우행 기차에 올라타 사흘 만인 7월 22일 광둥성(廣東省) 광저우에 도착하였다. 광저우 시내에 연락처를 두고 임시정부는 서쪽으로 25km 떨어진 포산(佛山)에 자리 잡았다. 그런데 일본군이 예상치 않게 갑자기 광둥성 해안으로 상륙하자 임시정부는 허겁지겁 짐을 꾸려

광저우를 탈출해야 했다. 광저우시장으로 있던 우티에청이 교통편을 마련해주어 그나마 이동이 가능했다. 연로한 노인과 아이들을 포함하여 100여 명의 대소 가족이 버스로 혹은 배로 이동하여 1938년 10월에 도착한 곳이 류저우였다. 류저우에서 임시정부는 한국광복진선청년공작대를 결성하여 항일 활동을 펼치면서 광복군의 원형을 갖추기 시작했다. 이들은 시가행진과 선전 활동을 벌여 일본군에 대해 무지한 중국인들의 항전 의식을 고취시키고, 수익금으로 부상당한 중국 장병들을 위문하기도 했다.

1939년 4월 임시정부는 중국 정부를 따라 류저우를 떠나 북상하였다. 이들이 도착한 곳은 전시 수도인 충칭의 바로 아래에 있는 치장이었다. 1940년 9월 충칭으로 옮겨 가기까지 1년 반 동안을 임시정부는 이곳에 머무르면서 정치적 통합과 군대 결성을 차근차근 준비해나갔다. 1939년 8월에는 이른바 7당통일회의를 열어 정당 통일 운동을 펼쳤다. 11월 시안으로 군사특파단을 보내 한인 청년들을 확보한 것도 이때였다.

임시정부는 상하이를 출발한 1932년 5월 이후 8년이 훌쩍 지난 1940년 9월에 충칭으로 옮겼다. 100여 명의 가족을 이끌고 공습을 피해가며 이동하면서도 전시체제를 준비한 결과 임시정부는 충칭에서 한국광복군을 결성할 수 있었고, 「대한민국 건국 강령」을 선포했으며, 좌우합작 정부를 이루어냈다. 고난과 역경으로 점철된 시기였지만 한순간도 정부로서 역할을 소홀히 하지 않은 것이다.

**조완구·차리석 회갑 기념**(충칭 투차오 우리촌, 1941.9.23.)

첫 번째 줄: 최종란·채수웅·엄기남·유수란·유수송·김종화·오영걸·송태상
두 번째 줄: 강영파(유진동 부인)·○·오희옥·민영애·김자동·엄기동·민영화·민영의·엄기선·엄기순·○·채수영·연미당·정정화
세 번째 줄: 조성환·이청천·박찬익·김구·차리석·이시영·조완구·이헌경,○ (손일민 부인)·최동화(최동오 부인)·최근애(어린이)·오건해(신건식 부인)
네 번째 줄: 양우조·송병조·이상만·홍진·민병길·조소앙·최동오·유미영(최덕신 부인)·정정산(오광선 부인)·방순희·채원개·김동인(채원개 부인)·채근아(어린이)
다섯 번째 줄: 엄항섭·김학규·고시복·김신·전월성·김관오·문덕홍·송복덕·진춘호·유평파·유진동


## 정당 연합 모색

  1920년대 중반 이래 '유일당' 결성을 꿈꾸었던 중국 지역 독립운동 세력의 민족유일당운동은 참여 세력의 노선 차이와 이념적

편차로 무산되었으나, 1920년대 말엽의 세계적 경제공황과 1931년의 일제 만주 침략을 계기로 재개되었다. 이에 따라 일제 침략에 대항한 한중 민족의 연대 투쟁은 본격화되었다.

이러한 상황에서 한인 독립운동 내부에서도 효율적인 항일 투쟁을 모색하기 위한 논의가 활발해졌다. 1930년대 초의 협동전선운동은 이러한 시대적 요청을 배경으로 본격화되었다.

앞에서 밝혔듯이 협동전선운동은 1932년 10월에 공식적으로 시작되었다. 10월 초순 재만 조선혁명당 대표 최동오(崔東旿)와 함께 상하이에 도착한 김규식은 한국독립당 이유필과 만나 독립운동 세력의 통일 문제에 관해 협의하였다. 10월 12일에는 김규식, 최동오, 김두봉의 주도로 한국독립당 등 독립운동 단체 대표 9명이 모여 각 단체 연합주비회를 결성하였다. 통일동맹의 결성은 당시 만주·상하이 지역 독립운동 진영의 상황을 배경으로 하였다. 즉 1930년대 초 재만 독립운동 진영은 국민부* 결성 및 조선혁명당 창당으로 조직화되었고 상하이에서도 한국독립당이 창당됨에 따라 협동전선운동의 구심점이 확보되었다. 이를 배경으로 만주의 조선혁명당은 최동오를 관내 지역에 파견하여 한중 연합을 시도

* 국민부는 만주에서 활동하던 참의부, 정의부, 신민부의 3부가 통합하여 재편된 항일독립운동 단체의 하나다. 즉 신민부의 민정위원회 측, 참의부의 심용준(沈龍俊) 계열, 정의부의 현익철, 고할신(高轄信) 계열이 1929년 4월 군정위원회 성격의 국민부를 조직하였고, 정의부의 김동삼, 지청천 계열과 신민부의 군정위원회 측 그리고 참의부의 김승학 계열이 모여 1928년 11월 혁신의회를 구성하였다. 국민부는 이후 조선혁명당과 당군인 조선혁명군을 조직하였고, 혁신의회는 한국독립당과 당군인 한국독립군을 조직함으로써 1930년대 초반 만주 지역의 무장투쟁을 주도하였다.

하였다. 이처럼 통일동맹은 만주와 중국 관내 지역 독립운동 세력의 연대하에 태동되었다.

각 단체 연합주비회의 참가 단체로는 한국독립당(상하이), 조선혁명당(만주), 한국혁명당(난징), 의열단(난징), 한국광복동지회(베이징)가 있다. 이들 단체는 김규식, 김두봉, 박건웅(朴健雄), 신익희, 최동오 등 5명을 위원으로 선정하여 제반 규정을 제정하도록 위임하였다. 5인의 위원들은 10월 23일 "명칭은 '한국대일전선통일동맹'으로 한다. 각 대표는 소속 단체의 전권신임장 또는 위임장을 상호 교환하며, 이를 전체 회의에 제출한다"는 합의를 이루었다. 이들은 1932년 11월 10일 규약과 선언문을 대외에 공포하고 정식 출범하였다. 이후 통일동맹은 해외 독립운동 전선의 구심점 역할을 하게 되는데, 1933년부터는 대한인국민회 총회 등 재미 독립운동 단체가 가맹하였다.

통일동맹의 결성 취지는 가맹단체들의 항일 투쟁 노선과 맥을 같이한다. 조선혁명당의 경우 1929년 지린에서 발표한 창당 선언문에서 "조선혁명의 진로는 노동자·농민·도시 직업자·지식자 등 혁명 전위분자를 공고하게 단결시켜", "전체 대중을 이 중심 세력으로 긴밀히 영도 연결시키는 동시에, 전 세계 피압박 민족과 무산계급의 혁명 전선과 강고히 결합하여 일본 제국주의를 박멸하는 동시에, 민족 내부의 일체 압박과 착취 세력을 파괴하고 조선의 독립을 절대 완성할 것"을 선언하였다. 또한 세부 방침으로 혁명 역량을 총집결하고, 직접적인 군사행동을 수행하며, 한중 연합 전선의 형성을 도모한다는 것이었다. 이에 따라 통일동맹은 한

중양 민족의 국제적 연대를 통해 중한민중대동맹을 1932년 11월 14일에 결성하였다.

한편 재만 한국독립당은 일제의 만주 침략으로 인해 독립전쟁 노선이 난관에 봉착함에 따라 관내 지역 이동을 모색하기 위해 1933년 전반기 신숙을 난징에 파견하였다. 신숙은 김구 계열의 핵심 인물인 박찬익과 한국독립당 및 한국 독립군의 관내 지역 이동 문제를 협의하였으나 일정한 합의에 도달하지는 못하였다. 그 대신 한국혁명당의 윤기섭, 신익희와의 교섭을 통해 양당의 통합에 합의하였다. 한국독립당은 1933년 10월 베이징에서 한국혁명당과의 합당 작업 대표로 홍진, 김원식(金元植)을 선임하였다.

1930년대 전반기 중국 지역 협동전선운동이었던 통일동맹의 활동은 1935년 7월 4일 민족혁명당이라는 신당의 창당으로 결실을 맺었다. 한국독립당의 김두봉, 조소앙, 조선혁명당의 최동오, 김학규, 조선의열단의 진의로(陣義櫓), 신한독립당의 윤기섭, 이청천, 미주 대한인독립단의 김규식, 신익희 등이 통일동맹 회의를 통해 민족혁명당을 창당하고 발전적 해체를 하였다. 이때 회의 석상에서 가장 문제가 되었던 것은 민족혁명당이라는 명칭 앞에 어떠한 관사를 놓느냐 하는 것이었다. 즉 '한국'이냐 '조선'이냐가 문제가 된 것이었다. 공산주의 측에서는 '조선'을 주장하고, 민족주의자 측에서는 '한국'을 주장했다. 양측이 서로 고집을 꺾지 않고 주장이 팽팽히 맞서 회의는 분열의 위기까지 이르렀다. 결국 '조선'도 '한국'도 떼어버리고 그저 민족혁명당으로 하자는 김두봉의 제안이 통과되어 맨머리바람의 신당이 탄생하게 되었다.

이렇게 하여 만들어진 민족혁명당은 중앙집행위원 김원봉, 김두봉, 김규식, 최동오, 김학규, 신익희, 윤기섭, 이청천, 성주식, 조소앙, 진의로, 윤세주 등과 감찰위원 양기탁, 김창환(金昌煥), 이복원, 신악(申岳), 강창제(姜昌濟) 등으로 구성되었다. 그런데 문제는 서기장과 조직부장, 재무부장 등의 중요한 직책은 김원봉 일파가 독차지한 것이었다. 민족혁명당의 중앙집행위원을 지낸 김학규의 회고를 들어보자(김학규, 「백파(白波) 자서전(自敍傳)」, 독립기념관 한국독립운동사 연구소, 『한국독립운동사연구』 2, 1988, 594쪽).

원래 금번 통일에 있어 가장 열렬히 주장한 편이 김원봉이었다. 그들은 왜 통일을 주장하였는가? 자기네 공산주의가 중국국민당에게 나타나는 것이 불리한 까닭에 그것을 캄프라치[카무플라주 camouflage]하자는 것이었다. 그리하여 그들은 내가 난징에 도착하자, 나에게 있는 친절을 다하면서 내가 요구하는 만주에 대한 인력, 물력 공급에 대하여 적극 찬동한 것이다. 급기야 통일이 완성되고 자기네 목적한 바가 완료되고 보니 언제 그런 일이 있었던가 하듯이 말을 먹어버린 것이다.

나는 이 사설을 만주에 보고했더니 만주 본당에서는 금번 통일에 대한 비준을 불허하고 대표 김학규, 최동오에 대한 철수 명령을 보내왔다. 나는 또 한 번 공산주의자들에게 속은 것이 분했다. 그리하여 나는 신당의 중앙 간부직을 내놓았다. 만주 본부에서는 비준되지 않았음을 선언하였다.

이 회고에 따르면 김학규는 김원봉 측 사람들이 약속을 지키지 않은 것에 분개하여 민족혁명당의 중앙집행위원직을 사직하고, 만주의 조선혁명당은 신당 조직 자체의 비준을 거부했다. 그리고 이 협동전선운동에 방관자적 입장을 견지했던 세력은 이해 11월 한국국민당이라는 별도의 단체를 조직하였다. 이로써 한인 독립운동 세력은 '반(反)임시정부'를 표방한 민족혁명당과 친(親)임시정부를 표방한 한국국민당으로 크게 나뉘었다. 김원봉과 김구를 중심으로 한 양대 세력은 각각 중국국민당 정부의 지원을 배경으로 독자적인 항일 행로를 구축해갔다. 그리하여 1937년 7월 7일에 발발한 중일전쟁 등 국제 정세의 변화에 따라 한인 독립운동 세력은 항일운동 대오를 재정비하여, 앞에서 밝혔듯이 좌파 협동전선인 조선민족전선연맹과 우파 협동전선인 광복진선을 결성하였다. 양대 세력은 혁명관 및 인생관의 차이뿐 아니라 항일운동 노선상의 차별성에도 불구하고 근대 민족국가 수립 운동 과정에서는 동일한 정치적 목적을 지향하였다.

제4부　　　　　충칭 시기(1940-1945)

大韓民國
臨時政府史

# 7장 한국광복군

**한국광복군의 창설**

중국의 원조하에 광복군을 창설하려던 임시정부는 중국군사위원회 측의 원조 지연과 광복군을 그들에게 예속하려는 계획에 저항하여 독자적인 힘으로 광복군을 창설하기로 방침을 세웠다. 이것은 미주 동포들의 적극적인 재정 지원이 있었기에 가능했던 일로, 이러한 방침이 정해지고 곧 한국광복군창설위원회가 조직되었다. 광복군을 조직하는 작업은 먼저 총사령부를 구성하는 것으로부터 시작되어 1940년 8월 4일 일단 총사령부 구성이 완료되었다. 당시의 형편으로는 하부 조직을 구성할 만한 인적자원을 확보할 수 없었기 때문에 당시 충칭에서 동원 가능한 인원 30여 명으로 상부 조직인 총사령부만을 구성하였다. 다시 말해 광복군은 병력을 확보하고 부대 편제를 갖추어 창설한 것이 아니었다.

이후 초모 활동을 통해 병력을 모집하면서 세력을 확대시켜갔고, 창설 당시의 인원을 중심으로 3개 지대의 단위부대를 편제하였다. 그러다가 1941년 1월 100여 명의 대원을 확보하고 있던 전지공작대가 편입되면서 광복군은 크게 증강되었고, 이를 제5지대로 편성하여 모두 4개 지대의 단위부대를 편제하게 되었다.

총사령부의 구성이 완료되고 부대 편성에 대한 방침이 수립된 후, 임시정부에서는 광복군 창설을 공식적으로 선언하였다. 즉 1940년 9월 15일「한국광복군선언문」을 발표함으로써 광복군 창설을 대내외에 공포한 것이다. 총사령부를 구성하고 광복군의 창군을 선언한 임시정부에서는 중국군사위원회 실무진과의 타결이나 원조 없이 1940년 9월 17일 충칭의 가릉빈관에서 200여 명의 내외 인사가 모인 가운데 '한국광복군총사령부성립전례'를 거행하였다.

광복군이 부대 편제를 갖추기 시작한 것은 총사령부를 구성한 직후로, 그해 10월 9일「한국광복군총사령부조직조례」를 공포하여 총사령부의 새로운 조직 체계를 확립했다. 이 조례에서는 "한국광복군 총사령부는 대한민국임시정부 국무위원회 주석(主席)의 직할 하에 둠"(제1조), "한국광복군 총사령부는 총사령 1인을 두어 전군을 통솔 지휘하며, 군의 정비, 보충, 경리 및 위생 등 사무를 감독함"(제2조) 등을 규정하였다.

이 조례는 총사령부의 위상 및 지휘 계통, 간부진의 역할 및 부서 등을 규정한 것으로 광복군이 임시정부의 국군이라는 것을 명백히 하고 있다. 그리고 총사령이 광복군에 대한 지휘·통솔과 각

한국광복군총사령부성립전례 후 한중 대표(1940.9.17.)

○·이청천·김구·류즈·○·○

종 사무를 관장하되, 군의 동원 및 작전 계획은 총참모장이, 예산과 인사 등의 군정은 군무부장이 지시하도록 하여 지휘 계통을 이원화하였다. 이 외에도 참모장을 중심으로 10개의 부처를 설치하고 특무대와 헌병대를 두었다. 이렇게 해서 편제된 총사령부의 조직과 간부진으로는 총사령에 이청천, 참모장에 이범석, 비서처장에 최용덕, 부관처장에 황학수, 참모처장에 채원개(蔡元凱), 정훈처장에 조경한, 편련처장에 송호성(宋虎聲), 위생처장에 유진동(劉振東) 등이 선임되었다.

이러한 체제는 중국군의 직제를 모방한 것이었다. 당시 여러 사정으로 인해 실제 업무 가능한 인원은 황학수·조경한·유진동 3명뿐이었고, 10개 처 중 7개 처에만 책임자가 임명되었다. 이는 시급을 요하는 부서에 우선적으로 인원을 배치한 것으로, 당시 이러한 조직을 운영할 인적자원이 없었기 때문이다.

총사령부의 조직 체제가 확립되면서 대한민국 임시 통수부도 구성되었다. 임시정부는 지도 체제를 집단지도 체제에서 주석 지도 체제로 전환한 후,「대한민국임시통수부관제」를 제정 공포하고 통수부를 설치하였다. 통수부는 임시정부 주석(김구)과 막료인 참모총장(유동열), 군무부장(조성환), 내무부장(조완구)으로 구성되었다.

광복군의 상층 조직을 구성한 후 임시정부는 광복군 총사령부를 시안으로 이전하였다. 당시 시안은 일본군이 점령하고 있던 중국 황허 이북 지역인 화베이와 인접한 곳으로 그곳의 한인들에 대한 초모·선전 활동을 전개하기에 적합한 지역이었기 때문이다.

이에 따라 총사령 이청천과 참모장 이범석은 중국 군사 당국과의 협정 문제를 처리하기 위해 충칭에 남고, 황학수를 총사령 대리로 '총사령부 잠정 부서'를 편성, 총사령부를 시안으로 이전한 것이다. 이들의 조직과 인원은 총사령 대리 황학수, 참모장 대리 김학규, 참모조 조장 이복원, 부관조 조장 황학수(겸직), 경제조 조장 조경한, 선전조 조장 김광(金光), 편집조 조장 송동산(宋東山) 등으로 이루어졌다.

시안에 총사령부가 설치되면서 광복군의 본격적인 군사 활동이 추진되었다. 시안 총사령부가 제일 먼저 착수한 것은 앞서 살펴보았듯이 단위부대의 편성이었다. 충칭에서 파견되어 온 인원과 군사특파단 인원을 중심으로 제1·2·3지대를 편성하고, 또 시안에서 독자적으로 활동하고 있던 전지공작대를 1941년 1월 1일부로 광복군 제5지대로 편입시켰다. 이로써 광복군은 총사령부만으로 창설된 지 3개월여 만에 통수부와 총사령부의 상층 조직을 구성하고 그 하부 조직으로 4개의 지대를 갖추게 되었다.

제1지대는 전원이 군사특파단원으로 광복군 창설 준비 단계에서부터 참여한 인원들로 구성되었다. 지대장 이준식(李俊植)을 비롯하여 간부에 노태준(盧泰俊), 안춘생(安椿生), 노복선(盧福善), 조인제(趙仁濟), 이석화(李錫華), 김자동(金紫東), 이건우(李健宇), 이영여(李榮汝) 등이 있었다. 이들은 중국의 군관학교를 거쳐 초급장교 이상의 군복무 경력과 활동 경험을 가진 군사간부들로 산시성 지역으로 진출하여 활동하였다.

제2지대는 총사령 이청천과 관련이 깊은 총사령부의 간부들을 중심으로 편성되었다. 지대장 공진원(고운기高雲起)을 비롯하여 간부에 나태섭(羅泰燮), 왕중량(王仲良), 고시복(高時福, 고일명高一鳴), 지달수(池達洙), 유해준(兪海濬), 이욱해(李慾海) 등이 있었다. 제2지대는 군무부로부터 초모 활동의 임무를 부여받아, 징모 제2분처가 되어 1941년 2월 내몽골 수원성(綏遠省) 포두(包頭)로 나가 활동을 전개하였다.

제3지대는 제1·제2지대와 같이 실제로 대원들로 구성된 것이 아니라 편제상으로만 갖추어져 있었다. 일반적으로 제3지대의 구성원으로 알려진 것은 1942년 3월 제3지대가 징모 제6분처로서 안후이성(安徽省) 푸양(阜陽)으로 떠날 때 구성된 인원이다. 편성 당시 제3지대는 지대장 김학규로만 이루어져 있었다.

제5지대는 무정부주의 계열 청년들이 중심이 된 전지공작대가 광복군에 편입함으로써 이루어졌다. 전지공작대의 광복군 편입은 창설 초기 광복군이 거둔 성과 중 하나였다. 광복군 총사령부가 시안으로 이전하기 전까지 이 지역에서는 군사특파단과 전지공작대, 이 두 무장 세력이 활동하고 있었다. 이 두 세력은 1939년 11월에 결성된 직후 시안으로 이동하여 화베이 지역의 한인들을 대상으로 각각 적정(敵情)을 탐지하는 활동을 전개했다는 공통점을 가지고 있었다.

전지공작대는 시안에 본부를 설치하고, 중국군 제34집단군 사령관 후쭝난(胡宗南)의 지원과 협조로 대원 16명이 제34집단군 내의 한국청년훈련반(이하 한청반)에 입교하여 3개월 과정의 군사훈련을 수료한 후 중국군 소위로 임관되어 활동하였다. 이들은 제34집단군 타이항산 유격대 정훈부에 배속되어 타이항산 능천(陵川)에 거점을 마련하고 적후 공작에 투입되었다. 또한 이들은 1940년 5월부터 초모 활동을 전개하였는데, 이러한 초모 활동은 대단한 성과를 거두어 60여 명에 달하는 인원을 초모하였다. 초모된 인원들은 시안으로 후송되어 한청반에서 군사훈련을 받았다. 이러한 과정을 통해 병력이 크게 증가되어, 초기 28명으로 결성되었던 전지공작대의 인원은 1940년 말에는 100여 명에 가까운 무장 세력으로 성장하였다.

무정부주의 계열 청년들의 주도하에 전지공작대가 독자적인 무장 세력으로 발전하게 되면서 임시정부와 조선의용대 측에서는 전지공작대를 각각 자기 세력으로 끌어들이려는 포섭 공작이 진행되었다. 결국 임시정부의 내밀한 포섭 공작이 성공하여 전지공작대는 1941년 1월 1일부로 광복군에 편입된 것이다. 이렇게 해서 성립된 제5지대는 지대장 나월환(羅月煥)을 비롯하여 부지대장 김동수(金東洙, 김강金剛), 정훈조장 이하유(李何有, 조종봉), 훈련조장 박기성(朴基成, 구양군歐陽軍), 공작조장 이재현(李在賢, 이해평李海平) 등이 간부로 있었다.

100여 명의 병력을 확보하고 있던 전지공작대를 광복군에 편입시킴으로써 30여 명으로 출발한 광복군은 병력이 크게 증가되었을 뿐만 아니라, 앞서 언급한 대로 전지공작대를 제5지대로 편입시킴에 따라 창설 초기부터 4개의 지대를 갖출 수 있게 되었다.

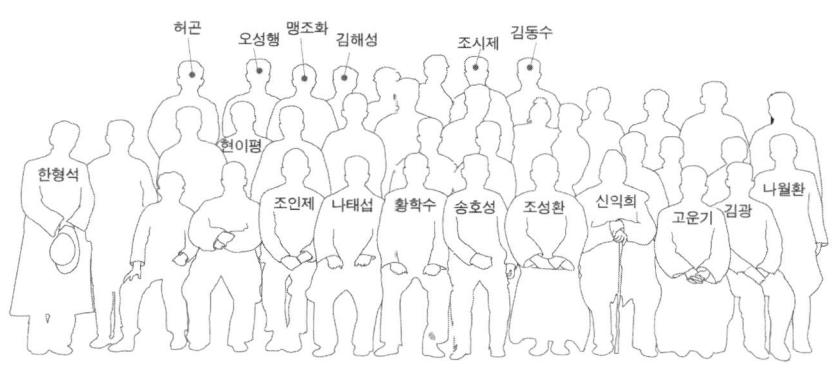

한국청년전지공작대 성립 1주년 기념(시안, 1940.11.11.)

### 광복군 모병 활동을 위한 징모분처 설치

광복군은 창설 당시 '1년 이내에 최소한 3개 사단 편성'을 당면 목표로 설정하였는데, 이를 달성하기 위해서는 병력을 모집하여 군대를 증강하는 것이 최우선 과제였다. 이에 따라 징모분처(徵募分處)를 설치하여 모병 업무를 담당하게 하였다. 징모분처는 군무부 산하에 설치하였으며, 각 지대의 지대장을 징모분처 주임으로 임명하여 모병 업무를 병행토록 하였다.

징모분처는 1942년 2월까지 모두 5개가 설치되었다. 징모 제1분처는 제1지대가 맡아 모병 활동을 전개하였고, 1941년 3월 지대장 이준식을 비롯한 대원들이 산시성 다퉁(大同)을 거점으로 초모 선전 활동을 실시하였다.

징모 제2분처는 제2지대가 담당하였다. 지대장 공진원이 제2분처의 주임으로 임명되어 1941년 2월 대원들과 함께 수원성 포두를 근거로 공작 활동을 전개하였다. 그러던 중 현지에서 포섭한 대원이 일본군에 자수하면서 대원들이 체포되고 거점과 조직망이 파괴되고 말았다. 이로써 징모 제2분처는 1941년 겨울 총사령부의 지시에 따라 시안으로 복귀할 수밖에 없었다.

징모 제3분처는 김문호(金文鎬)를 중심으로 편성되었다. 광복군에서 징모처를 설치하게 되자 충칭 임시정부에 있던 김문호는 자기가 활동하였던 중국 화난(華南) 지역에서의 초모 활동을 자원하여 장시성(江西省) 상라오(上饒)로 파견되었다. 중국군 제3전구사령부 소재지인 상라오를 거점으로 한 제3분처는 상하이·난징 등지에서의 초모 활동을 통해 후에 제3전구공작대로 발전하면서 해방이 될 때까지 활동을 이어갔다.

징모 제5분처는 제5지대가 겸임하였다. 제5분처의 주임으로는 제5지대의 지대장 나월환이 임명되었다. 전지공작대는 이미 1940년 초부터 독자적으로 초모 활동을 전개해왔는데, 제5분처는 이를 계승하여 노안(路安)·신샹(新鄕)·카이펑(開封)·자오쭤(焦作) 등지에서 초모 활동을 전개하였다. 한편 주임 나월환은 시안 본부에서 초모되어 온 인원들을 훈련하여 100여 명의 병력을 확보하게 되었다. 이로써 제5지대는 4개 지대 중 가장 많은 병력을 확보하여 창설 초기 광복군의 주력부대로 발전하였다.

징모 제6분처는 제3지대장 김학규를 중심으로 편성되었다. 1942년 4월 징모 제6분처가 구성되자 제3지대장 김학규를 주임으로 징모분처 대원들이 결성되어 임지로 떠나 초모 활동을 전개하였다. 이들은 안후이성 푸양을 거점으로 공작 활동을 전개하였다.

이상과 같이 군무부 주관하에 5개의 징모분처가 설치되어 초모 활동을 추진하였는데, 제3분처 이외에 4개 분처는 모두 지대원으로 구성되어 사실상 지대와 징모분처의 기능이 동일했음을 알 수 있다. 다만 지대는 총사령부 예하 부대로, 징모분처는 군무부가 주관하는 모병 기관으로 구별할 수 있다. 따라서 지대가 징모 활동을 통해 자력으로 병력을 확보하여 단위부대로 발전해나갔다고 할 수 있다.

### 광복군의 부대 편제를 바꾸다

앞에서 살펴본 대로 광복군은 1940년 9월 총사령부만으로 창설되었으나, 그후 단위부대인 지대를 편성하는 등 병력을 정비하여 1941년 2월에 이르러서는 부대 편제가 완료되었다. 즉 상층 조직으로 통수부와 총사령부를 조직하고, 하부 조직으로 단위부대인 4개의 지대를 편성하였으며, 모병 활동을 위하여 5개의 징모분처를 설치한 것이다. 이러한 광복군의 부대 편제는 이후 개편을 맞게 된다.

개편의 직접적인 동기가 된 것은 조선의용대의 광복군 편입이었다. 조선의용대는 광복군보다 2년 앞선 1938년 10월 한커우에서 좌익 진영의 연합체인 조선민족전선연맹이 창설한 무장 조직이었다. 이들은 창설 직후부터 중국군과 연대하여 대일 항쟁을 전개하였다. 앞에서 살펴본 대로 이러한 조선의용대의 대원 대부분이 1941년 3월 중순부터 5월 하순에 걸쳐 황허를 건너 중국공산당 지역인 화베이 지방 옌안으로 이동해 들어간 사건이 일어났다. 조선의용대의 화베이 이동은 중국 당국에 큰 충격을 주었으며, 중국은 이를 계기로 김구와 김원봉을 통해 이루어지던 두 개의 지원 창구를 김구 중심의 임정 쪽으로 단일화하게 되었다.

조선의용대의 화베이 진출 사건을 계기로 중국 측에서는 한국 독립운동 무장 세력을 확실하게 장악하려고 했다. 1941년 10월 장제스가 중국군사위원회 참모총장인 허잉친(何應欽)에게 "한국광복군과 조선의용대를 동시에 중국군사위원회에 예속케 하고, 참모총장이 직접 장악하여 운영하도록 하라"는 지시를 내린 것이다. 이에 따라 중국군사위원회는 11월 15일 「한국광복군행동9개준승」을 광복군 측에 요구하고, 광복군을 중국군사위원회 판공청에 소속시켰다. 이로써 중국 관내의 한국인 무장 조직이었던 조선의용대와 광복군이 모두 중국군사위원회의 관할하에 들어가게 되었다.

이후 중국군사위원회에서는 조선의용대를 광복군에 편입시키고자 하였다. 조선민족혁명당과 임시정부가 군사 통일 문제에 대한 입장 차이로 맞서자, 중국군사위원회가 개입하여 1942년 5월 15일 일방적인 개편을 명령했다. 즉 한국광복군 총사령부에 부사령 편제를 증설함과 아울러 김약산(金若山, 본명 김원봉)을 그 부대의 부사령으로 임명하고, 원래의 조선의용대를 광복군의 제1지대로 개편하게 한 것이다.

1941년 1월 한국청년전지공작대가 광복군에 편입된 이래로 조선의용대까지 광복군에 편입됨으로써 중국 관내에서 조직되어 활동하던 한국인 무장 독립 세력 모두가 광복군으로 군사 통일을 이루게 되었고, 이를 계기로 광복군의 부대 편제가 개편된 것이다.

개편의 또 하나의 동기가 된 것은 제5지대 내에서 일어난 지대장 나월환의 암살 사건이었다. 제5지대는 광복군 4개 지대 중 가장 견실한 병력을 보유한 부대였다. 1942년 3월 제5지대의 지대장 나월환이 대원들에게 살해되는 사건이 발생하였다. 나월환 암살 사건의 배경에 대해서는 아직까지 정확히 알려져 있지 않다. 그러나 이 사건으로 대원들 중 20여 명이 나월환 살해 혐의로 체포되었으며, 이들 중 8명이 사형 내지 징역형을 선고받았다. 이들은 제

5지대의 핵심 인물이었으며, 따라서 제5지대는 거의 활동 마비 상태에 빠지게 되었다. 이로 인하여 지대를 대폭적으로 개편하는 것이 불가피했다. 총사령부에서는 제5지대 사건 직후인 1942년 4월 1일 제5지대를 기존의 제1·제2지대와 통합하여 새로이 제2지대를 편성하고, 총사령부 참모장인 이범석을 새로운 지대장으로 임명하였다. 이러한 조처는 지대장 암살로 인한 혼란과 대원들의 동요를 수습하기 위한 것이었다.

### 총사령부 조직의 개편

앞서 살펴보았듯이 총사령부는 1940년 10월 9일 공포된 「한국광복군총사령부조직조례」에 의해 그 조직 체계가 확립되었다. 이후 총사령부의 조직 체제는 중국 측에서 요구해 온 「한국광복군행동9개준승」을 계기로 대대적인 개편 및 조정을 겪게 되었다.

중국 측은 '9개 준승'을 요구해 오면서 그 부대조건으로 '한국광복군총사령부잠행편제표'를 보내왔다. 이 편제표에 따르면 부사령과 부참모장 직이 증설되었다고는 하지만 종래의 10개 처가 3개 처로 조정되어 결국 총사령부의 기구가 대폭 축소되었다. 총사령부의 기구를 축소시킨 이유는 총사령부의 부서를 현실에 맞게 조정하기 위한 측면도 있으나, 기구를 축소 단순화시켜 광복군의 지휘 체계를 중국군사위원회가 장악하려는 의도가 깊이 작용했다고 보인다.

또한 총사령부 역시도 중국군에 의해 거의 장악되고 있다는 점이 특징적인데, 개편된 3개 처 중 참모처와 정훈처 그리고 총무처의 경리과와 같은 핵심 부서는 거의 중국 측에서 파견된 중국군에 의해 충원되었다. 따라서 편제에 따른 실제 인원 45명 중 3분의 2가 되는 33명이 중국군으로 편성되었다. 이들은 1942년 4월 1일부터 복무하기 시작했는데, 이로써 총사령부의 작전권·운영권·정훈 업무 등이 중국군에 넘어가게 되어 사실상 총사령부는 중국군에 의해 장악당하게 된 것이다. 또 기구의 개편과 함께 1942년 10월 총사령부가 시안에서 충칭으로 이전하였다. 이는 총사령부를 중국군사위원회의 통제 가능 지역에 두려는 의도였다. 이러한 개편된 조직 체제의 기본 골격은 이후 '9개 준승'이 폐지되기까지 계속되었다.

임시정부는 광복군을 구속·통제하는 '9개 준승'을 취소할 것을 끈질기게 요구한 끝에 마침내 1944년 8월 23일 중국군사위원회 참모총장 허잉친으로부터 '9개 준승' 취소 통보를 받게 된다. 그리고 이를 대체하는 한중 간의 군사협정인 「원조한국광복군판법」이 1945년 5월 1일부터 시행되었다.

이로써 한국광복군은 때늦은 감이 있기는 하지만 중국군사위원회의 통제에서 벗어나 비로소 임시정부의 국군으로서 독립성과 자주성을 회복하게 된다. 이에 따라 한국광복군 총사령부는 자주적인 조직 체제를 갖추기 위한 편제의 개편을 단행하였다. 그리고 「원조한국광복군판법」에 따라 총사령부 각 부서에 파견되어 있던 중국군이 대부분 철수하고 한국인 장교들이 임명되었다. 개편된 주요 편제와 간부는 다음과 같다.

    총사령: 이청천
    참모장: 김홍일
    고급참모: 채원개·송수창(宋壽昌)·이복원·김자동
    비서: 지복영(池復榮)
    부관: 윤경빈(尹慶彬)
    정훈처장: 이현수(李顯洙)
    참모처장: 최용덕
    경리처장: 진작해(陳作楷, 중국인)
    부관처장: 이석화(李錫華)
    군법실 주임: 조시원(趙時元)
    군의실 주임: 장운한(張運漢)

개편된 편제의 특징은 우선 각 부서에 한국인 장교들이 임명되어 총사령부가 광복군의 주도하에 운영되었다는 것이다. 또 하나의 특징은 군인 계급을 본래 광복군의 것으로 환원하여 사용하였다는 것이다. 광복군은 창설 당시 대한제국 군대에서 사용하던 계급을 사용하였으나, '9개 준승' 이후 중국군의 계급을 사용하다 본래의 계급으로 되돌린 것이다.

개편된 총사령부의 편제는 총사령과 참모장을 최고 지휘관으로 하여 참모처·부관처·정훈처·경리처·군법실·의무실 등 4처 2실을 갖추었다. 이로써 총사령부는 위로 통수부의 지휘를 받고, 아래로 그 단위부대인 지대를 통솔 지휘하는 체제를 갖추게 되었다.

### 각 지대도 개편되다

앞서 살펴보았듯이 제1지대는 조선의용대의 광복군 편입을 계기로 개편되었다. 조선의용대의 광복군 편입은 화베이로 진출한 인원을 제외한 충칭 잔류 대원들을 중심으로 이루어졌다. 이 외에도 각지에 파견되어 있던 공작대원이나 화베이 이동 시 탈출한 인물들이 포함되어, 성립 당시 제1지대의 인원은 지대장 김원봉을 포함하여 50명 정도였다. 그 편제와 인원은 다음과 같다.

　　지대장: 김원봉
　　지대부: 신악
　　부관: 손한림(孫漢林)
　　비서: 이달(李達)
　　총무조장: 이집중(李集中, 본명 이종희李鍾熙)
　　군의: 한금원(韓錦源)
　　사약(司藥): 이명수(李明守)
　　분대장: 성현원(成玄園)

제1지대는 1942년 7월 조선의용대가 개편되어 성립하였지만, 광복군 단위부대로서 역할을 하기 시작한 것은 김원봉이 정식으로 총사령부 부사령 겸 제1지대 지대장으로 취임한 1942년 12월부터다. 제1지대는 지대 본부와 2개의 구대로 편제되었다. 지대 본부는 충칭에, 그리고 후베이성(湖北省) 라오허커우(老河口)와 저장성(浙江省) 진화(金華)에 각각 구대가 설치되었다. 지대 본부가 후방인 충칭에 위치한 까닭에 제1지대는 초모 활동을 통한 병력 증강이 제대로 이루어지지 않았다. 또한 지대장 김원봉을 비롯한 지대 본부 요원들이 임시정부 의정원 의원으로 활동하게 되면서 제1지대의 활동은 더욱 위축되어갔다. 지대장 김원봉이 군무부장이 되면서 지대장도 송호성, 채원개 등으로 변경되었다.

제1지대 산하에 있던 2개의 구대는 조선의용대 시절 각지에 파견하였던 공작원들을 중심으로 편성한 것으로 보인다. 후베이성 라오허커우에 설치된 제1구대는 초모한 인원들을 포함하여 대원 수가 대략 27명 정도, 저장성 진화에 설치된 제2구대는 인원이 대략 23명 정도였다. 각 구대는 3개의 분대로 구성되었다. 그리고 전체 대원 수는 지대 본부 42명, 제1구대 27명, 제2구대 23명 등 모두 92명 정도였다. 성립 당시 인원 50명에 비해 초모한 인원이 증가된 것을 볼 수 있다.

제2지대는 초기에 편성되었던 제1·제2·제5지대의 3개 지대를 통합하여 편성되었다. 앞에서 설명했듯이 제2지대가 성립된 계기는 조선의용대의 광복군 편입과 제5지대에서 일어난 지대장 나월환 암살 사건이었는데, 여기에 더해 초기의 제1지대와 제2지대의 부진도 그 원인 중 하나였다. 즉 제1·제2지대는 편성된 후 각기 산시성 일대와 수원성 지역으로 나가 초모 활동을 전개했지만 별다른 성과를 거두지 못하고 있었다. 종전의 제1·제2·제5지대가 처한 이와 같은 상황이 3개 지대의 통합을 촉진시켜 제2지대가 성립된 것이다.

제2지대는 조선의용대의 광복군 편입이 결정된 직후 성립되었다. 즉 1942년 4월 20일 임시정부 국무회의에서 조선의용대를 제1지대로 한다는 것이 결정되었고, 그 직후인 4월 22일 종전의 제1, 제2, 제5지대를 통합한 제2지대 성립이 결정된 것이다. 성립 당시의 편제와 인원은 다음과 같다.

    지대장: 이범석
    부지대장: 이복원
    부관: 이건림(李健林)
    비서: 고례(顧禮, 중국인)
    군의: 왕인석(王仁石)
    사약: 장봉상(張鳳祥)
    총무조장: 김용의(金容儀)
    정훈조장: 송면수(宋冕秀)
    제1구대장: 안춘생
    제2구대장: 노태준
    제3구대장: 노복선

제2지대는 종전의 제1·제2·제5지대를 통합 개편하여 성립된 것이지만 실제로는 제5지대를 기반으로 성립되었다고 볼 수 있다.

총사령부와 제1지대의 간부를 상급 간부로, 제5지대 대원을 하급 간부로 하여, 총사령부 참모장인 이범석과 참모인 이복원이 각각 지대장과 부지대장을, 그리고 제1지대 간부였던 안춘생·노태준·노복선 등이 각각 3개 구대장을 맡았다. 부구대장 이하 분대장은 제5지대 출신들을 중심으로 구성되었다. 제2지대는 성립 당시 대원이 대략 80여 명 정도였다. 편제는 지대장 이범석을 중심으로 총무조·정훈조·공작조로 구성된 지대 본부와 그 산하에 3개 구대가 설치되고 각 구대에 다시 3개 분대가 편성되었다.

시안에 근거를 둔 제2지대는 충칭에 머물고 있던 이범석이 1942년 10월 취임하면서 지휘 체제가 확립되었다. 제2지대 대원들은 초기의 초모 활동 경험을 토대로 산시성 일대와 허난성(河南省)·허베이성(河北省) 지역에서 초모 활동을 전개하였다. 초모된 인원들은 앞서 언급한 대로 중국군 제34집단군에서 운영하는 중앙전시간부훈련단 내의 한청반과 중앙육군군관학교 제7분교에서 교육과 훈련을 받았다. 1945년 3월 말 당시 제2지대 인원이 185명이었던 것으로 보아 이와 같은 초모 활동을 통하여 100여 명 이상의 대원이 증가한 것으로 보인다.

제3지대는 앞서 살펴보았듯이 징모 제6분처가 구성되면서 성립된 지대이다. 1942년 3월 제3지대장인 김학규를 주임으로 하여 오광심(吳光心)·신송식(申松植) 등 8명으로 편성된 징모 제6분처는 안후이성 푸양을 거점으로 초모 공작을 전개하였다. 초모 공작의 성과는 1944년부터 나타나, 일본군을 탈출한 학도병들이 지하공작대원을 통해, 또는 중국군 유격대의 협조와 안내로 푸양에 집결하였다. 이들의 숫자는 1944년 9월 당시 기간요원을 포함하여 약 70여 명으로 나타나고 있다. 이들은 린취안(臨泉)에 있는 중앙육군군관학교 제10분교 내에 한국광복군훈련반(이하 한광반)을 설치하고 교육과 훈련을 받았다. 한광반을 졸업한 후 이들은 모두 광복군에 편입되었는데, 졸업생 중 36명은 충칭에 있는 총사령부로 갈 것을 지망하였다. 이른바 '만리장정'에 참가한 장준하(張俊河), 김준엽(金俊燁) 등이 그들이다. 이에 따라 일부 기간요원을 포함한 53명이 1944년 11월 충칭으로 떠났다. 이들은 충칭에 도착하여 총사령부와 임시정부 경위대, 그리고 시안에 있는 제2지대로 각각 배속되었다. 졸업생 중 12명은 푸양에 잔류하여 제3지대 창설의 주역으로 활동하였다.

징모 제6분처는 3년여에 걸친 초모 활동을 통하여 160여 명의 인원을 확보하고, 이 대원들을 기반으로 하여 제3지대가 성립되었다. 성립 당시의 편제와 간부는 다음과 같다.

　　지대장: 김학규
　　부지대장: 이복원
　　정치지도원: 엄홍섭(嚴弘燮)
　　비서실장: 장조민(張朝民)
　　부관주임: 장호강(張虎崗)
　　정보주임: 변영근(邊榮根)
　　작전주임: 김용민(金容旻)
　　군수주임: 안경수(安慶洙)

정훈주임: 조병걸(趙炳傑)

구호실장: 백순보(白淳甫)

구대장: 박영준(朴英俊)

제3지대의 편제는 지대 본부와 1개 구대(구대 내에 3개 소대, 소대에 각 2개 분대로 구성) 그리고 각 지역 공작대로 골격이 이루어졌다. 대원의 수는 정확하지는 않지만 총 189명 정도였던 것으로 보인다.

이 외에 정식 부대 편제는 아니지만, 제3전구공작대·제9전구공작대·토교대(土橋隊) 등과 같은 광복군 세력이 있었다. 제3전구공작대는 김문호를 중심한 징모 제3분처가 중국군 제3전구공작대에 파견되어 공작 활동을 전개한 것을 말한다. 이들은 제2지대의 제3구대 제3분대로 편제되기도 하였지만, 이와 관계없이 독자적으로 활동하고 있었다. 제9전구공작대는 광복군에서 파견한 인원을 중심으로 중국군 제9전구 작전지역에서 탈출한 한적 사병(韓籍士兵)들이 집결하여 구성된 것으로 1945년 5월에 제1지대의 제3구대로 편제되었다. 토교대는 충칭에 집결한 한인 청년들을 일시적으로 투차오(土橋)라는 곳에 수용하여 편성한 것으로 일종의 보충대였다고 할 수 있다.

**광복군의 초모 활동**

광복군은 1940년 9월 30여 명의 인원으로 총사령부만 결성한 상태에서 창설되었으므로 병력을 도집하여 부대 규모를 확대 발전해나가는 것이 급선무였다. 광복군의 초모 활동의 대상과 방법은 광범위하여 실로 국내·만주·중국 관내 등지에 있는 모든 한인 장정을 그 대상으로 하였다.

이러한 초모 활동이 가능했던 것은 중국 대륙에 이주해 온 한인들이 많았기 때문이다. 중일전쟁 이후 중국 대륙에는 한인들이 크게 증가하여 1940년대 전후에 화베이 지역에만도 약 20여만 명에 달하는 한인들이 거주하고 있었다. 이러한 한인들을 대상으로 초모 계획이 수립되고, 초모 활동이 전개된 것이다. 또한 소위 지원병·학도병이라는 명목으로 강제로 전선에 투입, 배치된 일본군 내의 수많은 한인 청년이 또 하나의 주요 초모 대상이었다.

초모 활동은 임시정부가 치장에 도착한 직후인 1939년 11월 조성환을 단장으로 한 군사특파단을 조직하여 산시성 시안으로 파견한 것으로 시작되었다. 군사특파단 외에 전지공작대도 같은 시기에 화베이 지역에서 초모 활동을 전개하였다.

앞에서 살펴보았듯이 광복군의 초모 활동은 징모분처를 따로 설치하여 군무부가 직접 관할하였다. 징모분처의 설치는 대개 지대가 겸임하는 형식으로 이루어졌다. 즉 각 지대의 지대장을 징모분처의 책임자인 주임으로 임명하고, 지대의 창설 요원들로 하여금 자체적으로 병력을 모집하여 지대의 규모를 확대 강화해나가

도록 한 것이다. 5개의 징모분처 중 제3분처만 지대와 관계없이 신설되었고, 나머지 4개 징모분처는 4개 지대를 근거로 설치되었다. 징모분처와 활동 지역은 다음과 같다.

| 징모분처 | 지대 | 주임 | 거점 | 활동 지역 |
| --- | --- | --- | --- | --- |
| 징모 제1분처 | 제1지대 | 이준식 | 산시성 다퉁 | 린펀(臨汾), 타이위안(太原), 극난파(克難坡), 스자좡(石家莊) 등 |
| 징모 제2분처 | 제2지대 | 공진원 | 수원성 포두 | 수원성, 허베이성, 찰합아성(察哈兒省) 등 |
| 징모 제3분처 | 신설 | 김문호 | 장시성 상라오 | 난징, 상하이, 난창(南昌) 등 화중 지역 |
| 징모 제5분처 | 제5지대 | 나월환 | 산시성 시안 | 노안, 신샹, 자오쭤, 창즈(長治), 카이펑 등 |
| 징모 제6분처 | 제3지대 | 김학규 | 안후이성 푸양 | 쉬저우(徐州), 구이더(貴德), 화이양(淮陽), 지난(濟南), 칭다오 등 |

초모 활동의 전개 과정은 첫째, 공작대원들이 적 점령 지역에 잠입하여 공작 거점을 마련하고, 둘째, 공작 거점을 기반으로 그곳에 거주하는 한인 청년들을 포섭하며, 마지막으로 포섭된 인원들을 광복군 지역으로 안내해 나오는 것이다. 따라서 많은 위험을 감수하고 비밀리에 활동을 수행해야 함에 따라 공작 활동은 대체로 점조직 형태로 이루어졌다. 적 점령 지역 안에서의 비밀 지하 공작 과정에는 공작대원들의 많은 희생이 뒤따랐다. 즉 일본군 정보망에 발각되어 체포되거나, 친일 괴뢰정권인 왕징웨이(汪精衛) 군대에 잡히거나, 또는 친일 밀정의 밀고로 체포된 경우가 허다하였다.

그러나 광복군의 이러한 초모 활동은 많은 성과를 거두었다.

한국광복군 활동 지역 분포도(1943-1945)

그중에서도 시안의 제2지대와 푸양의 제3지대가 가장 큰 실적을 올렸다. 초창기 20명 정도의 인원으로 출범한 제2지대의 경우 1945년 8월경에는 약 250여 명의 병력을 확보하였고, 8명의 징모 제6분처 인원으로 출발한 제3지대는 1945년 6월에 약 180여 명에 달하는 인원을 확보하였다. 이러한 초모 활동을 통해서뿐만 아니라 일본군에서 탈출한 탈출병, 투항 사병, 포로 등이 유입됨으로써 병력이 증가하였으며 이들은 일정한 교육과 훈련을 거친 후 광복군에 편입되었다. 이에 따라 1940년 9월 30여 명으로 창설된 광복군은 1945년 8월에는 총사령부를 비롯한 3개 지대에 최소한 700여 명 이상의 병력을 확보한 군대로 발전하였다.

### 광복군의 선전 활동

광복군의 선전 활동은 광복군의 존재와 활약상을 국내외에 알림으로써 국내외 동포들의 참여와 지원을 촉구하기 위해 이루어졌다. 광복군에서는 선전 활동을 추진하기 위해 정훈처에 선전과를 설치하여 선전 활동의 방침이나 방향 등을 설정하였다.

광복군 선전 활동의 주요 대상은 적의 점령 지역 내에 있는 동포들, 즉 화베이 지역에 거주하는 한인 동포들과 일본군 군속으로 복무하는 한인들이었다. 또한 일본군 내에 있는 한적 사병들에게도 선전 활동을 전개하였는데, 1938년에 실시된 지원병제, 1944년에 실시된 학병제와 징병제로 인하여 일본군 내에 한인 사병의 수가 급증해 있었기 때문이다.

광복군 선전 활동의 또 다른 대상은 일본군으로, 이는 중국 전선에 나와 있는 일본군의 사기를 떨어뜨리기 위한 것이었다. 이를 위해 광복군은 한국어·중국어·일어·영어 등으로 된 잡지를 발간하고 전단·벽보 등을 작성하여 유포하는 방식으로 반전사상과 전쟁을 혐오하게 하는 염전(厭戰) 사상을 유포하고, 일본군의 만행을 폭로하며 일본군의 패전을 강조하였다. 이와 함께 국제 여론을 환기시키기 위한 선전 활동으로 중국을 비롯한 연합국을 대상으로 한 '대국제선전(對國際宣傳)'을 중요시하였다.

광복군은 창설 5개월 후인 1941년 2월 기관지인 『광복(光復)』을 창간하여 광복군에 대한 선전과 홍보를 시작하였다. 『광복』의 간행은 총사령부의 정훈처가 담당하여 정훈처장의 책임하에 선전과 요원들이 실무를 맡았다. 『광복』은 한국어판과 중국어판 두 종류를 발행하여 중국 내의 교포들과 중국의 행정·교육·군사·언론 기관에 배포하여 큰 선전 효과를 거두었다. 중국어판 창간사에서는 '중국의 민중에게 한국의 독립운동을 소개하고, 중국의 필승과 일본의 패망을 선전하여, 한중의 연합 항전을 도모하는 것을 주요 목적으로 한다'고 그 발행 목적을 밝히고 있다.

광복군의 선전 활동은 이 외에도 방송·연극 공연·음악 활동 등 다양한 형태로 나타났다. 3.1절이나 광복군 창설 기념일 등의 중요한 행사가 있을 때면 충칭의 국제 방송국을 통하여 기념 선언문과 성명서를 발표했으며, 1945년 초에는 총사령부 내에 심리연구실을 설치하고 주로 여군들을 요원으로 하여 방송 선전 활동을 전개하

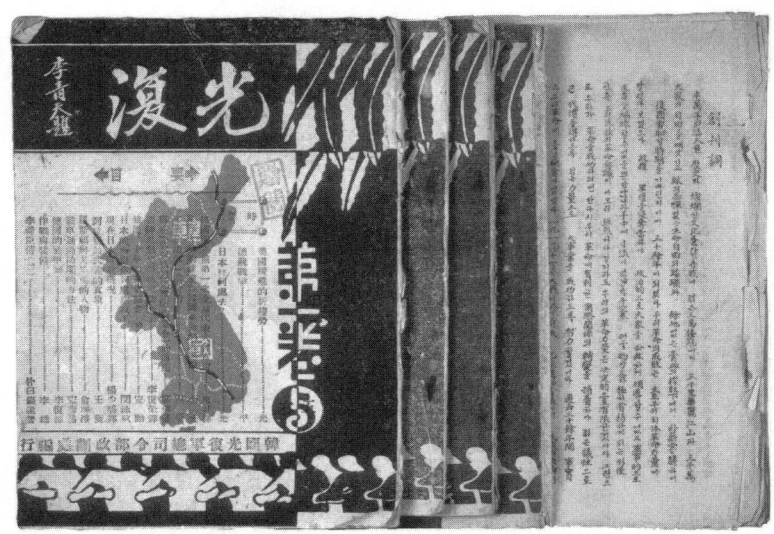

한국광복군 총사령부 정훈처가 발행한 기관지 『광복』

였다. 또한 총사령부에서 발표한 기념 선언문이나 성명서 등을 대량으로 인쇄하여 각 지대와 중국군 전방 유격대를 통해 배포하였으며, 각 지대 자체에서도 간행물과 전단을 작성하여 살포하였다. 전지공작대는 시안에서 여러 차례 연극 공연을 실시하기도 하였는데 이 공연들은 중국인들의 항일 의식을 크게 고취시켰으며, 한중 합작을 위한 선전 효과도 크게 나타났다.

## 일본과 독일에 선전포고

임시정부는 1941년 12월 10일 「대한민국임시정부 대일선전성명서」를 발표하였다. 12월 8일 일본의 진주만 습격으로 태평양전쟁이 일어나자 12월 9일 즉각 대일 선전포고를 할 것을 국무회의에서 의결한 것이다. 이 성명서에서 임시정부는 연합국의 일원으로 일본, 독일, 이탈리아를 상대로 한 전쟁을 수행하겠다는 뜻을 국제사회에 공식적으로 선언했다. 1940년 9월 광복군을 창설한 임시정부는 이미 대일 전쟁을 실질적으로 수행할 수 있는 정규군을 갖추고 있었다. 광복군은 비록 그 숫자가 많지는 않았으나 대일 선전포고 이후 연합군과 실제 공동작전을 전개하였다. 1943년 영국군과 인도, 미얀마 전선에서 대일 작전을 수행하였고 1945년에는 미국의 전략사무국(Office of Strategic Services, 이하 OSS)*과 공동으로 국내 침투 작전을 준비하였던 것이다.

임시정부의 대일 선전포고는 임시정부가 연합국의 일원으로 참전함으로써 전후 처리에서 연합국의 지위를 인정받기 위한 불가피한 조치이기도 했지만, 다른 한편으로는 임시정부가 수립된 이후 지속적으로 추구한 대일 항쟁이라는 뜻을 태평양전쟁을 계기로 확고히 한 것이기도 했다.

대일 선전포고에 이어 임시정부는 1945년 2월 28일 대독 선전포

---

\* 제2차 세계대전 중 창설되어 정보 수집과 유격대 활동 및 적 후방 교란 등을 주요 임무로 한 전략 첩보 기구로 미국 CIA의 전신으로 알려져 있다.

**샌프란시스코회의 대한민국 임시정부 대표단(1945.4.22.)**

앞줄: 송헌주·이승만·이살음 / 뒷줄: 윤병구·정한경·유경상·임병직

1945년 4월 25일부터 6월 26일까지 세계 50개국 대표가 샌프란시스코에 모여 국제연합을 창설하였다. 임시정부는 참가국이 되지는 못하였지만, 대표단은 세계 각국을 대상으로 선전·외교 활동을 전개하였다.

고도 하였다. 4월 샌프란시스코에서 연합국 회의가 개최될 예정이었는데, 3월 1일 이전에 독일에 선전포고를 한 국가만 이 회의에 참가할 수 있다는 사실을 알고 독일에 대해 선전포고를 한 것이다.

앞서 임시정부에서는 대일 선전포고를 통해 연합국의 일원으로 참전할 것을 선언하였으나, 연합국은 이를 공식적으로 인정하지 않았다. 그렇지만 대일 선전포고는 임시정부의 독립 의지를 국제사회에 천명한 것으로서 중요한 의미가 있다. 한국 민족이 20여 년

간 항일 독립전쟁을 수행해왔음을 세계에 알리고 민주 진영 연합국의 일원으로서 반침략 전쟁에 참여하겠다는 국제적인 의사 표시를 했다는 점에 큰 의의가 있는 것이다. 더 나아가 임시정부는 교전단체로 승인받기 위한 외교 활동도 전개하였다.

### 인도, 미얀마 전선에서 영국군과 공동작전

일본군이 동남아 지역에서 전장을 확대하면서 인도, 미얀마 지역에서 영국군과 충돌이 발생하자 1943년 한국광복군 인면전구공작대원(印緬戰區工作隊員) 9명이 인도 캘커타로 파견되어 영국군과 함께 공동작전을 실시하게 되었다. 이는 광복군이 연합군과 공동으로 진행한 첫 군사작전으로, 이보다 먼저 인도 주둔 영국군총사령부가 1942년 겨울 조선민족혁명당에 공작 요원의 파견을 요청해 와 2명이 파견되어 대적 선전 활동에 참여한 적이 있었는데 그 성과가 좋아 영국군이 더 많은 인원의 파견을 요청한 것이다. 한지성(韓志成)을 대장으로 인도에 파견된 인면전구공작대원들은 영국군으로부터 영어와 방송 기술에 관한 교육을 3개월 동안 받았다. 그후 이들은 영국군에 분산 배속되어 미얀마 접경 지역인 임팔(Imphal) 전선에 투입되었다. 영국군은 일본어에 능숙한 인면전구공작대원들에게 일본군 포로의 심문, 대적 방송, 전단 제작, 문서 번역 등 업무를 담당하게 했다. 인면전구공작대원들을 통해 일본군의 작전 계획을 미리 알아내 작전 수행에 적지 않은 도움을 받은 영국군은 임시정부에 인원 증파를 요청하였으나 이는 임시정부의 내부 사정으로 실현되지는 못했다. 임팔 전선에 참가한 인면전구공작대원들은 1945년 연합군이 미얀마로 퇴각한 일본군에 대해 개시한 총반격 작전에도 참가하였다. 미얀마 탈환 작전이 끝난 뒤 인면전구공작대는 인도 캘커타로 철수해 새로운 작전에 참가하기 위해 대기하던 중 일제의 항복으로 광복군 총사령부로 복귀하였다. 영국군과의 공동작전은 이후 미국 OSS와 공동작전을 수행하는 데 밑거름이 되었다.

### 미국 OSS와 국내 진공 작전

광복군은 중국에 주둔하던 미국 OSS와 합작하여 공동 군사작전을 전개하기 위해 OSS 훈련을 실시하였다. 영국군과의 공동작전에 이은 연합국과의 두 번째 공동작전이었다. OSS에서는 1945년 초 한국인들을 대일 작전에 활용하기 위해 세 가지 계획을 세웠다. 첫 번째는 중국 관내의 광복군을 활용하는 '독수리 작전(The Eagle Project)'이고, 두 번째는 미국 본토와 하와이에 거주하는 한국인과 미국에 수용된 한국인 포로를 한국과 일본에 투입해 정보 수집과 게릴라 활동을 전개한다는 '냅코 작전(The Napko Project)'이었다. 마지막은 산시성 옌안 지역에 있는 한국인 공산주의자들을 이용해 만주와 한국, 일본 등지에 대한 첩보 활동을 추진한다는 '북중국 첩보 작전'이었다.

당시는 「한국광복군행동9개준승」이 폐지되어 광복군에 대한 통수권을 우리가 행사하고 있었기 때문에 임시정부는 OSS와의 연계를 추진하였다. '독수리 작전'은 연합군의 일원으로 참전하고자 한 광복군과 대일 전쟁에 한국군을 이용하려 한 OSS의 의도가 맞아떨어진 결과로 생각할 수 있다.

광복군에서는 제2지대장 이범석과 징모 제6분처의 김학규가 OSS와 교섭하였고, 제2지대가 먼저 훈련을 개시하였다. 제2지대 본부가 있던 시안 인근의 두추진(杜曲鎭)에서 50명의 광복군이 1945년 5월부터 미국인 교관들에게 훈련을 받았다. 이들은 미군들로부터 독도법이나 무전 교신 등을 포함한 첩보 및 통신 훈련을 받았다. 이러한 훈련이 끝난 뒤에는 사격술, 폭파술, 도강술과 같은 야전 훈련을 받았다. 이 모든 것은 첩보 공작을 위한 특수 훈련이었다. 훈련은 전체적으로 3개월 동안 엄격하게 이루어져 8월 4일에는 38명이 우수한 성적으로 훈련을 통과하였다. 광복군 요원들의 훈련 성과에 미군 교관들도 크게 만족하였다. 제3지대의 OSS 훈련은 7월부터 시작되었으나 훈련 도중 해방을 맞아 중지되었다.

먼저 실시된 제2지대의 OSS 훈련이 완료되자 요원들을 한국에 침투시키는 공동작전을 전개하기 위한 작전 회의가 8월 7일 개최되었다. 한국 측에서는 김구 주석과 이청천 총사령, 이범석 제2지대장이 참석했고, 미국 측에서는 OSS 총책임자인 도노반(Willam J. Donovan) 소장과 OSS 중국 책임자 및 훈련 책임자가 참석하였다. 도노반 소장은 이 자리에서 한미 공동작전이 실행된다고 선언하였다.

시안으로 돌아온 국내 정진대 대원들(시안, 1945.8.20.)
노능서·김준엽·장준하

 이로써 한국인 모두가 기다리던 대로 임시정부가 연합군의 일원으로 대일 전쟁에 참전하게 되었다. 국내로 침투하여 OSS와 공동으로 첩보 활동을 전개하기로 한 이들 '국내 정진군'은 각 도 단위로 활동 구역이 결정되어 편성되었다. 이제 출발 명령만 남아 있을 뿐이었다. 그러나 출발 명령보다 일본의 항복 소식이 먼저 들려왔다. 김구는 이 소식을 듣고 "천신만고로 수년간 애를 써서 참전할 준비를 한 것도 다 허사가 되었다"라며 가슴을 치며 아쉬워했다고 한다.

일제의 항복으로 국내 진공 작전이 좌절되었으나 광복군은 곧바로 국내에 '국내 정진군' 내에서 선발된 정진대(挺進隊)를 파견하는 일을 서둘렀다. 미군 당국과 협의하여 이범석, 김준엽, 장준하, 노능서(魯能瑞)가 미군과 함께 미군 비행기 편으로 8월 18일 여의도비행장에 도착하였다. 임시정부와 국내 독립운동 세력의 연계를 목적으로 한 정진대는 일본군의 위협으로 8월 19일 시안으로 되돌아갈 수밖에 없었다. 비록 여의도비행장에 28시간밖에 머물지 못했지만 국외 독립운동 세력 가운데 해방된 조국에 가장 먼저 들어온 것이 바로 광복군 정진대라고 할 수 있다.

### 조선의용군, 동북항일연군교도려와의 연계

1944년 임시정부는 조선의용군 및 '한인부대'와의 연계를 추진하였다. 조선의용군은 중국공산당 지역인 중국 화베이에서 활동하던 조선독립동맹의 무장 세력이고, 한인부대는 만주에서 활동하던 김일성 주도의 항일 유격대가 1940년 소련으로 이동해 하바롭스크에서 편성한 동북항일연군교도려, 이른바 88특별보병여단(이하

88여단)을 말한다.

광복군과 조선의용군의 연계 계획은 1944년 임시정부 주석 김구와 조선독립동맹의 위원장인 김두봉 사이에서 이루어진 것으로 알려져 있다. 김구는 1944년 3월 김두봉에게 편지를 보내 한국광복군과 조선의용군을 압록강 연안에서 합류시켜 국내로 진입하자고 제안하면서, 이를 위해 자신이 직접 옌안에 갈 의향이 있음을 밝혔다. 김두봉은 10월에야 그 편지를 받고 김구에게 답장을 하면서 김구의 옌안 방문을 환영하고 자신이 중간에서 알선하겠다고 하였다. 그 이상의 구체적인 논의가 있었는지는 알려지지 않았으나, 임시정부와 조선독립동맹은 항일 투쟁을 공동으로 전개하기 위한 계획을 실제로 추진해나갔다.

임시정부에서는 1945년 4월 국무위원 장건상을 옌안으로 파견하였다. 장건상은 옌안에서 김두봉을 비롯한 조선독립동맹 간부들을 만나 충칭에 모여 통일전선 문제를 협의하자는 합의를 이루었으나, 일제의 패망으로 이는 성사되지 못했다.

임시정부는 연해주의 한인부대와도 연계를 시도하였다. 임시정부에서는 김일성 주도의 항일 유격대가 만주에서 활동하고 있다는 사실을 알고 있었지만 이들이 1940년 말 소련으로 이동한 뒤에는 소식을 알지 못했다. 그러다가 1944년 이충모(李忠模)가 충칭에 와서 임시정부에 소련 지역 한인들의 활동 상황에 대한 정보를 제공하였다. 이에 임시정부는 이들과의 연계를 모색하였다. 1945년 3월 임시정부는 비밀리에 이충모를 연해주로 파견하였다. 이충모의 임무는 연해주의 한인부대와의 연계를 모색하는 것이었다. 그러나 이충모가 연해주를 향해 가던 중에 해방을 맞았고, 결국 충칭의 임시정부와 연해주의 한인부대 사이에는 서로 연락 관계가 이루어지지 못했다. 비록 성사되지는 못했지만 임시정부의 조선의용군 및 한인부대와의 연계 시도를 통해 일제의 패망을 앞두고 국외의 무장 세력들이 이념의 차이를 넘어 서로 협력하고자 노력하였음을 알 수 있다.

### 제주도를 거점으로 국내 진공 작전 계획

임시정부는 1945년 5월부터 광복군에 대한 통수권을 전적으로 행사할 수 있게 되었다. 광복군의 행동을 규제하던「한국광복군행동9개준승」이 폐지되고 중국과 새로이 체결한「원조한국광복군판법」이 시행되자 임시정부는 독자적인 군사 활동을 계획하였다. 그중 하나가 제주도를 거점으로 국내에 진입한다는 구상이었다.

임시정부 주석 김구는 중국 전구 사령관인 웨더마이어(Abert Coady Wedemeyer) 장군에게 "미군이 제주도를 해방시켜주면 임시정부가 즉각 미군의 협조하에 제주도로 들어가 전 한국인을 영도하여 미군의 작전을 돕겠다"는 제의를 미국 정부에 전달해줄 것을 요청하였다. 임시정부는 제주도를 중요한 전략 요충지이자 국내 진입의 교두보로 보았으며 제주도에 거점을 확보할 경우 국내 동포들이 적극 호응해 올 것을 기대하고 있었다.

실제로 제주도는 국내로 진입할 수 있는 요충지일 뿐만 아니라 일본 본토를 공격할 수 있는 전략적 거점이기도 하였다. 그렇기 때문에 일제는 1944년 10월 미군이 필리핀을 점령하자 즉각 제주도 경비를 강화하였다. 일제는 미군이 규슈 방면이나 제주도를 공략할 것으로 보았고, 그 시기를 1945년 8월로 예상하고 있었다. 일제는 이에 대비하여 제주도에 병력을 증강시켰다. 1945년 2월까지만 해도 1,000여 명에 불과하던 병력이 8월경에는 3개 사단, 6만 명에 이르렀다.

이 무렵 임시정부는 비밀공작을 전개하며 나름대로 국내에 기반을 확보해나가고 있었다. 1944년 김구는 장제스에게 국내에서 지하공작을 전개하기 위한 활동 자금을 요청해 지원받았으며, 국내공작위원회를 설치하여 비밀공작원들을 국내로 파견하고 있었다. 제주도를 거점으로 삼아 국내에 진입하고자 한 임시정부의 계획은 한국광복군과 미국 OSS의 독수리 작전이 결정된 직후에 이루어진 것으로 이는 임시정부가 국내 진입을 위해 다각도의 작전계획을 세우고 미국에 협조를 구한 전략이었다. 비록 성사되지는 못했지만 임시정부가 광복군을 중심으로 조국 광복을 위한 다양한 군사작전을 추진하였음을 알 수 있다.

제5부    환국 시기(1945-1948)

大韓民國
臨時政府史

# 8장 환국 임시정부

**일제가 항복하다**

 1945년 8월 15일, '적어도 100년은 갈 줄 알았'던 일제가 항복했다. 일제가 항복한다는 소식은 충칭에서 먼저 나왔다. 8월 10일 저녁 8시, 충칭의 각 방송에서 일제가 무조건 투항한다는 소식을 뉴스로 내보낸 것이다. 신문들도 일제히 호외를 발행하여 일제의 투항 소식을 전했다.

 일제의 항복은 미국도 미처 예상치 못한 일이었다. 미국은 1946년 봄부터 일본 본토에 진입한다는 작전 계획을 세워놓고 있었다. 사실 항복은 당사자인 일본조차도 예상하지 못했던 것인데, 1945년 8월 6일과 9일 두 차례의 원자폭탄 공격을 받은 일본은 그 위력 앞에 무릎을 꿇은 것이다. 히로시마와 나가사키에 떨어진 원자폭탄의 위력은 대단했다. 순식간에 도시 전체가 날아갔고, 수십만 명이 죽었다. 일본 내부에서도 반응은 두 갈래였다. 최후의 1인까지 싸우자며 결사 항전을 주장하는 무리가 있었고, 다른 한편에는 일본이 다시 일어나기 위해서는 이번에 항복을 해야 한다는 무리가 있었다. 항복을 주장하는 측이 우세해서 이들은 스위스 제네바에 있는 국제연합 본부에 무조건 투항한다는 뜻을 전했다. 그날이 8월 10일이었다.

우리가 잘 아는 대로 일제가 공식적으로 항복을 선언한 것은 8월 15일이다. 이날 정오 일왕 히로히토가 라디오방송을 통해 "짐은 제국 정부로 하여금 미, 영, 중, 소 4개국에 그 공동선언을 수락한다는 뜻을 통고하도록 하였다"라며 항복을 선언하였다. 여기에서 말하는 '공동선언'이란 연합국들이 1945년 7월 포츠담회담에서 일본에 무조건항복을 요구한 그 선언을 말한다.

일제가 항복하면서 한국은 식민지 지배에서 벗어나게 되었다. 1910년 나라를 빼앗기고 식민지 지배를 받은 지 35년 만이다. 해방은 어느 날 갑자기 찾아온 것이 아니다. '도둑처럼 뜻밖에' 찾아온 것은 더더욱 아니다. 왜놈의 지배를 받을 수 없다는 민족적 자존심, 5000년 역사를 지닌 민족이라는 역사적 자부심 그리고 국내외 각지에서 끊임없이 피 흘려 싸워온 독립 투쟁의 결과였다. 나라를 찾기 위한 우리의 피 흘림이 없었다면 아무도 거저, 값없이 해방을 가져다주지 않았을 것이다.

그런데 일제가 패망하면서 맞은 이 해방은 진정한 해방은 아니었다. 연합국이 한국인들이 일제와 맞서 싸운 것을 제멋대로 인정하지 않았기 때문이다. 연합국은 그들 나름의 이해관계 때문에 한국의 독립을 인정하지 않았다. 그러나 한국인들이 민족 독립과 조국 광복을 위해 독립운동을 한 것은 역사적 사실이다. 일제의 항복은 일제의 침략을 받은 나라들이 함께 싸워 거둔 성과였고, 한국은 독립운동의 결과로 해방을 맞은 것이다. 한국이 오랜 기간 일제와 싸웠다는 것은 일본의 수많은 정부 기록에도 낱낱이 기록되어 있는 거부할 수 없는 사실이다.

일제의 항복은 우리가 그토록 애타게 갈망하고 그리던 우리의 해방을 알리는 소식이었다. 하지만 그것은 아쉽기 그지없는 해방이었다. "나는 이 소식을 들었을 때 희소식이라기보다 하늘이 무너지고 땅이 갈라지는 느낌이었다"라는 김구의 회고가 당시 임시정부의 심정을 말해준다. 광복군을 창설하고 대원들을 훈련시켜 이제 막 국내 진공 작전을 실행하려던 순간 일제가 항복하였으니 어찌 아쉽지 않겠는가.

김구는 일제의 항복 소식을 듣고 곧바로 광복군 제2지대 본부로 달려갔다. 미국 군인들은 전쟁이 끝났다고 기뻐 날뛰었지만 광복군들은 크게 낙심하고 있었다. 김구는 이범석 지대장과 협의해 광복군 대원을 선발하여 '국내 정진군'을 편성하고 이들을 국내에 선발대로 들여보내기로 하였다. OSS 측에서도 이에 동의하였다. 이들은 C-47 비행기로 8월 18일 국내에 진입하여 여의도비행장에 도착하였다. 하지만 이들을 맞이한 것은 무장한 일본군이었다. 이들과 함께 탑승한 버드 대령이 일본군 측에 "중국 전구 사령관 웨더마이어의 지시하에 연합군 포로 문제를 협의하기 위한 예비 대표로 왔다"면서 아베(阿部) 총독에게 이를 전달해줄 것을 요구하였다. 그러나 일본군에서는 이를 받아들이지 않았다. 신임장이 없다는 것과 도쿄로부터 아무런 지시도 받지 못했다는 것이 그 이유였다. 일본군은 "안전을 보장할 수 없으니 돌아가라"면서 탱크와 박격포, 기관총 등을 배치하고 위협하였다. 국내 정진대는 일본군이 가져다준 휘발유로 연료 탱크를 채우고 착륙한 지 28시간여 만에 어쩔 수 없이 중국으로 돌아왔다.

임시정부는 어떻게 해서든 광복군을 동원해 국내 진공 작전을 수행하고자 했다. 영국에서 독립운동을 전개하던 프랑스의 드골(Charles De Gaulle) 장군이 군대를 이끌고 파리에 입성하였듯이 임시정부도 광복군을 이끌고 국내로 들어가고자 한 것이다. 그러나 이러한 시도는 일제의 항복으로 실행할 수 없게 되었다. 일제가 패망하면서 한반도는 미국의 태평양 전구에 속하게 되었고, 38선 이남 지역은 미군이 점령하여 군정을 실시하게 되었다. 임시정부 인사들도 '개인 자격'으로 입국해야 한다는 미국 측의 방침이 전달되었다. '분하고 기막힌 상황'이었으나 방법이 없었다. 임시정부와 중국 측은 임시정부 명의로 귀국하기 위해 백방으로 노력했으나 미국의 방침에는 변함이 없었다.

임시정부로서는 일제가 생각보다 빨리 항복한 것이 안타깝고 아쉽기 그지없는 일이었다. 앞으로 전개될 상황도 걱정이었다. 광복군이 국내 진공 작전을 수행한 것과 그렇지 않은 것은 앞으로 계속 한국 문제에 중요한 영향을 미칠 것이었기 때문이다. 해방이 되었지만 불안한 해방이 되고 말았다.

선생이여, 우리 조국이 해방된 것을 10분으로 보면, 7분은 우리의 애국적 선열들의 혈한일 것이요. 그러나 불행히도 최후의 3분이 우리의 힘으로 되지 못한 까닭에 우리의 해방은 백과사전에 새 해석을 올리지 아니하면 아니 될 기괴한 내용을 포함하고 있습니다.

이것은 김구가 도산 안창호 10주기 추도식에 참석해 그의 영정 앞에서 한 말이다. 해방이 10이라고 치면, 그 가운데 7은 우리 독립운동 선열들의 피와 땀으로 이루어졌으나 나머지 3을 우리의 힘으로 하지 못하였기 때문에 해방의 의미가 비정상적으로 꼬이게 되었다는 것이다.

### 임시정부의 환국

임시정부는 일제의 항복 소식을 접하고 대책 마련에 들어갔다. 김구 주석이 시안에 가서 자리를 비운 상태였지만 급히 국무회의를 열었다. 국무회의에서는 다섯 가지 상항이 결의되었다.

1. 귀국해서 정권을 국민에게 봉환한다.
2. 귀국해서 반포할 당면 정책을 기초한다.
3. 대외 교섭을 빨리 전개하여 귀국 절차를 갖춘다.
4. 정부 및 의정원의 일체 문헌과 집물을 정리한다.

5. 제39차 의회 소집을 요구한다.

해방을 맞은 임시정부가 처음으로 결정한 것은 국내로 들어가 그동안 유지해왔던 임시정부를 국민들에게 바친다는 것이었다. 그리고 환국과 관련한 구체적인 문제는 의회를 소집하여 임시의정원 회의를 통해 결정하기로 하였다.

8월 17일 임시의정원의 제39차 임시의회가 소집되었다. 그러나 회의는 순조롭게 진행되지 못했다. 김구 주석이 시안에서 아직 돌아오지 않아 정부안이 확실하게 정해져 있지 않은 이유도 있었지만, 야당 측에서 '임시정부 개조'와 '국무위원 총사직'을 요구하였기 때문이다. 당시 임시정부는 좌우 연합 정부로 구성되어 있었다. 그리고 의회인 임시의정원도 좌우파 진영 인사들이 참여해 우파 진영이 여당을, 좌파 진영이 야당 역할을 하고 있었다.

이처럼 임시의정원에서 정부와 야당이 대립하는 가운데 8월 18일 김구 주석이 시안에서 돌아왔다. 김구는 회의에 참석해 시안에 다녀온 경과를 보고하는 한편, 야당 측의 요구에 대해 "현직 국무위원은 총사직할 필요가 없다"라며 정부 주도하에 "입국을 위한 준비가 진행되고 있다"고 답변했다. 현 정부 그대로 환국한다는 원칙을 정한 것이다.

그리고 국무회의에서 결정한 대로 환국을 위한 준비를 해나갔다. 먼저 국민들에게 밝힐 임시정부의 입장과 정책을 기초하고, 9월 3일 주석 김구 명의로 「국내외 동포에게 고함」이라는 글을 발표하였다. 9월 3일은 일제가 항복 문서에 서명한 다음 날이었다.

이를 통해 임시정부는 해방은 "허다한 우리 선열들의 보귀한 열혈의 대가와 중, 미, 소, 영 등 동맹군의 영용한 전공"에 의한 것이라고 했다. 여기에서 '선열의 보귀한 열혈의 대가'란 우리의 독립 투쟁을 의미하는 것이었다.

이와 함께 임시정부는 국내에 들어가 추진할 과제를 '당면 정책 14개 항'에 담아 발표했다. 핵심 내용은 임시정부가 현 정부 형태로 환국한다는 것, 국내에 들어가 각계의 대표들로 구성된 회의를 소집해 과도 정권을 수립한다는 것, 과도 정권이 수립되면 임시정부의 모든 것을 과도 정권에 인계한다는 것 등이었다. 그리고 과도 정권이 수립될 때까지 임시정부가 정부로서의 역할을 수행한다고도 밝혔다.

해방을 맞아 임시정부가 가장 먼저 착수한 일 가운데 하나는 중국에 있는 교포들의 생명과 재산을 보호하여 국내로 보내는 일이었다. 해방 당시 중국 각지에는 약 300만 명에 달하는 우리 동포들이 거주하고 있었다. 일제에 나라를 빼앗긴 후 많은 한인이 새로운 삶의 터전을 찾아 만주를 비롯해 중국 각지에 이주해 있었고, 또한 일제가 식민정책을 추진하면서 많은 한인을 중국 각 지역에 이주시키기도 했던 것이다.

그런데 이러한 한인들 가운데는 일제의 밀정이나 앞잡이로 활동한 이들도 많았고, 그중에는 일본인보다 더 심하게 중국인을 괴롭힌 이들도 적지 않았다. 그 때문에 일제가 패망하자 곳곳에서 중국인들이 한인들의 재산을 빼앗거나 살해하는 일이 발생하였다. 임시정부에서는 중국 정부에 한인들을 보호해줄 것을 요청하였다. 일부 악랄한 친일파들을 제외하고, 대부분의 선량한 한인들을 보호해달라고 한 것이다. 이와 함께 교포들의 생명과 재산을 보호하는 기구로 한교선무단(韓僑宣撫團)을 조직해 중국 각지로 파견하였다. 한교선무단은 10월부터 중국을 화베이, 화중(華中), 화난의 세 구역으로 나누어 활동에 들어갔다. 선무단원들은 각 지역에 파견되어 그곳에 있는 한인들의 실태를 조사하고, 그들의 생명과 재산을 보호하고 안전하게 귀국을 주선하는 활동을 시작하였다.

교포들을 보호하는 일은 중국 지역에만 한정되지 않았다. 임시정부는 동남아 지역에 거주하는 동포들을 보호하는 일에도 앞장섰다. 베트남, 미얀마, 태국, 인도, 필리핀 등지에도 적지 않은 교포들이 있었는데, 이들은 주로 일본군을 따라 이동한 통역 등 군속들이나 군납업자들이었다. 임시정부는 이 교포들을 중국 외교부에 위탁해 보호해주도록 요청하였다.

이러한 활동은 임시정부가 국내로 환국한 후에도 계속되었다. 임시정부는 환국하기 전 한교선무단을 주화대표단(駐華代表團)으로 개편하였다. 주화대표단은 지금의 주중국 주재 한국대사관과 같은 것으로 임시정부가 환국한 뒤에는 중국과의 연락과 교포에 대한 업무를 주관하였다. 주화대표단은 1948년 8월 정부가 수립될 때까지 주중 대사관의 역할을 하면서 교포들의 보호와 송환 등의 업무를 주관하였다. 각지에서 모여든 교포들의 명단을 작성하고 귀국을 원하는 교포들은 상하이, 톈진, 칭다오 등 항구로 모았다. 그리고 이들이 타고 갈 선박을 마련하여 부산과 인천으로 귀국시켰다.

또한 임시정부에서는 환국하기 전 중국에서 광복군의 확군(擴

軍)을 준비하였다. 임시정부는 이미 국군으로 광복군을 편성하고 있었다. 광복군을 확대하여 국내에 들어가 군대를 세우고자 한 것이다. 이 방법은 중국 각지에 있는 청년들을 흡수 편입하여 광복군의 조직과 세력을 확대하기 위한 것이었다. 당시 중국 대륙에는 한인 청년들이 많았다. 이들 가운데 군인이 될 만한 청년들이 적지 않았는데, 일본군에 지원병, 학병, 징병 등으로 끌려온 한인 청년들의 숫자만 2만 8,000여 명에 달했다. 이 밖에 일본군 군속으로 근무하거나 일본군을 상대로 사업을 하던 청년들도 많았다.

임시정부는 이들을 광복군으로 편입시키려고 하였다. 그러기 위해 우선 중국 정부에 협조를 구하였다. 중국이 일본군의 항복을 접수할 때, 일본군에 속해 있는 한인 청년들을 그들이 가지고 있는 무기와 함께 광복군에 편입시키게 해달라고 요청한 것이다. 이에 따라 중국군은 항복한 일본군에 속한 한인 청년들을 광복군에 넘겨주었다.

이러한 확군 사업의 총책임은 광복군 총사령이던 이청천 장군이 맡았다. 이청천은 광복군 간부들을 중국의 주요 도시에 파견하여 사무실을 설치하도록 하였다. 그리고 그 지역에서 중국군이 일본군의 항복을 받고 무장해제하는 일에 협조하면서 일본군에 속해 있는 한인 청년들을 광복군에 편입시키도록 한 것이다. 베이징에서 박정희(朴正熙), 이주일(李周一) 등 만주군 장교 출신들이 편입된 것이 그러한 예이다.

이러한 확군 활동으로 각 도시마다 수천 명의 한인 청년들이 광복군에 편입되었다. 임시정부는 이들을 모아 잠편지대(暫編支隊)

를 편성하였다. 잠편지대란 임시로 편성한 부대라는 뜻으로, 한커우, 난징, 상하이, 항저우, 베이징, 광둥 등 6개 도시에서 이루어졌다. 그리고 각 잠편지대에서는 편입된 한인 청년들에 대한 정신교육과 훈련을 실시하였다. 임시정부는 중국에서뿐만 아니라 국내에서도 건군(建軍)을 준비하였다. 김구와 이청천은 만주에서 활동하다가 중국 관내로 들어와 있던 오광선에게 대한국군준비위원회를 결성하게 하고 곧 국내로 들어가 건군을 추진하도록 하였다. 오광선이 국내에 편성한 것이 광복군 국내 지대였다.

임시정부가 국내로 들어오는 데에는 3개월이 걸렸다. 임시정부는 당초 현 정부 그대로 국내로 들어가 정부를 국민들에게 봉환한다는 방침이었으나 그렇게 하기에는 장애가 있었다. 일제로부터 해방은 되었으나 미군과 소련군이 38선을 경계로 한반도에 점령군으로 주둔해 있었다. 국내로 들어오기 위해서는 이들의 양해와 협조가 필요했다. 임시정부는 중국, 미국과 환국 문제를 교섭하였다. 중국은 임시정부가 조국으로 돌아가 정식 정부를 수립할 수 있기를 바라며, 적극 지원하겠다고 밝혔다. 그뿐만 아니라 충칭에서 상하이로 이동하는 교통편을 비롯해 환국에 필요한 자금도 지원해주었다.

그런데 미국과의 교섭은 쉽지 않았다. 무엇보다도 미국이 임시정부를 승인하지 않은 상태였고, 미국과 교섭할 수 있는 채널도 없었다. 그래서 임시정부에서는 중국을 통해 미국과의 교섭을 추진하거나 이승만에게 서신을 보내 교섭하도록 하였다. 이 밖에 외무부장 조소앙이 주중 미국대사관을 찾아가 협상하고, 미국 국무부와 대통령에게 서신을 보내기도 하였다. 임시정부의 환국 문제에 대해 미국에서는 다양한 의견이 대두되었다.

미군정이 설립된 지 일주일도 안 되는 9월 7일, 국내 인사들이 임시정부에 대한 지지를 표명하며 환국을 촉구하는 국민대회를 추진하였다. 오세창, 김성수(金性洙), 백남운(白南雲)을 비롯한 648명이 그 취지와 선언에 서명하였다. 국내의 사정을 잘 알고 있던 미군정에서는 임시정부에 대한 국민들의 지지와 기대를 잘 알고 있었을 뿐만 아니라 임시정부를 환국시켜 정치적으로 활용할 방안도 갖고 있었다. 그러나 미국 국무부의 입장은 달랐다. 임시정부가 정부로서 환국하는 것을 허락할 수 없다는 입장이었다. 9월 21일 미 국무부는 주중 대사에게 "개인 자격의 귀국이라면 반대하지 않는다"는 입장을 전달했다. 임시정부의 이름으로 환국하는 데 반대한 것이다. 미군정의 방안에 대해서도 임시정부를 정부 자격이 아니라 개인 자격으로 활용해야 한다고 하면서 10월 17일 맥아더(Douglas MacArthur) 장군에게 이를 통보하였다.

임시정부로서는 이러한 미 국무부의 처사를 받아들일 수 없었기 때문에 정부의 이름으로 국내에 들어가기 위해 백방으로 노력을 기울였다. 중국 정부도 임시정부에 대한 지원을 아끼지 않았다. 주미 중국 대사에게 임시정부 이름으로 들어갈 수 있도록 미국과 협상할 것을 지시하고, 주중 미국대사관을 찾아가 임시정부의 환국을 요청하기도 하였다. 장제스도 도쿄에 있는 맥아더 장군과 몇 차례 협상을 벌인 것으로 알려졌다. 그러나 미 국무부의 방침에는 변화가 없었다.

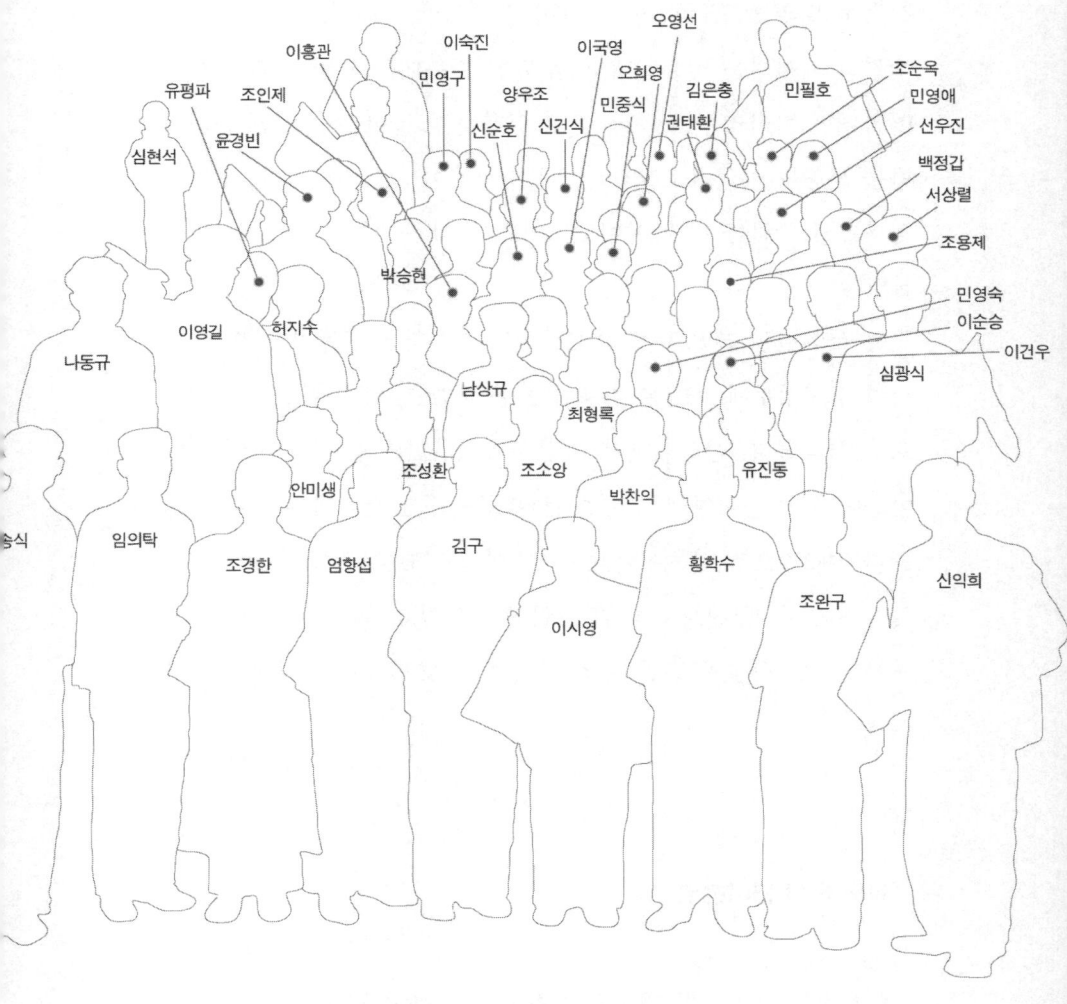

한국독립당 환국 기념(충칭 임시정부 청사, 1945.11.3.)

임시정부는 11월 5일 충칭에서 상하이로 이동하였다. 미국 측에서는 임시정부 요인들이 '개인 자격'으로 귀국할 것을 서약해야 비행기를 내어줄 것이라 통보해 왔다. 이들은 상하이에 머물며 '임시정부 명의'로 귀국해야 한다며 버텼지만 임시정부의 힘으로는 해결하기 어려운 일이었다. 국무위원 가운데는 개인 자격으로 들어가느니 차라리 귀국하지 않고 있다가 미국이 물러나면 들어가자는 사람도 있었다. 그러나 정부 인사들이 모두 귀국하는데 어찌 정부로 귀국하는 것이 아니겠느냐며, 끝내는 미국의 요구를 받아들였다.

귀국의 길은 열렸으나 국내로 들어가는 일은 어렵기만 했다. 미국이 임시정부에 보내온 비행기는 한 대였고, 탑승 인원도 15명으로 제한되었다. 상하이에 도착한 국무위원만 해도 29명이었으니 이들이 함께 들어가는 것도 어려웠다. 국내로 들어가는 순서도 제1진과 제2진으로 나누어야 했다. 주석 김구와 부주석 김규식을 비롯한 15명이 제1진으로 11월 23일 환국하였고, 외무부장 조소앙과 임시의정원 의장인 홍진 등은 제2진으로 12월 1일 국내에 도착하였다.

### 귀국 후의 임시정부

임시정부 요인들의 귀국은 쓸쓸하고 초라했다. 개인 자격의 귀국이라는 것이 가장 큰 이유가 되겠지만 미국 당국의 정치적 술수

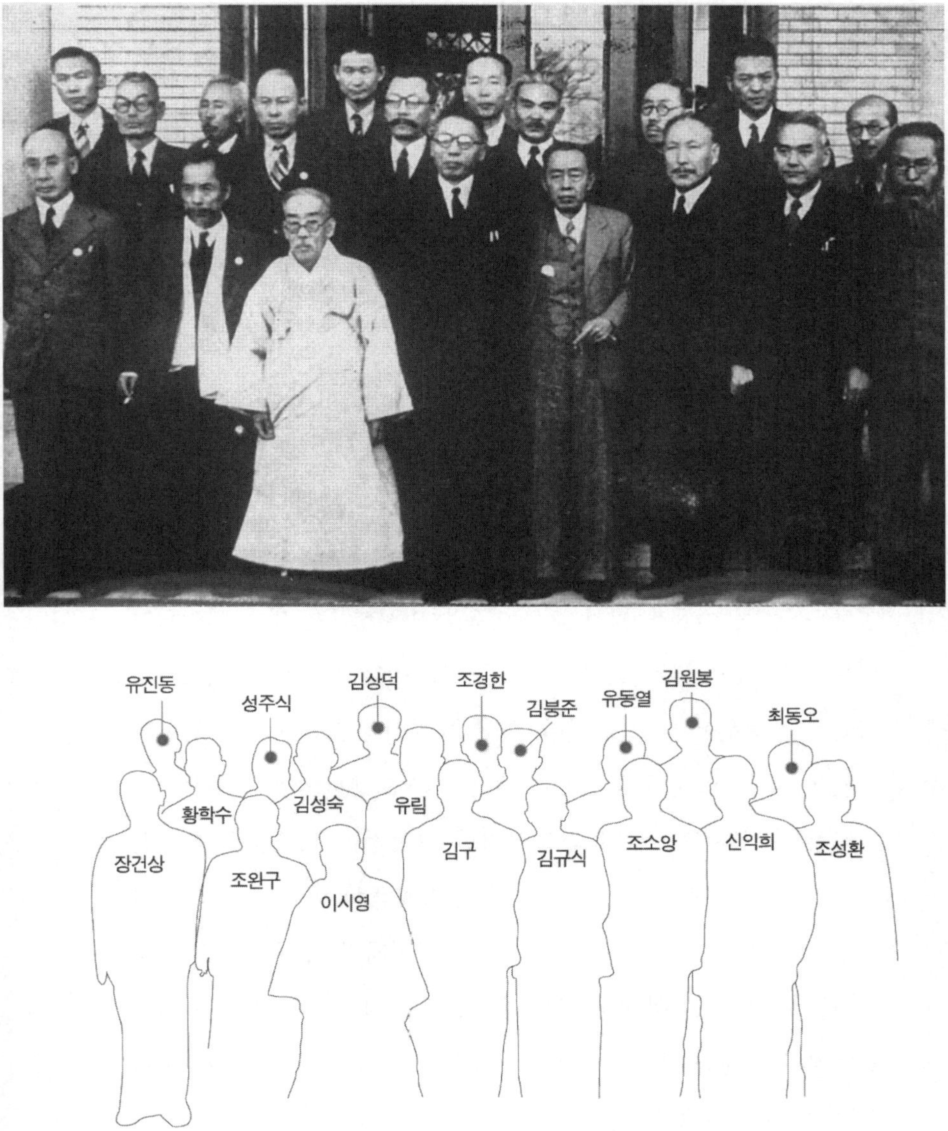

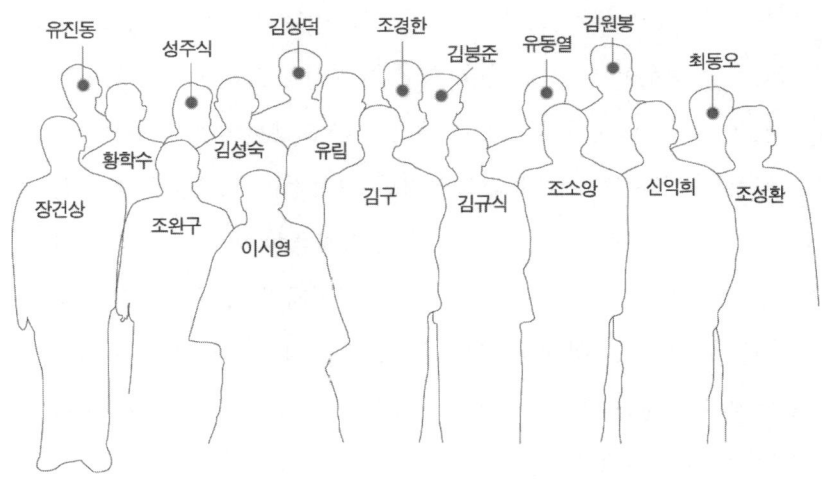

임시정부 요인 제1진과 제2진의 합동 귀국 기념 촬영(서울 경교장, 1945.12.6.)

8장 환국 임시정부 **257**

도 주요한 요인이었다. 비행기를 한 대만 보낸 것은 임시정부 요인들이 함께 귀국할 수 없게 하는 것은 물론 내부 갈등을 조성하려는 불순한 의도도 있었다. 실제로 제1진과 제2진을 나누는 과정에서 임시정부 요인들 간에 갈등이 없지 않았다.

그뿐만 아니라 미국은 임시정부 요인들이 귀국한다는 사실도 국민들에게 알리지 않았다. 11월 23일 김포비행장에 도착한 제1진은 환영 나온 국민들과 함께 흔들 태극기를 준비하였지만 꺼낼 필요도 없었다. 제2진도 마찬가지였다. 이들은 날씨 탓으로 12월 1일 김포비행장이 아닌 전라북도 군산비행장에 내렸다. 그리고 버스로 다음 날 서울에 도착하였다.

미국이 임시정부 요인들을 개인 자격으로 입국하게 하고 그들의 입국을 국민들에게 알리지 않은 이유는 임시정부를 믿기 어려웠기 때문이다. 임시정부는 중국에서 활동하였고, 중국 장제스 정부의 적극적인 지원을 받고 있었다. 미국은 임시정부가 국내에 들어와 정권을 장악하면 친중국 정권이 될 것이라고 생각했던 것이다.

비록 개인 자격으로 입국하였지만 임시정부 요원들은 본인들 각자가 정부를 대표한다고 생각했다. 기자들이 귀국 소감을 묻자 김구 주석은 "국제 관계에서는 개인 자격이지만 국내 동포의 입장에서는 정부"라고 대답하였고, 선전부장 엄항섭(嚴恒燮)도 "대외적 관계에서는 개인 자격이지만 국내에서는 정부 자격으로 해석해야 할 것"이라고 말했다.

국민들도 어느 한 사람 임시정부가 개인 자격으로 귀국한 것이라고 생각하지 않았다. 임시정부 요인들이 귀국한 사실이 알려지자 김구 주석의 거처인 경교장에 시민들이 몰려들었다. 서대문 길이 인산인해를 이루었고, 시민들은 임시정부를 연호하며 환영의 뜻을 표시했다. 각 신문들도 임시정부가 귀국한 사실을 주요 기사로 다루었고 연일 임시정부 요인들과의 인터뷰 기사를 실었다. 국민들은 임시정부의 귀국을 대대적으로 환영했다. 12월 1일 연합군 환영회 본부가 서울운동장에서 대한민국임시정부 봉영회를 개최하자 3만여 명의 인파가 몰렸다. 임시정부의 귀국을 환영하는 행사는 전국 곳곳에서 열렸다. 12월 19일에는 덕수궁에서 대한민국임시정부 개선 환영회가 개최되었다. 이 행사에는 임시정부 요인이 모두 참석하였고, 미군정 군정장관인 러치(Archer L. Lerch)가 축사를 하기도 했다.

이처럼 임시정부는 국내에 들어와서 정부로서 활동하였다. 12월 2일 제2진이 서울에 도착한 다음 날 임시정부 요인들이 모두 경교장에 모였다. 미국에서 귀국한 이승만도 참석했다. 당시 신문들은 이 소식을 전하면서 "환국 후 전 각료가 모여 최초의 국무회의를 열었다"고 보도했다. 국무회의는 국내 정세에 대한 보고를 듣는 것으로 진행되었다. 이 국무회의는 임시정부가 국내에 들어온 이후 정부로서 시작한 최초의 공식 활동이었다.

하지만 미군정은 임시정부가 정부로서 활동하는 것을 막았으며, 이미 남한에는 오직 미군정만 있으며, 그 외에 어떠한 형태의 정부도 용납할 수 없다고 선포하였다. 이로써 임시정부와 미군정 사이에는 깊은 갈등이 생겨났다.

임시정부가 국내에 들어와서 국민 앞에 적극적으로 나서 활동하게 된 것은 귀국한 지 한 달여 만인 12월 말이었다. 그 계기는 신탁통치 문제였다. 모스크바에서 미, 영, 소 3개국 외상들이 만나 한국에 대한 신탁통치를 결의하였다는 소식이 전해진 것이다. 1945년 한 해가 저물어가는 12월 28일 임시정부는 즉각 국무회의를 소집해 신탁통치를 반대하기로 하고 이른바 '반탁운동'에 돌입하였다.

임시정부는 이미 한국의 국제 공동관리 논의에 반대하는 운동을 전개한 전례가 있었다. 1943년 초 영국 수상 이든(Anthony Eden)이 미국 대통령 루스벨트(Franklin D. Roosevelt)를 만나 한국의 국제 공동관리를 논의하였다는 소식이 전해지자, 충칭에 있던 여러 독립운동 세력과 함께 재중자유한인대회를 개최하고 반대 운동을 전개한 것이다. 또한 1943년 말 카이로회담에서 '적당한 시기'에 한국을 독립시킨다는 선언이 발표되었을 때도 한국의 독립 보장은 환영하지만 '적당한 시기'라는 조건부 독립에는 반대하기로 결의하였다. 그리고 "우리는 어떤 종류의 국제 지배도 원치 않는다"라며 "일제가 붕괴하는 그 시간에 독립을 얻지 못하면 역사적 독립전쟁을 계속할 것"이란 성명을 발표했다. 임시정부가 지금까지 독립운동을 전개한 것은 즉각적인 독립을 위해서였다. 따라서 일제가 패망하면 한국은 곧바로 독립되어야 한다는 것이 임시정부의 신념이었고, 신탁통치를 반대하는 것은 곧 새로운 독립운동이었다.

1945년 12월 28일 개최된 긴급 국무회의에는 주석 김구와 부주석 김규식을 비롯한 전 국무위원이 모였다. 이 회의에서는 전 국민과 함께 신탁통치를 반대하기로 결의하고, 4개국 원수에게 보내는 결의문을 채택하여 주석 김구와 외무부장 조소앙의 명의로 발송하였다. 이어 정당, 종교 단체, 언론 단체 대표들을 초청해 비상대책 회의를 열고, 신탁통치반대국민총동원위원회를 결성하였다.

임시정부는 국민들과 함께 반탁운동을 전개해나갔다. 신탁통치반대국민총동원위원회 명의로 전 민족이 일치하여 신탁통치 지지 세력을 배격하자면서 총파업을 지시하였다. 국민들은 이에 적극적으로 호응하였다. 미군정청의 한국인 직원들을 비롯해 서울시청 직원들이 총사직을 결의하였고, 심지어는 일부 경찰관들도 임시정부를 찾아와 지시에 따르겠다고 하였다. 임시정부에서는 이러한 민의에 발맞추어 12월 31일 동대문운동장에서 '신탁통치 결사반대 시민대회'를 열었다. 참가한 시민이 3만 명을 넘었다. '신탁통치를 배격하여 자주독립을 쟁취하자'는 선언문이 낭독되었다. 그리고 시민들은 시가행진에 들어갔다. '삼천만은 죽음으로써 즉시 독립을 쟁취하자', '외국 군정의 철폐를 주장한다'는 구호가 터져 나왔다. 시가행진에는 길가에서 지켜보던 더 많은 시민이 합세하였다. 반탁운동은 전국을 소용돌이쳐갔다.

그런데 반탁을 주장하고 나선 임시정부 내에서도 반탁에 대한 입장은 각기 달랐다. 조선공산당을 비롯한 좌파 진영은 처음에는 반탁을 표명하다가 갑자기 찬탁을 주장하는 쪽으로 방향을 선회하였다. 그리고 이승만과 한국민주당 등 우파 진영에서는 반탁을 표명하기는 했지만 이것은 반공, 반소의 의미가 강했다. 신탁통치 문제를 둘러싸고 국론이 나누어졌다. 대체로 우파 진영에서는 반탁, 좌파 진영에서는 찬탁을 주장하는 형세였다.

임시정부에서는 환국 후 공식적인 정치 활동이 금지된 상태에서 이러한 상황을 타개하기 위해 정치공작대와 행정연구위원회를 조직하였다. 정치공작대는 임시정부의 조직망과 국민적 기반을 확대하기 위한 것이었고, 행정연구위원회는 정부 수립에 필요한 행정을 준비하기 위한 것이었다. 이들은 내무부 산하에 설치되었고 내무부장 신익희가 그 운영과 활동에 대한 책임을 맡았다.

정치공작대는 서울에 중앙 본부를 두고 각 지방으로 조직을 확대해나갔다. 각 지방에 중앙본부원을 파견해 지역 인사 가운데 애국심이 투철한 이들을 조직원으로 임명하는 방법이었다. 이러한 방법으로 도, 군, 면 단위에 조직원을 임명하였고, 1946년 2월에 이르러 면 단위 조직까지 완료하였다. 이로써 임시정부의 조직망이 전국 각지로 확대되었다.

정치공작대는 신탁통치 반대 운동에 적극적으로 관여하였다. 신익희가 서울 시내 9개 경찰서장을 불러 반탁운동에 호응할 것을 명령하는 한편, 정치공작대에 '신탁통치 결사반대 시민대회'를 준비하도록 하였다. 그리고 행정연구위원회에 포고문을 작성하도록 지시하였다. 포고문은 12월 31일 임시정부 내무부장의 명의로 발표되었다. 이 포고문의 이름이 「국자(國字) 제1호」와 「국자 제2호」였다.

「국자 제1호」

1. 현재 전국 행정청 소속의 경찰 기구 및 한인 직원을 전부 본 임시정부 지휘하에 예속케 함.

2. 탁치 반대의 시위운동은 계통과 질서에 따라 행할 것.
3. 폭력 행위와 파괴 행위는 절대 금함.
4. 국민의 최저생활에 필요한 식량, 연료, 수도, 전기, 교통, 금융, 의료 기관 등의 확보 운영에 대한 방해를 금지함.

「국자 제2호」

이 운동은 반드시 우리의 최후 승리를 취득하기까지 계속함을 요(要)하며 일반 국민은 금후 우리 정부 지도하에 제반 사업을 부흥하기를 요망한다.

이 포고문은 임시정부가 정부로서 역할을 수행하겠다는 공식적인 선언과 다름없었다. "현재 전국 행정청 소속의 경찰 기구 및 한인 직원을 전부 본 임시정부 지휘하에 예속케 함"이라거나 "일반 국민은 금후 우리 정부 지도하에 제반 산업을 부흥하기를 요망한다"는 내용은 곧 미군정에 소속된 한인 직원을 임시정부 지휘 아래 둔다는 것, 임시정부가 국민들을 지도한다는 것이었다.

이 '국자 포고'는 엄청난 파문을 일으켰다. 미군정에서 이를 미군정의 정권을 탈취하려는 '임시정부의 쿠데타'로 받아들인 것이다. 포고문을 발표한 신익희는 미군정에 구금되어 신문을 받았다. 이때 미군정은 임시정부 요인들을 처단하거나 중국으로 추방하려는 계획을 세우기도 하였다. 이러한 파동은 1946년 1월 1일 임시정부 주석 김구와 미군정 사령관 하지가 만나 가까스로 수습되었지만, 이를 계기로 미군정은 임시정부에 대한 견제와 감시를 강화하게 되었다.

국정 운영의 주도권을 잡기 위한 임시정부의 이러한 시도는 실현되지 못했다. 그뿐 아니라 임시정부의 운신의 폭을 좁히는 결과를 가져왔다. 이후로 임시정부가 더 이상 정부로서 활동을 할 수 없게 된 것이다. 이 사건을 계기로 미군정은 임시정부를 자신들의 정권에 대항하고 도전하는 위험한 존재로 인식하게 되었고, 미군정의 협력 대상에서도 배제시켰다. 그리고 미군정은 암암리에 임시정부 해체 공작을 진행하였다.

앞서 언급했듯이 임시정부가 환국하여 하고자 한 일은 과도 정권을 수립하는 것이었다. 1946년 1월 4일 김구 주석은 "남의 손을 기대할 것 없이 우리의 손으로 신속히 강고한 과도 정권을 수립하자"라고 주창하였다. 이를 위해 각계각층의 혁명당파와 종교 단체 지도자를 망라하는 비상 정치 회의를 소집하자고 주창하였다. 한 달여의 준비를 거쳐 1946년 2월 1일 명동 천주교회당에서 과도 정권 수립을 위한 비상국민회의를 결성하였다. 각계 인사 195명이 참여한 비상국민회의는 임시정부의 국회 역할을 하던 임시의정원을 계승한 것이었다. 의장과 부의장도 임시의정원 의장과 부의장인 홍진과 최동오를 그대로 선출하였다.

그러나 비상국민회의가 활동을 시작하자 미군정이 이를 막아섰다. 그뿐만 아니라 아예 임시정부를 분쇄하려고 획책하였다. 미군정 사령관 하지가 "과도 정권을 수립하기 전에 임시정부를 분쇄해야 한다"며, 지금이 임시정부의 권위를 빼앗을 적절한 시기라는 내용의 훈령을 내려보낸 것이다.

　미군정은 이를 발 빠르게 행동으로 옮겼다. 비상국민회의를 미군정의 자문기관으로 만들려고 한 것이다. 이러한 미군정의 의도가 알려지면서 김원봉, 장건상, 성주식, 김성숙 등이 임시정부를 떠났다. 이들은 비상국민회의에 참가한 이승만과 독립촉성중앙협의회가 '모종의 예정안'을 가지고 있다는 것을 알게 된 것이다. 그리고 이 '모종의 예정안'이 현실로 나타났다. 2월 14일 비상국민회의 최고 정무위원회가 대한국민대표민주의원으로 개편된 것이다. 대한국민대표민주의원은 미군정의 자문기관이 되었다.

　미군정의 의도는 임시정부 요인들을 미군정 자문위원에 포함시켜 협조하도록 만들려는 것이었다. 그러나 임시정부는 이를 받아들이지 않고 비상국민회의 의장 홍진의 명의로 비상국민회의와 대한국민대표민주의원은 서로 다른 것임을 선언했다. 그리고 미소공동위원회를 향해 한국인이 자주정권을 수립하는 데 간섭하지 말 것을 요구하였다.

　비상국민회의는 과도 정권 수립을 위한 방안을 모색해나갔다. 그 방법으로 좌우합작을 추진하였다. 해방 후 국내에는 정당 및 사회단체가 우후죽순처럼 등장하였고, 이들은 좌우로 갈라져 있었다. 과도 정권을 수립하려면 민족의 역량을 한데 모아야 했고, 그러기 위해서는 좌우로 갈라진 세력을 통합해야 했다. 1946년 5월부터 김규식, 여운형 등을 대표로 좌우합작운동이 전개되었다. 비상국민회의는 김규식, 김붕준, 최동오, 안재홍(安在鴻) 등을 대표로 참여시키고 좌우합작을 추진하였다.

좌우합작운동이 결렬되자, 임시정부는 비상국민회의를 중심으로 민족 세력의 결집에 나섰다. 그 방법은 반탁운동을 더욱 확대시켜가는 한편, 비상국민회의, 독립촉성국민회, 민족통일본부의 통합을 추진하는 것이었다. 이는 결실을 맺어 1947년 2월 통합 기구인 '국민의회(國民議會)'가 결성되었다. 국민의회는 한국독립당을 비롯해 63개 단체와 13도 대표로 구성되었다. 임시정부는 국민의회를 '상설적 대의 조직'이며 '유일한 입법기관'이라고 규정하였다.

국민의회에서도 과도 정권을 수립하였다. 1947년 3월이었다. 운현궁에서 국민의회 대의원 대회를 개최함으로써 수립된 과도 정권은 임시정부를 확대 정비하는 방법이었다. 이승만과 김구가 각각 주석과 부주석으로 추대되었다. 그리고 오세창, 김창숙, 박열(朴烈), 이청천, 조만식(曺晩植), 이을규(李乙奎)가 국무위원으로 보선되고, 각부 장관 임명은 주석과 부주석에게 일임되었다.

과도 정권을 수립한 임시정부는 정부로서 활동하기 시작하였다 우선 중국에 있는 주화 대표단에 명령해 미, 영, 불, 중, 소 5개국에 '즉시 독립을 부여할 것', '신탁통치안을 폐지할 것', '미소 양군을 철수할 것' 등을 요구하도록 하였다. 그리고 미군정의 브라운(Albert Brown) 소장을 방문해 통치권을 임시정부에 이양할 것을 요구하였다. 그러나 주석에 추대된 이승만은 과도 정권에 참여하지 않았다. 1947년 4월 미국에서 돌아온 이승만은 "미군정과 합작해서 우리 문제를 해결할 수 있게 되었다"라며 과도 정권을 내세우지 말고 잠복 상태로 있자고 하였다. 그리고 "정식 국회와 정식 정부가 수립된 후 임시의정원과 임시정부의 법통을 전임시키자"라고 주장하였다. 과도 정권의 존재를 무시한 것이다.

국민의회는 1947년 9월 '대한국민회(大韓國民會)'로 개편되었다. 그리고 주석 이승만, 부주석 김구를 비롯해 국무위원을 선출하고 정무위원회를 구성해 진용을 새롭게 갖추었다. 그러나 이승만은 "남한만이라도 총선거를 실시하여 국제적으로 발언권을 취득하자는 생각이니 일반 동포들은 양해해달라"며 주석직을 사임하였다. 이로써 과도 정권은 수립되었지만, 그 역할은 할 수 없게 되었다.

### 남북협상에 나서다

임시정부는 외세를 배격하고 자주적이고 독립된 통일정부를 수립하기를 바랐다. 그러나 국내외 정세는 민족의 분단으로 치닫고 있었다. 북쪽에서는 이미 1946년 북조선 임시인민위원회를 조직하여 정부 수립을 독자적으로 추진하기 시작했다. 남쪽에서도 미군정 당국이 단독정부 수립에 착수하였다는 소식이 전해지고, 이승만은 1946년 6월 3일 정읍에서 남한만이라도 단독정부를 수립하자고 주장하였다.

남과 북에서 각기 독자적인 정부를 수립하게 되면 국토와 민족이 분립되고 만다. 임시정부가 바란 것은 민족 분단이 아니었다. 일제가 패망하면 즉시 독립하여 통일된 자주독립국가를 건설한다는 것이 임시정부가 독립운동을 전개하면서 세운 가장 큰 목표였다.

당시의 국제 정세를 보면 1947년에 들어 세계적으로 냉전 체제가 성립되면서 미소가 대립관계로 돌아섰고, 제2차 미소공동위원회도 결렬되었다. 이로써 한반도를 점령하고 있던 미국과 소련이 한국 문제를 해결할 수 없는 상황이 되고 말았다. 미국은 골치 아픈 한국 문제를 자신들이 우위를 점하고 있던 유엔으로 넘겼다. 1947년 11월 14일 제2차 유엔총회에서는 한국에서 총선거를 실시할 것을 결의하였고, 먼저 남북한에서 총선거를 실시해 통일정부를 수립하고 후에 미소 양군을 철수한다는 것이었다. 그리고 총선거 실시와 정부 수립을 감시하기 위해 9개국 대표로 구성된 유엔한국임시위원단(이하 유엔위원단)을 파견하였다.

1948년 1월 유엔위원단이 한국에 도착하자 임시정부는 김구 주석의 명의로 의견서를 제출하였다. 미소 양군을 즉시 철수하고 유엔 감시 아래 남북 지도자들이 합의해 총선거를 실시하며, 총선거에 의해 통일된 완전 자주 정부를 수립할 것을 요구한 것이다. 유엔위원단이 활동을 시작하였지만 소련 측은 유엔위원단이 38선 이북으로 들어오는 것을 허락하지 않았다.

유엔위원단은 남쪽에서 이승만, 김구, 김규식, 김성수를 만났다. 그러나 의견은 둘로 갈라졌다. 이승만과 김성수는 남한만의 단독선거를, 김구와 김규식은 미소 양군의 철수와 남북요인회담 후 통일정부 수립을 주장하였다.

이후 단독정부와 통일정부 수립을 둘러싸고 이승만과 한국민주당을 필두로 단독정부 수립을 추진하는 세력과 김구 등 임시정부 세력 사이에 논란이 일어났다. 이에 김구는 「삼천만 동포에게 읍

고함」이란 성명서를 발표하였다. 그는 이 성명에서 "나의 유일한 염원은 삼천만 동포와 손을 잡고 통일된 조국의 건설을 위하여 분투하는 것뿐이다"라면서 "나는 통일된 조국을 건설하려다 38선을 베고 쓰러질지언정 일신의 구차한 안일을 위하여 단독정부를 세우는 데는 타협하지 않겠다"라고 천명하였다.

이러한 가운데 유엔위원단이 유엔에 보고서를 올렸다. 유엔소총회는 1948년 2월 26일 유엔위원단의 임무 수행이 가능한 지역에서 총선거를 실시한다고 결의하였다. 남한만의 단독선거를 결정한 것이다. 이후 유엔에서 선거 일자도 결정하였다. 선거는 5월 10일 실시하기로 하였다. 총선거를 실시해 국회를 구성하고 국회에서 정부를 수립하는 절차였다.

남한만의 단독선거가 결정되자 국민들 대다수가 이를 반대하는 투쟁을 벌였다. 임시정부 요인들도 단독선거에 출마하지 않을 것임을 분명히 밝혔다. 3월 12일 김구, 김규식, 김창숙, 조소앙, 조성환, 조완구, 홍명희 등은 이른바 「7거두 성명」을 통해 단독정부를 수립하면 "남북의 우리 형제자매가 미소 전쟁의 전초전을 개시하여 총검으로 서로 대하게 될 것이 명약관화한 일"이라며, 선거에 출마하지 않겠다고 했다. 민족이 분단되면 동족상잔이 일어난다고 우려한 것이다. 이러한 우려는 들어맞아 2년 후에 6.25전쟁으로 나타났다.

단독선거 불참을 표명한 임시정부 요인들은 북측에 남북 지도자 회담을 제의하였다. 김구와 김규식이 김두봉과 김일성에게 편지를 보냈다. "다른 사람들이 일시적으로 분할해놓은 조국을 우리의 관념이나 행동으로 영원히 분할할 필요야 있겠느냐"며, 남북의 지도자들이 만나 통일정부 수립을 논의하자는 것이었다. 북쪽에서 이에 동의해 남북협상이 이루어졌다.

남북협상은 평양에서 '전조선 제정당 사회단체 대표자 연석회의'라는 긴 이름으로 열렸다. 김구와 김규식을 비롯한 임시정부 요인과 정당, 사회단체 대표들이 평양으로 갔다. 4월 19일부터 열린 남북협상에서 남북의 지도자들은 남과 북에서 각각 단독정부를 수립하는 것을 반대한다고 결의하였다. 그리고 미소 양군이 철수한 후 전조선정치회의를 소집하여 직접 비밀투표로 통일된 민주정부를 수립하자는 데 합의를 이루었다.

그러나 남북협상에서 이루어진 학의는 남과 북 어느 쪽에서도 실현되지 못했다. 5월 10일 남한에서 유엔위원단 감시하에 총선거가 실시되고 8월 15일 대한민국 정브가 수립된 것이다. 9월 9일에는 북한에서도 조선민주주의인민공화국이 수립되었다. 남과 북에 각기 정권이 수립된 것이다. 이로써 38선을 경계로 국토와 민족이 분단되고 말았다.

환국한 대한민국임시정부는 해방 후에도 이렇게 다양한 활동을 전개하였다. 그러나 인민의 뜻과 달리 남과 북에 각기 정권이 수립됨으로써 1919년 4월 11일에 수립된 대한민국임시정부는 1948년에 해산하였다.

# 부록 1. 대한민국임시정부 연표

| 대한민국임시정부·독립운동사 | 세계사 |

## 1919년(민국1년)

**1월 8일**
　　　　　　　　　　　　　　　　　　　　　　윌슨 미국 대통령이
　　　　　　　　　　　　　　　　　　　　　　민족자결주의 원칙 발표

**1월 18일**
　　　　　　　　　　　　　　　　　　　　　　프랑스 파리강화회의
　　　　　　　　　　　　　　　　　　　　　　개최(1919-1920년)

**1월 21일**　고종 황제가 덕수궁에서 승하(3.3 국장)

**2월 1일**　만주 지린에서 해외 독립운동가 39인 명의로
　　　　　　대한독립선언서(무오독립선언) 발표

**2월 8일**　도쿄에서 재일 유학생들이 2.8독립선언 발표

**2월 16일**　이승만 등 한국의 위임통치 청원을 윌슨
　　　　　　 미국 대통령에게 전달

**3월 1일**　민족 대표 33인 태화관에서 독립선언식

　　　　　　3.1만세운동 발발

**3월 2일**
　　　　　　　　　　　　　　　　　　　　　　소련 제3인터네셔널(코민테른)
　　　　　　　　　　　　　　　　　　　　　　결성

**3월 13일**　간도 룽징춘(龍井村)에서 독립 축하식과 함께
　　　　　　 대규모 시위운동 전개

**3월 17일**　블라디보스토크에서 대한국민의회가
　　　　　　 독립선언서 발표

**3월**　　　유림 대표 김창숙, 곽종석 명의로
　　　　　　「독립청원서」를 파리강화회의에
　　　　　　 우송(파리장서)

　　　　　　 여운형, 이광수, 현순 등이 상하이 프랑스
　　　　　　 조계 보창로 329호에 독립임시사무소 설치

| | | |
|---|---|---|
| 4월 11일 | 상하이 프랑스 조계 김신부로에서 제1회 임시의정원을 개원하고 대한민국임시정부 수립. 국호는 '대한민국', 연호는 '민국'. '대한민국임시헌장' 등 제정 | |
| 4월 23일 | 13도 대표가 인천 만국공원에서 한성임시정부 선포 | |
| 4월 | 서간도 류허현(柳河縣)의 삼원보(三源堡)에서 부민단을 발전적으로 해체하고 '한족회' 조직 | |
| 5월 4일 | | 중국 5.4운동 |
| 6월 | 박용만 등이 베이징에서 군사통일회 조직 | |
| 7월 10일 | 국무원령 제1호로 '임시 지방연통제' 발표 | |
| 7월 | 임시정부에서 연통제 실시 | |
| 8월 11일 | | 독일 바이마르헌법 공포 |
| 8월 21일 | 임시정부 기관지 『독립신문』이 '독립'이란 이름으로 창간호 발간 | |
| | 국무원령으로 '임시 지방교통사무국 장정' 공포 | |
| 8월 25일 | 미국 워싱턴에서 이승만이 집정관 총재 사무실을 구미위원부로 개칭 | |
| 9월 2일 | 강우규 의사 의거 | |
| 9월 11일 | 내각제를 대통령제로 개헌(1차 개헌). 임시 대통령 이승만, 국무총리 이동휘 등 내각 각료 선출 | |
| 9월 23일 | 『한일관계사료집』 편찬 인쇄 | |
| 10월 13일 | 상하이 프랑스 조계에서 대한애국부인회 조직 | |
| 11월 3일 | 통합 임시정부 공식 출범(국무총리 이동휘) | |
| 11월 10일 | 김원봉, 윤세주, 이종암 등이 지린성 파호문(把虎門) 밖에서 의열단 조직 | |
| 11월 11일 | 의친왕 탈출 미수 사건 | |
| 11월 17일 | 한족회 직속의 군정부를 서로군정서로 개편 | |
| 12월 | 정의단 군정부를 대한군정서(북로군정서)로 개편 | |

## 1920년(민국2년)

| | |
|---|---|
| 2월 20일 | 노백린, 김종림 등이 미국 캘리포니아주에서 한인비행사양성소 설립 |
| 5월 8일 | 임시정부 산하 사관학교인 육군무관학교 제1회 졸업식 거행(18명 졸업) |
| 6월 16일 | 의열단원 곽재기 등 17명 총독 암살과 청사 파괴를 계획하다 검거됨 |
| 6월 | 홍범도, 최진동 등 훈춘(琿春) 인근 봉오동에서 승전(봉오동전투) |
| 8월 | 미국 국회의원단 일행의 동양 시찰에 맞추어 광복군총영의 일제 관공서 폭파 사건 |
| 9월 14일 | 의열단원 박재혁이 부산경찰서 폭파 |
| 9월 | 박용만, 신채호, 신숙 등이 베이징에서 군사통일촉성회 조직 |
| 10월 | 북로군정서와 대한독립군의 청산리대첩 승전 |
| 10월-11월 | 일본군 북간도에서 한인 촌락 습격(경신참변) |
| 11월 | 싱카이호(興凱湖) 미산(密山)에서 집결하여 대한독립군단 결성 |
| 12월 8일 | 이승만 임시 대통령 상하이 도착 |
| 12월 27일 | 의열단원 최수봉 밀양경찰서에 폭탄 투척 |

## 1921년(민국3년)

| | |
|---|---|
| 1월 25일 | 국무총리 이동휘 후임으로 이동녕 임명 |
| 4월 17일 | 박용만, 신채호 등 베이징에서 군사통일주비회 개최. 임시정부 해산 요구 |
| 5월 16일 | 국무총리 이동녕 후임으로 신규식을 국무총리 대리로 임명 |
| 5월 | 제2차 중국 광동정부 출범(대총통 쑨원) |
| 6월 28일 | 러시아군이 자유시에 집결한 한국독립군을 포위, 사살한 자유시참변 발생 |
| 7월 7일 | 이승만, 민찬호 등 하와이 호놀룰루에서 '동지회' 조직 |
| 7월 | 중국공산당 결성 |

| | | |
|---|---|---|
| 8월 13일 | 홍진, 장붕 등 상하이 프랑스 조계에서 태평양회의외교후원회 조직 | |
| 8월 27일 | 전 북로군정서 총재 서일이 독립군의 희생에 책임을 지고 자결 | |
| 9월 12일 | 의열단원 김익상, 남산의 조선총독부에 들어가 폭탄 투척 | |
| 10월 | 광둥의 중국 호법정부에 신규식을 외교사절로 특파 | |
| 11월 12일 | | 미국 워싱턴 D.C.에서 태평양회의(워싱턴회의) 개최(1922년 2월 6일 폐회) |
| 11월 28일 | 광둥 호법정부 국회에 한국 독립 승인안 제출 | |

## 1922년(민국4년)

| | | |
|---|---|---|
| 1월 22일 | 모스크바에서 극동인민대표대회 개최. 한인 대표 52명 참석 | |
| 3월 28일 | 의열단원 김익상, 오성륜, 이종암이 상하이 황푸탄(黃浦灘) 부두에서 다나카 대장을 저격했으나 실패하고 체포됨(황포탄사건) | |
| 7월 | 여운형 등 상하이에서 시사책진회 조직 | |
| 8월 | 남만주에서 대한통군부 조직 | |
| 10월 28일 | 김구, 조상섭, 여운형 등 군인 양성과 군비 조달을 목적으로 상하이에서 한국노병회 조직 | |
| 10월 | 대한통군부를 대한통의부로 개칭 | |
| 12월 30일 | | 소비에트사회주의 공화국연방(USSR) 수립 |

## 1923년(민국5년)

| | |
|---|---|
| 1월 3일 | 상하이에서 국민대표회의(의장 김동삼) 개최. 4개월간 지속 |
| 1월 17일 | 의열단원 김상옥이 서울 종로경찰서에 폭탄 투척 |
| 1월 | 신채호가 의열단의 「조선혁명선언」 작성 |

| | | |
|---|---|---|
| 3월 15일 | 의열단원 김시현, 황옥 등 상하이에서 폭탄 반입하다가 체포(황옥경부사건) | |
| 4월 25일 | 임시 대통령 이승만 탄핵안 제출 | |
| 6월 2일 | 국민대표회의 창조파가 새로운 임시정부 수립을 결의하고 해산 | |
| 9월1일 | | 일본에서 관동대지진 발생 |
| 10월 29일 | | 터키공화국 성립(대통령 케말 파샤) |

## 1924년(민국6년)

| | | |
|---|---|---|
| 1월 5일 | 의열단원 김지섭이 도쿄 왕궁 앞 이중교에 폭탄 투척(이중교사건) | |
| 1월 21일 | | 레닌 사망, 소비에트사회주의 공화국연방 헌법 공포 |
| 1월 | | 중국 제1차 국공합작 |
| 4월 | 베이징에서 이회영, 이을규, 이정규, 류자명, 백정기, 정현섭(정화암) 등이 재중국조선무정부주의자연맹 결성 | |
| 5월 | 대한민국임시정부 직속 육군주만참의부(참의부) 결성 | |
| 9월 1일 | 국무총리 이동녕이 임시 대통령 직무 대행 | |
| 9월 21일 | 참의부 참의장 백광운 만주 지안현(集安縣)에서 피살 | |
| 11월 | 대한통의부가 중심이 되어 정의부로 개편 | |
| 12월 17일 | 박은식을 임시 대통령 대리 겸 국무총리로 새 내각 구성 | |

## 1925년(민국7년)

| | | |
|---|---|---|
| 3월 12일 | | 쑨원 사망 |
| 3월 16일 | 만주 구마링(古馬嶺)에서 일본 경찰의 습격으로 참의부 참의장 최석순 등 29명 전사(고마령전투) | |
| 3월 23일 | 임시의정원에서 임시 대통령 이승만 탄핵 면직. 박은식을 신임 임시 대통령으로 선출 | |

| | | |
|---|---|---|
| 3월 | 북간도에서 신민부 결성 | |
| 4월 7일 | 대한민국임시정부 임시약헌 공포(2차 개헌). 대통령제를 폐지하고 내각책임제 채택(국무령제) | |
| 4월 17일 | 화요회, 북풍회 등이 서울에서 조선공산당 조직(책임비서 김재봉) | |
| 6월 11일 | 중국과 일본이 독립군을 체포하기 위한 미쓰야협정 체결 | |
| 7월 7일 | 임시 대통령 박은식 사임, 국무령에 이상룡 선출(취임 9월 24일) | |
| 11월 1일 | 전 임시 대통령 박은식 상하이에서 서거 | |
| 12월 | 제2차 조선공산당 조직(책임비서 강달영) | |

## 1926년 (민국8년)

| | | |
|---|---|---|
| 1월 22일 | 전 국무총리 노백린 상하이에서 서거 | |
| 3월 25일 | 아나키스트 박열과 가네코 후미코가 '대역사건'으로 사형선고를 받음(4월 5일에 무기징역으로 감형) | |
| 4월 5일 | 만주 지린성에서 정의부를 중심으로 고려혁명당 조직 | |
| 4월 27일 | 순종 황제 창덕궁에서 승하 | |
| 6월 10일 | 순종 황제의 국장 거행, 6.10만세운동 발발 | |
| 6월 | 국무령에 홍진 취임 | |
| 7월 | | 장제스 북벌 시작 |
| 9월 27일 | 국무령 홍진이 임시정부 시정방침 3대 강령 발표 | |
| 9월 | 제3차 조선공산당 조직(책임비서 김철수) | |
| 10월 | 안창호가 좌우합작 운동으로 민족유일당운동 시작 | |
| | 대독립당조직북경촉성회 결성 | |
| 12월 10일 | 국무령에 김구 선출(취임 12월 14일) | |
| 12월 28일 | 의열단원 나석주 동양척식회사에 폭탄 투척 | |

## 1927년(민국9년)

| | | |
|---|---|---|
| 2월 14일 | 지린 대동공사에서 개최된 안창호 강연회에서 만주 경찰이 안창호 등 200여 명 검거(길림사건) | |
| 2월 15일 | 좌우합작의 신간회 조직(회장 이상재) | |
| 3월 | 대한민국임시정부 임시약헌(3차 개헌) 개정 공포 | |
| | 국무령제를 국무위원제로 변경(집단지도 체제 실시) | |
| 4월 18일 | | 장제스의 쿠데타로 난징에 국민정부 성립 |
| 4월 | 참의부, 정의부, 신민부 대표가 3부 통합을 위해 신안툰(新安屯)에서 회합 | |
| 8월 1일 | | 중국공산당이 장시성 난창에서 무장봉기(난창폭동) |

## 1928년(민국10년)

| | | |
|---|---|---|
| 2월 | 제4차 조선공산당 조직(책임비서 차금봉) | |
| 3월 25일 | 이동녕, 안창호, 김구 등이 상하이에서 한국독립당 조직 | |
| 4월 | | 장제스가 북벌 재개 |
| 5월 14일 | 조명하 의사가 타이완 타이중에서 일본 황족을 저격했으나 실패 | |
| 6월 7일 | | 중국 장쭤린(張作霖) 열차 폭발 사건으로 사망 |
| 10월 16일 | 초대 외무총장 박용만이 밀정으로 오인되어 피살 | |
| 12월 | 코민테른에서 한국 사회주의운동 지침인 '12월 테제' 발표 | |

## 1929년(민국11년)

| | |
|---|---|
| 1월 13일 | 원산총파업 발생 |
| 7월 10일 | 여운형이 상하이에서 일본영사관 경찰에 검거됨 |

| | | |
|---|---|---|
| 7월 | 김좌진, 정신, 김동진 등이 만주 닝안현(寧安縣)에서 신민부를 토대로 한족총연합회 조직 | |
| 11월 3일 | 광주학생항일운동 발발 | |
| 12월 20일 | 만주에서 현익철, 최동오, 고이허(최용성) 등이 조선혁명당 결성 | |

## 1930년(민국12년)

| | | |
|---|---|---|
| 1월 24일 | 김좌진이 북만주 산시에서 공산주의자에게 암살당함 | |
| 1월 25일 | 한국독립당 결성(이동녕, 안창호, 김구 등 우파 세력) | |
| 7월 27일 | 홍진, 신숙, 이청천, 이규채 등이 만주 지린에서 한족총연합회를 모체로 한국독립당과 소속 군인 한국독립군 결성 | |

## 1931년(민국13년)

| | | |
|---|---|---|
| 7월 2일 | 지린성 완바오산에서 수로 공사 문제로 한중 농민이 충돌(완바오산사건) | |
| 9월 18일 | | 일본 관동군이 펑톈에서 군사행동 시작, 만주사변 발발 |
| 11월 | 이회영, 정현섭, 백정기 등이 상하이에서 항일구국연맹 결성 | 마오쩌둥이 장시성에서 중화소비에트임시정부 수립 |

## 1932년(민국14년)

| | | |
|---|---|---|
| 1월 8일 | 한인애국단 이봉창 도쿄 왕궁 앞에서 의거 | |
| 1월 28일 | | 상하이사변 발발 |
| 1월 | 윤기섭, 신익희, 연병호 등이 난징에서 한국혁명당 조직 | |
| 3월 | | 일본 관동군이 괴뢰국인 '만주국' 건국 |
| 4월 29일 | 한인애국단 윤봉길 상하이 훙커우공원에서 의거 | |
| 5월 | 상하이에서 항저우로 임시정부 이전 | |

| | | |
|---|---|---|
| 7월 1일 | 국제연맹 만주사변 조사단의 리튼 경 일행 서울 도착 | |
| 10월 | 의열단 단장 김원봉이 난징에서 조선혁명군사정치간부학교 창설 | |
| 11월 | | 소련 프랑스와 불가침조약 체결 |

## 1933년(민국15년)

| | | |
|---|---|---|
| 1월 30일 | | 독일 히틀러 수상 취임 |
| 3월 17일 | 백정기, 이강훈, 원심창 등이 주중 일본공사 암살 기도 실패 후 검거됨(육삼정의거) | |
| 3월 | | 미국 뉴딜정책 실시(1933-1939년) |
| 7월 | 한국독립군이 대전자령전투에서 일본군에 승전 | |
| 10월 | 한국독립군 지청천 등 간부 일행이 뤄양군관학교 한인특별반 설치를 위해 중국 관내로 이동 | 독일 국제연맹에서 탈퇴 |
| 11월 | 재만 한국독립당이 한국혁명당과 합당하여 신한독립당 창당 | |

## 1934년(민국16년)

| | | |
|---|---|---|
| 2월 2일 | 중국중앙육군군관학교 뤄양 분교 한인특별반에 한인 청년 92명 입교 | |
| 2월 | 재만 한국독립당 대표 홍진, 김원식, 재난징 조선혁명당 대표 윤기섭, 연병호 등이 각 소속 정당을 해체하고 신한독립당 조직 | |
| 9월 | | 소련 국제연맹에 가입 |
| 10월 | | 중국공산당의 대장정(1934-1936년 10월) |

## 1935년(민국17년)

| | |
|---|---|
| 2월 13일 | 전 국무총리 이동휘가 블라디보스토크에서 서거 |

| | | |
|---|---|---|
| 7월 5일 | 의열단, 한국독립당, 조선혁명당, 신한독립당, 대한인독립당이 연합하여 민족혁명당 결성 | |
| 11월 11일 | 항저우에서 김구, 이동녕, 이시영 등이 한국국민당 조직 | |
| 11월 | 항저우에서 전장으로 임시정부 이전 | |

## 1936년(민국18년)

| | | |
|---|---|---|
| 1월 | 중국공산당 만주성위원회에서 동북인민혁명군을 동북항일연군으로 개편 | 일본 런던군축회의에서 탈퇴 |
| 3월 15일 | 한국국민당 기관지 『한민(韓民)』 창간 | |
| 7월 | 동북항일연군 제2군 3사를 중심으로 조국광복회 결성 추진 | |
| 12월 12일 | | 중국 장쉐량(張學良)이 장제스를 감금한 시안사건 발생 |

## 1937년(민국19년)

| | | |
|---|---|---|
| 6월 4일 | 동북항일연군 제1로군 제6사(사장 김일성)가 함남 갑산군 보천보 습격(보천보전투) | |
| 7월 | | 루거우차오사건으로 중일전쟁 발발 |
| 8월 14일 | 한국국민당, 한국독립당, 조선혁명당과 9개 단체 중심으로 한국광복운동단체연합회(광복진선) 결성 | |
| 8월 | | 중국 중공 8로군 편성 |
| | | 중소 불가침조약 |
| 9월 | | 중국 제2차 국공합작 |
| 11월 | | 독일, 이탈리아, 일본의 방공(防共)협정 |
| 11월 23일 | 전장에서 후난성 창사로 임시정부 이전 | |
| 12월 | 민족혁명당, 조선민족해방동맹, 조선혁명자연맹 대표들이 조선민족전선연맹(민족전선) 결성 | 일본군의 난징 함락 (난징대학살) |

## 1838년(민국20년)

**3월 10일**     전 임시정부 내무총장 안창호 서울에서 서거

**5월 7일**     중국 창사 남목청에서 임시정부 요인들이 회합 중 저격을 받아 현익철이 사망하고 김구가 중상을 입는 사건 발생(남목청사건)

**7월 22일**     창사에서 광동성 광저우로 임시정부 이전

**9월 17일**     광저우에서 광시성(广西省) 류저우로 임시정부 이전

**10월**     조선민족전선연맹이 조선의용대 결성

## 1939년(민국21년)

**2월**     류저우에서 한국광복진선청년공작대 결성

**3월**     독일 체코에 침입, 체코슬로바키아를 해체

**5월 3일**     류저우에서 쓰촨성 치장으로 임시정부 이전

**5월**     독일 이탈리아와 군사동맹 체결

**8월 23일**     독일 소련과 불가침조약 체결

**8월 27일**     치장에서 광복운동단체연합회와 조선민족전선연맹이 한국혁명운동 통일 7단체 회의(7당통일회의) 개최

**9월**     영국과 프랑스가 독일에 선전포고(제2차 세계대전 개시)

독일군이 폴란드 바르샤바 함락. 폴란드가 독일에 항복

미국 제2차 세계대전에 불개입 중립 선언

**11월**     군사특파단(조성환, 황학수 등)을 산시성 시안으로 파견

**12월 6일**     임시의정원에서 매년 11월 17일을 '순국선열기념일'로 지정

## 1940년(민국22년)

| | | |
|---|---|---|
| 3월 13일 | 전 국무총리 이동녕 중국 쓰촨성에서 서거 | |
| 4월 | | 독일이 덴마크, 노르웨이 공격 |
| 5월 8일 | 우파 3당(한국국민당, 조선혁명당, 한국독립당) 충칭에서 통합하여 한국독립당 결성(위원장 김구) | |
| 5월 | | 독일이 마지노선을 돌파하여 벨기에, 네덜란드 공격 |
| 6월 | | 독일이 프랑스 파리 함락 |
| | | 이탈리아 참전, 영국과 프랑스에 선전포고 |
| 7월 | | 소련이 발트3국 병합 |
| 9월 17일 | 충칭 가릉빈관에서 '한국광복군총사령부 성립전례' 거행. 한국광복군 창설 | |
| 9월 | 임시정부가 치장을 떠나 충칭에 정착 | 독일, 이탈리아, 일본이 3국 군사동맹 협정 |
| 10월 9일 | 대한민국임시정부 임시약헌(4차 개헌) 공포. 국무위원제를 주석제로 변경(주석에 김구 선출) | |
| 11월 | 시안에 한국광복군 임시사령부 설치 | |

## 1941년(민국23년)

| | | |
|---|---|---|
| 1월 1일 | 시안의 한국청년전지공작대가 한국광복군 제5지대로 편입 | |
| 1월 | 최창익 등이 화북조선청년연합회 조직 | 베트남 독립투쟁민주전선 (베트민=월맹) 결성 |
| 4월 19일 | 미주 지역에서 재미 각 단체가 한국인연합회 조직 | |
| 4월 | | 일본 소련과 불가침조약 체결 |
| 6월 4일 | 임시정부 국무회의에서 미국 워싱턴에 주미외교위원부를 설치하고 이승만을 주미외교위원장에 선임 | |

| | | |
|---|---|---|
| 6월 | 조선의용대가 화베이로 이동 | 독일, 이탈리아가 소련에 선전포고 후 공격 개시 |
| | | 프랑스 드골이 런던에 망명정부 조직 (자유프랑스국민위원회) |
| 11월 28일 | 「대한민국 건국 강령」 제정 발표, 정치 이념과 독립전쟁 준비 태세 천명 | |
| 12월 10일 | 일본에 선전포고 | |
| 12월 | | 중국 국민정부가 일본, 이탈리아에 선전포고 |
| | | 일본 하와이 진주만 공습, 미국·영국에 선전포고, 태평양전쟁 발발 |
| | | 미국이 일본 및 독일과 이탈리아에 선전포고 |

## 1942년(민국24년)

| | | |
|---|---|---|
| 1월 | | 일본이 필리핀 마닐라 점령 |
| 2월 | | 일본이 싱가포르 함락 |
| 3월 | | 일본이 미얀마 점령 |
| 4월 20일 | 임시정부 국무회의에서 조선의용대를 한국광복군에 편입시키기로 결의 | |
| 5월 | 한국광복군 제1, 2, 5지대를 제2지대로 개편(지대장 이범석). 제3지대장에 김학규 임명 | |
| 7월 | 조선의용대가 한국광복군 제1지대로 편입되어 군사적으로 좌우 통합 실현 | |
| | 화북조선청년연합회를 조선독립동맹으로 개칭(주석 김두봉) | |
| | 조선의용대 화북지대를 조선의용군으로 개칭 | |
| 10월 20일 | 임시의정원 선거에서 조선민족혁명당, 조선혁명자연맹, 조선민족해방동맹 등 좌파 14명이 의원으로 선출되어 좌우 연합에 의한 임시의정원 구성 | |

## 1943년(민국25년)

| | | |
|---|---|---|
| 2월 | | 독일군이 소련 스탈린그라드에서 참패 |
| 6월 1일 | 충칭에서 중문판 『독립신문』 발행 | |
| 7월 | | 연합군이 이탈리아 시칠리아에 상륙 |
| 8월 | 광복군 인면전구공작대를 인도, 미얀마 전선에 파견 영국국과 공동작전 | 이탈리아가 연합군에 항복. 독일군이 로마 점령 |
| | 여운형, 조동호, 이상백 등이 서울에서 조선민족해방연맹 조직 | |
| 11월 27일 | 카이로회담에서 한국 독립 보장 등의 내용을 담은 카이로선언 채택(발표 12월 1일) | |

## 1944년(민국26년)

| | | |
|---|---|---|
| 4월 26일 | 대한민국임시정부 임시약헌(5차 개헌) 공포. 주석과 부주석제 시행. 좌우 연합 정부 출범 | |
| 6월 | | 연합군이 프랑스 노르망디 상륙 성공, 드골의 파리 개선 |
| 8월 23일 | 중국군사위원회가 「한국광복군행동9개준승」 폐지 통보 | |
| 8월 | 여운형 등이 지하 비밀단체인 건국동맹 조직 | |

## 1945년(민국27년)

| | | |
|---|---|---|
| 2월 28일 | 임시정부 국무회의에서 독일에 선전포고 | |
| 2월 | | 인도네시아 독립선언(대통령 수카르노) |
| | | 미국의 루스벨트, 영국의 처칠, 소련의 스탈린이 참석한 얄타회담 개최 |
| 4월 3일 | 김구 주석이 광복군과 미국 OSS의 공동작전 승인 | |
| 4월 | | 샌프란시스코회의(4-6월) |
| | | 독일 히틀러 자살 |

| | | |
|---|---|---|
| | | 이탈리아 무솔리니 처형 |
| 5월 | 시안의 광복군 제2지대 대원 50명을 선발하여 제1기 OSS 훈련 시작(훈련 종료 8월 4일) | 베를린이 함락되고 독일 항복 |
| 6월 | | 국제연합 창설 |
| 7월 | | 포츠담선언 |
| 8월 6일 | | 일본 히로시마에 원자폭탄 투하 |
| 8월 9일 | | 소련이 일본에 선전포고 |
| | | 일본 나가사키에 원자폭탄 투하 |
| 8월 11일 | 김구 주석이 시안에서 미군의 도노반 소장과 한미군사협정 체결 | |
| 8월 15일 | 광복 | 일본의 무조건항복 |
| | 서울에서 여운형을 중심으로 조선건국준비위원회(건준) 발족 | |
| 8월 18일 | 김준엽, 장준하 등 한국광복군 국내 정진군 여의도 도착, 다음 날 중국으로 되돌아감 | |
| 8월 28일 | 소련군 평양 진입 | |
| 9월 3일 | 김구 주석이 「국내외 동포에게 고함」과 임시정부가 국내에 들어가 추진할 당면 정책 발표 | |
| 9월 8일 | 미군 인천 상륙, 서울 진입 | |
| 9월 9일 | 서울에서 일본군이 항복문서에 서명 | |
| 9월 26일 | 김구 주석이 장제스 위원장과 면담하여 임시정부의 조속한 귀국 지원 요청 | |
| 9월 | 조선의용군이 옌안을 떠나 만주로 이동 | 연합군과 일본의 항복문서 조인 |
| | 88여단이 소련군을 따라 원산으로 입국 | |
| 10월 16일 | 임시정부 주미외교위원회 위원장 이승만 환국 | |
| 11월 23일 | 대한민국임시정부 요인 제1진 환국(개인 자격) | |
| 11월 | | 중국국민당이 중공군 거점인 해방구 공격. 미국 특사 마셜의 중재 아래 정전협정 |

| | | |
|---|---|---|
| 12월 1일 | 임시정부 요인 제2진 환국 | |
| | 임시정부 및 연합군 환영회본부 주최로 서울운동장에서 임시정부 환국봉영회 개최 | |
| 12월 19일 | 서울운동장에서 임시정부 개선환영대회 개최 | |
| 12월 28일 | 한국에 대한 신탁통치 소식이 전하지자 임시정부는 반탁운동과 임시정부 봉대운동 추진 | |
| 12월 31일 | 임시정부가 미군정으로부터 정권을 접수한다는 「국자 제1호」와 「국자 제2호」 발표(정권 접수 실패) | |

## 1946년(민국28년)

| | | |
|---|---|---|
| 1월 | | 제1차 유엔총회에서 안전보장이사회 설치 |
| 2월 1일 | 임시정부 주도로 비상국민회의 결성(의장 홍진) | |
| 2월 8일 | 이승만계와 임정계가 합동으로 대한독립촉성국민회(독촉) 결성(총재 이승만, 부총재 김구) | |
| | 평양에서 북조선임시위원회 발족(우 원장 김일성, 부위원장 김두봉) | |
| 3월 20일 | 제1차 미소공동위원회 개최 | |
| 6월 3일 | 이승만이 정읍에서 남한 단독정부 수립 주장 | |
| 7월 | | 제3차 국공내전 시작 |
| 10월 1일 | 대구십일폭동사건 발생 | |
| 10월 | | 독일 뉘른베르크 국제군사재판 판결로 괴링 등 12명 교수형 |
| 11월 23일 | 남조선노동당(남로당) 결성(위원장 허헌) | |
| 11월 | | 일본 신헌법 공포 |

## 1947년(민국29년)

| | | |
|---|---|---|
| 1월 | 임시정부 계열이 반탁독립투쟁위원회 (반탁투쟁위) 결성(위원장 김구) | |

| | | |
|---|---|---|
| 2월 14일 | 비상국민회의 제2차 전국대의원대회 소집('국민의회'로 개칭) | |
| 3월 | 독립촉성국민회와 전국학생총연맹이 임시정부 봉대 선언 | 트루먼독트린 선언 |
| 5월 21일 | 제2차 미소공동위원회 개최 | |
| 6월 | 재조선미군정청한국인기관(민정장관 안재홍)을 '남조선과도정부'라고 부름 | |
| 7월 19일 | 여운형 피살 | |
| 9월 | 유엔총회에서 한국 문제 토의키로 가결 | 유엔이 팔레스타인을 분할하고 유태인 민족 독립안 가결 |
| 11월 14일 | 유엔총회에서 한국의 총선거실시안 가결 | |
| 12월 | 국민의회 제44회 임시의회 개최하여 「대한민국 헌장」 제정 | |

## 1948년(민국30년)

| | | |
|---|---|---|
| 1월 8일 | 유엔한국임시위원단 내한(소련이 38선 이북 지역 입국 거부) | |
| 1월 30일 | | 인도 간디 암살 |
| 2월 26일 | 유엔에서 남한에서만 총선거 실시를 결의 | |
| 3월 8일 | 김구가 남북협상 제의 | |
| 4월 3일 | 제주도 4.3사건 발생 | |
| 4월 18일 | 한국독립당이 국민당(안재홍)과 신한민족당(권동진, 오세창) 흡수 개편 | |
| 4월 19일 | 김구, 김규식이 '전조선 제정당 사회단체 대표자 연석회의' 참석(남북협상 결렬) | |
| 5월 10일 | 유엔 감시하에 국회의원 선거(5.10선거) | |
| 5월 31일 | 제헌국회 개헌(의장 이승만) | |
| 5월 | | 이스라엘공화국 수립. 이스라엘과 아랍 전쟁 시작 |
| 6월 | | 소련의 베를린봉쇄 |
| 7월 17일 | 대한민국헌법 공포 | |
| 8월 15일 | 대한민국 수립 선포 | |

| | |
|---|---|
| **9월 7일** | 국회에서 「반민족행위처벌법」 통과 |
| **9월 9일** | 북한에서 민주주의인민공화국 성립 |
| **11월** | 일본 도쿄에서 극동국제군사재판 종결. 개전 당시 총리였던 도조 히데키 등 7명 교수형 |

# 부록 2. 대한민국임시정부 건국 강령

**제1장 총강**

1. 우리나라는 우리 민족이 반만년 이래로 공통(共通)한 언문(言文)과 국토와 주권과 경제와 문화를 가지고 공통한 민족정기를 길러온 우리끼리로서 형성하고 단결한 고정적(固定的) 집단의 최고 조직(最高組織)임.

2. 우리나라의 건국 정신은 삼균제도(三均制度)에 역사적 근거를 두었으니 선민(先民)이 명명(明命)한바 '수미평균위(首尾均平位)하면 흥방보태평(興邦保泰平)'하리라 하였다. 이는 사회 각층 각급이 지력(智力)과 권력과 부력(富力)의 향유(享有)를 균평(均平)하게 하여 국가를 진흥하며 태평을 보유(保維)하리라 함이니 홍익인간과 이화세계(理化世界)하자는 우리 민족이 지킬 바 최고 공

리(公理)임.

3. 우리나라의 토지제도는 국유(國有)에 유법(遺法)을 두었으니 선현(先賢)이 통론(痛論)한바 '준성조지공분수지법(遵聖祖至公分授之法)하여 혁후인사유겸병지폐(革後人私有兼併之弊)'라 하였다. 이는 문란(紊亂)한 사유(私有) 제도를 국유로 환원하라는 토지혁명의 역사적 선언이다. 우리 민족은 고규(故規)와 신법(新法)을 참호(參互)하여 토지제도를 국유로 확립한 것임.

4. 우리나라의 대외주권이 상실되었을 때에 순국한 선열(先烈)은 우리 민족에게 동심(同心) 복국(復國)할 것을 유촉(遺囑)하였으니 이른바 '망아동포(望我同胞)는 물망국치(勿忘國恥)하고 견인노력(堅忍努力)하여 동심동덕(同心同德)으로 이한외모(以捍外侮)하여 복아(復我) 자주독립(自主獨立)하라' 하였다. 이는 전후(前後) 순국한 수십만 선열의 전형적 유지(遺志)로서 현재와 장래의 민족정기를 고동(鼓動)함이니 우리 민족의 남녀노소가 영세불망(永世不忘)할 것임.

5. 우리나라의 독립선언은 우리 민족의 혁혁(赫赫)한 혁명의 발인(發因)이며 신천지의 개벽이니 이른바 '우리는 조국이 독립국임과 우리 민족이 자유민임을 선언하노라. 이로써 세계만방에 고하여 인류 평등의 대의를 천명(闡明)하며 이로써 자손만대에 고하여 민족자존의 정권(正權)을 영유(永有)하라.' 이는 우리 민족

이 3.1 혈전(血戰)을 발동(發動)한 원기(元氣)이며 동년 4월 11일에 13도(道) 대표로 조직된 임시의정원은 대한민국을 세우고 임시헌장 10조를 창조 발포(發布)하였으니 이는 우리 민족의 자력으로써 이족 전제(異族專制)를 전복하고 5000년 군주정치의 구각(舊殼)을 파괴하고 새로운 민주제도를 건립하며 사회의 계급을 소멸하는 제일보의 착수였다. 우리는 대중의 혈적(血滴)으로 창조한 신(新)국가 형식의 초석인 대한민국을 절대로 옹호하며 확립함에 공동 혈전(血戰)할 것임.

6. 임시정부는 13년 4월에 대외 선언을 발표하고 삼균제도의 건국 원칙을 천명하였으니 이른바 '보통선거제도를 실시하여 정권(政權)을 균(均)하고 국유 제도를 채용하여 이권(利權)을 균하고 공비 교육(共費敎育)으로써 학교(學校)를 균하며 국내외에 대하여 민족자결의 권리를 보장하여서 민족과 민족국가와 국가와의 불평등을 혁제(革除)할지니 이로써 국내에 실현하면 특권계급이 곧 소망(消亡)하고 소수민족의 침몰을 면(免)하고 정치와 경제와 교육 권리를 균하여 헌지(軒輊)가 없게 하고 동족과 이족(異族)에 대하여 또한 이러하게 한다' 하였다. 이는 삼균제도의 제1차 선언이니 우리가 이 제도를 발양(發揚) 확대할 것임.

7. 임시정부는 이상에 의거하여 혁명적 삼균제도로써 복국과 건국(建國)을 통하여 일관한 최고 공리인 정치, 경제, 교육의 균등(均等)과 독립, 민주 균치(均治)의 3종 방식(三種方式)을 동시에 실시

할 것임.

### 제2장 복국

1. 독립을 선포하고 국호를 일정(一定)히 하여 행사(行使)하고 임시 정부와 임시의정원을 세우고 임시약법(臨時約法)과 기타 법규를 반포하고 인민의 납세와 병역의 의무를 행하며 군력(軍力)과 외교와 당세(黨勢)와 인심(人心)이 서로 배합(配合)하여 적에 대한 혈전(血戰)을 정부로써 유속(維繼[지속])하는 과정을 복국의 제1기라 할 것임.

2. 일부 국토를 회복하고 당 정 군의 기구가 국내로 전전(轉奠)하여 [옮기어] 국제적 지위를 본질적으로 취득함에 충족한 조건이 성숙할 때를 복국의 2기라 할 것임.

3. 적의 세력에 포위된 국토와 부로(俘虜)된 인민과 침점(侵占)된 정치, 경제와 말살된 교육과 문화 등을 완전히 탈환하고 평등 지위와 자유의지로써 각국 정부와 조약을 체결할 때를 복국의 완성기라 할 것임.

4. 복국기에는 임시약헌(臨時約憲)과 기타 반포한 법규에 의하여 임시의정원의 선거로 조직된 국무위원회로써 복국의 공무를 집행

할 것임.

5. 복국의 국가주권은 광복 운동자 전체가 대행할 것임.

6. 삼균제도로써 민족의 혁명 의식을 환기하며 해내외(海內外)의 민족의 혁명 역량을 집중하여 광복 운동의 총동원을 실시하며 장교와 무장 대오(武裝隊伍)를 통일 훈련하여 상당한 병액(兵額)의 광복군을 곳곳마다 편성하여 혈전을 강화할 것임.

7. 적의 침탈 세력을 박멸함에 일체 수단을 다하되 대중적 반항과 무장적 투쟁과 국제적 외교 및 선전 등의 독립운동을 확대 강화할 것임.

8. 우리 독립운동을 동정하고 원조하는 민족 및 국가와 연락하여 광복 운동의 역량을 확대할 것이며, 적 일본과 항전하는 우방과 절실히 연락하여 항일 동맹군의 구체적 행동을 취할 것임.

9. 복국 임무가 완성되는 단계에 건국의 임무에 필요한 인재(人才)와 법령과 계획을 준비할 것임.

10. 건국 시기에 실행할 헌법과 중앙 및 지방의 정부조직법과 중앙의정원 및 지방의회의 조직 및 선거법과 지방자치제도와 군사 외교에 관한 법규는 임시의정원의 기초 및 결의를 경과하여

임시정부가 이것을 반포할 것임.

## 제3장 건국

1. 적의 일체 통치기구를 국내에서 완전히 박멸하고 국도(國都)를 전정(奠定)하고 중앙정부와 중앙 의회의 정식 활동으로 주권을 행사하며 선거와 입법과 임관(任官)과 군사와 외교와 경제 등에 관한 국가의 정령(政令)이 자유로 행사되어 삼균제도의 강령과 정책을 국내에 추행(推行)하기 시작하는 과정을 건국의 제1기라 함.

2. 삼균제도를 골자로 한 헌법을 실시하여 정치와 경제와 교육의 민주적 시설로 실제상 균형을 도모하며 전국의 토지와 대생산기관의 국유가 완성되고 전국 학령아동(學齡兒童)의 전수(全數)가 고급 교육의 면비 수학(免費修學)이 완성되고 보통선거제도가 구속(拘束) 없이 완전히 실시되어 전국 각 리, 동, 촌과 면, 읍과 도, 군, 부(島郡府)와 도(道)의 자치 조직과 행정조직과 민중 단체와 민중 조직이 완비되어 삼균제도와 배합(配合) 실시되고 경향 각층의 극빈 계급의 물질과 정신상(精神上) 생활 정도와 문화 수준이 제고 보장되는 과정을 건국의 제2기라 함.

3. 건국에 관한 일체 기초적 시설, 즉 군사, 교육, 행정, 생산, 위생, 경찰, 농공상(農工商), 외교 등 방면(方面)의 건설 기구와 성적(成

續)이 예정 계획의 과반(過半)이 성취될 때를 건국의 완성기라 함.

4. 건국기의 헌법상 인민의 기본권리와 의무는 아래 원칙에 의거하고 법률로 영정(另定[별도로 정하여]) 시행함.

　가. 노동권, 휴식권, 피구제권(被救濟權), 피보험권, 면비 수학권, 참정권, 선거권, 피선거권, 파면권(罷免權), 입법권과 사회 각 조직에 가입하는 권리가 있음.

　나. 부녀(婦女)는 경제와 국가와 문화와 사회생활상 남자와 평등 권리가 있음.

　다. 신체 자유와 거주와 언론과 저작과 출판과 신앙과 집회와 결사와 유행(遊行)과 시위운동과 통신 비밀 등의 자유가 있음.

　라. 보통선거에는 만18세 이상 남녀로 선거권을 행사하되 신앙, 교육, 거주 연수, 사회 출신, 재산 상황과 과거 행동을 분별(分別)치 아니하며 선거권을 가진 만23세 이상의 남녀는 피선거권이 있으되 매 개인의 평등과 비밀과 직접으로 함.

　마. 인민은 법률을 지키며 세금을 바치며 병역에 응하며 공무에 복(服)하고 조국을 건설 보위하며 사회를 시설 지지(施

設支持)하는 의무가 있음.

　바. 적에 부화(附和)한 자와 독립운동을 방해한 자와 건국 강령을 반대한 자와 정신이 흠결(欠缺)된 자와 범죄 판결을 받은 자는 선거와 피선거권이 없음.

5. 건국 시기의 헌법상 중앙과 지방의 정치 기관은 아래 원칙에 의거함.

　가. 중앙정부는 건국 제1기에 중앙에서 총선거(總選擧)한 의회에서 통과한 헌법에 의거하여 조직한 국무회의의 결의로 국무를 집행하는 전국적 최고 행정기관임. 분담할 부(部)는 내, 외, 군, 법, 재(財), 교(交[교통]), 실(實[실업]), 교(敎[교육]) 등 각부로 함.

　나. 지방에는 도(道)에 도정부, 부, 군, 도에 부, 군, 도정부를 두고 도에 도의회, 부, 군, 도에 부, 군, 도의회를 둠.

6. 건국 시기의 헌법상 경제 체계는 국민 각개(各個)의 균등 생활을 확보함과 민족 전체의 발전 및 국가를 건립 보위함에 연환(連環) 관계를 가지게 하되 아래 기본 원칙에 의거하여 경제정책을 추행함.

　가. 대생산기관의 공구와 수단을 국유로 하고 토지와 어(漁[어

업]), 광(鑛[광산]), 임(林[임업]), 수리(水利), 소택(沼澤)과 수상, 육상, 공중의 운수 사업과 은행, 전신, 교통 등과 대규모의 농공상 기업과 성시(城市) 공업 구역의 공용적 주요 방산(房産)은 국유로 하고 소규모 혹 중등 기업은 사영으로 함.

나. 적의 침점(侵占) 혹 시설(施設)한 관, 공, 사유 토지와 어, 광, 농(農[농업]), 임, 은행, 회사, 공장, 철도, 학교, 교회, 사찰, 병원, 공원 등의 방산(房産)과 기지(基地)와 기타 경제, 정치, 군사, 문화, 교육, 종교, 위생에 관한 일체 사유(私有) 자본과 부적자(附敵者)의 일체 소유 자본과 부동산을 몰수하여 국유로 함.

다. 몰수한 재산은 빈공(貧工), 빈농(貧農)과 일체 무산자(無産者)의 이익을 위한 국영 혹 공영의 집단 생산 기관에 충공(充公)함을 원칙으로 함.

라. 토지의 상속, 매매, 저압(抵押), 전양(典讓), 유증(遺贈), 전조차(轉租借)의 금지와 고리대금업과 사인(私人)의 고용 농업(雇傭農業)의 금지를 원칙으로 하고 두레 농장, 국영 공장, 생산 소비와 무역의 합작 기구를 조직 확대하여 농공(農工) 대중의 물질과 정신상 생활 정도와 문화 수준을 제고함.

마. 국제무역, 전기, 자내수(自來水[상수도])와 대규모의 인쇄, 출판, 전영(電映), 극장 등을 국유 국영으로 함.

바. 노공(老工), 유공(幼工), 여공(女工)의 야간 노동과 연령, 지대(地帶), 시간의 불합리한 노동을 금지함.

사. 공인(工人)과 농인(農人)의 면비 의료(免費醫療)를 보시(普施)하여 질병 소멸 및 건강 보장을 여행(勵行)함.

아. 토지는 자력자경인(自力自經人)에게 분급(分給)함을 원칙으로 하되 원래의 고용농(雇傭農), 소작농(小作農), 소지주농(小地主農), 중지주농(中地主農) 등 농인 지위를 보아 저급(低級)으로부터 우선권을 줌.

7. 건국 시기의 헌법상 교육의 기본 원칙은 국민 각개의 과학적 지식을 보편적으로 균등화하기 위하여 아래 원칙에 의거하여 교육정책을 추행함.

가. 교육 종지(宗旨)는 삼균제도로 원칙을 삼아 혁명 공리의 민족정기를 배합 발양(配合發揚)하며 국민도덕과 생활 기능과 자치 능력을 양성하여 완전한 국민을 조성함에 둠.

나. 6세부터 12세까지의 초등 기본 교육과 12세 이상의 고등

기본 교육에 관한 일체 비용은 국가가 부담하고 의무로 시행케 함.

다. 학령이 초과되고 초등 혹 고등의 기본 교육을 받지 못한 인민에게 일률로 면비 보습 교육을 시행하고 빈한(貧寒)한 자제(子弟)로 의식(衣食)을 자비(自備)하지 못하는 자는 국가에서 대공(代供)함.

라. 타방(他方)의 인구·교통·문화·경제 등 정형(情形)을 따라 일정한 균형적 비례(比例)로 교육기관을 설시(設施)하되 최저한도로 매 1읍 1면에 5개 소학과 2개 중학, 매 1군 1도(一郡 一道)에 2개 전문학교, 매 1도에 1개 대학을 설치함.

마. 교과서의 편집과 인쇄 발행을 국영으로 하고 학생에게 무료로 분급함.

바. 국민병(國民兵)과 상비병(常備兵)의 기본 지식에 관한 교육은 전문 훈련으로 하는 이외에 매 중학과 전문학교의 필수 과목으로 함.

사. 공사립학교는 일률로 국가의 감독을 받고 국가가 규정한 교육정책을 준수케 하며 한교(韓僑)의 교육에 대하여 국가로서 교육정책을 추행함.

## 주요 참고 문헌

강영심, 『신규식』, 역사공간, 2010.
고정휴, 『이승만과 한국독립운동』, 연세대학교출판부, 2004.
국사편찬위원회, 『한국사 48: 임시정부의 수립과 독립전쟁』, 2001.
국사편찬위원회, 『한민족독립운동사 7: 대한민국임시정부』, 1990.
김구, 『백범일지』, 도진순 주해, 돌베개, 1997.
김병기, 「참의부 연구」, 단국대학교박사학위논문, 2005.
김병기·반병률, 『국외 3.1운동』, 한국독립운동사편찬위원회, 2009.
김석영, 『선구자 이동녕 일대기』, 을유문화사, 1979.
김승학, 『한국독립사』, 독립문화사, 1965.
김영범, 『한국근대민족운동과 의열단』, 창작과비평사, 1997.
김정인·이정은, 『국내 3.1운동 I: 중부 북부』, 한국독립운동사편찬위원회, 2009.
김희곤 외, 『대한민국임시정부의 좌우합작운동』, 한울, 1995.
김희곤, 『대한민국임시정부 I: 상해시기』, 한국독립운동사편찬위원회, 2008.
김희곤, 『대한민국임시정부 연구』, 지식산업사, 2004.
김희곤, 『조성환』, 역사공간, 2013.
김희곤, 『중국관내 한국독립운동단체 연구』, 지식산업사, 1995.
대한민국임시정부기념사업회·대한민국임시정부기념관 건립추진위원회 엮음, 『사진으로 보는 대한민국 임시정부 1919~1945』, 한울, 2017.

독립운동사편찬위원회,『독립운동사 제4권: 임시정부사』, 1975.
박걸순,『이종일』, 독립기념관 한국독립운동사연구소, 1997.
박태원,『약산과 의열단』, 백양당, 1947.
반병률,『성재 이동휘 일대기』, 범우사, 1998.
염인호,『김원봉 연구』, 창작과비평사, 1993.
유영익 외,『이승만과 대한민국임시정부』, 연세대학교출판부, 2009.
윤대원,『상해시기 대한민국임시정부 연구』, 서울대학교출판부, 2006.
이병헌 편,『3.1운동비사』, 시사시보사출판국, 1959.
이연복,『대한민국임시정부 30년사』, 국학자료원, 1999.
이윤상,『3.1운동의 배경과 독립선언』, 한국독립운동사편찬위원회, 2009.
이재호,「대한민국 임시의정원」, 단국대학교박사학위논문, 2011.
이현희,『대한민국임시정부사』, 집문당, 1982.
임경석,『한국사회주의의 기원』, 역사비평사, 2014.
정병준,『우남 이승만 연구』, 역사비평사, 2005.
추헌수,『한민족의 독립운동과 임시정부의 위상』, 연세대학교출판부, 1995.
한국독립유공자협회,『중국동북지역 한국독립운동사』, 집문당, 1997.
한상도,『대한민국임시정부 II: 장정시기』, 한국독립운동사편찬위원회, 2008.
한상도,『한국독립운동과 중국군관학교』, 문학과지성사, 1994.
한시준 외,『대한민국임시정부』, 독립기념관 한국독립운동사연수소, 2009.
한시준,『대한민국임시정부 III: 중경시기』, 한국독립운동사편찬위원회, 2009.
한시준,『대한민국임시정부의 지도자들』, 역사공간, 2016.
한시준,『의회정치의 기틀을 마련한 홍진』, 탐구당, 2006.
한시준,『한국광복군연구』, 일조각, 1993.
호춘혜,『중국안의 한국독립운동』, 신승하 옮김, 단국대학교출판부, 1978.

# 찾아보기

## ㄱ

가와바다(河端貞次) 132
각지방대표회 96-97
간민회(墾民會) 48
강기덕(康基德) 55
강대현(姜大鉉) 70, 78, 84
강창제(姜昌濟) 198
건국동맹 173
경신참변(庚申慘變) 13, 138
경학사(耕學社) 115
고려공산당 이르쿠츠크파 185
고례(顧禮) 220
고시복(高時福=고일명高一鳴) 194, 208
고종(高宗) 33-34, 40, 49-50, 54, 66
고준택(高準澤) 179
고창일(高昌一) 68
고할신(高轄信) 195
공립협회 87

공진원(公震遠=고운기高雲起) 134, 167, 208, 211, 225
곽임대(郭林大) 116
『광복(光復)』 228-229
광복군사령부 115, 119-121
광복군참리부(光復軍參理部) 120
광복군총영(光復軍總營) 115
교통국 12-13, 74, 111-112, 137
구미위원부(구미주차한국위원부) 89, 146, 148-150, 154-155, 183
국민대표회의 13-14, 92-93, 101-104, 107-108, 137-144, 153-154, 158
국민대회 76-77, 253
국민부 195
국민위원회 143
국민의회(國民議會) 26, 266-267
「국자 제1호」 25, 262

찾아보기 303

「국자 제2호」 25, 262-263
군사통일주비회(軍事統一籌備會) 107
군사통일회의 93, 103, 142
군사특파단 17, 193, 207-208, 224
군정부(軍政府) 115
권기옥(權基玉) 118-119
권동진(權東鎭) 50
권업회(勸業會) 66, 68
권태용(權泰用) 118
극동인민대표대회 108, 139, 182, 184
길선주(吉善宙) 48, 52, 54
김가진(金嘉鎭) 106-107
김갑(金甲) 37, 157
김공집(金公緝) 117-118
김광(金光) 207
김교헌(金教獻) 62
김구(金九) 14-16, 18, 21-22, 24-26, 36, 91, 106, 109-110, 122-124, 126-127, 129-130, 134, 157, 159, 162, 164-168, 172, 189-192, 194, 197, 199, 205-206, 213, 234, 236-239, 245, 247-248, 252, 256, 258-261, 263-264, 266-270
김규(金奎) 76
김규식(金奎植) 13, 22, 24, 35, 37, 47-48, 62, 70, 74, 77, 80, 85, 87, 90, 96, 99, 149-150, 153, 172, 185, 195, 196-198, 256, 260, 265, 268-270
김규흥(金奎興=김복金復) 47

김대지(金大池) 97
김도연(金度演) 58-59
김도태(金道泰) 51
김동삼(金東三) 13, 62, 78, 98, 104, 107, 140-143, 157, 195
김동수(金東洙=김강金剛) 209
김두만(金斗萬) 120
김두봉(金枓奉) 173, 195-198, 237, 269
김립(金立) 68
김명제(金命濟) 181
김무정(金武亭) 173
김문세(金文世) 179
김문호(金文鎬) 211, 223, 225
김병조(金秉祚) 51, 54, 181-182
김붕준(金朋濬) 91, 145, 167, 265
김상덕(金尙德) 58
김석황(金錫璜) 91, 177
김성근(金聲根) 176
김성수(金性洙) 253, 268
김성숙(金星淑) 168, 172, 265
김순애(金淳愛) 48
김승만(金承萬) 120
김승학(金承學) 119-120, 178-180, 195
김약연(金躍淵) 48, 62
김여제(金輿濟) 91, 177
김용민(金容旻) 222
김용의(金容儀) 220
김원벽(金元壁) 55
김원봉(金元鳳=김약산金若山) 18-19, 21, 124, 164-165, 167-169,

172, 198-199, 213-214, 218-219, 265
김원식(金元植) 197
김인전(金仁全) 91-92
김자동(金紫東) 207, 217
김종림(金鍾林) 116
김좌진(金佐鎭) 62, 115
김준엽(金俊燁) 222, 235-236
김진우(金振宇) 173
김진일(金震一) 117, 119
김찬규(金燦奎) 106
김창곤(金昌坤) 120
김창세(金昌世) 72
김창숙(金昌淑) 108, 138, 266, 269
김창의(金昌義) 102
김창환(金昌煥) 198
김철(金澈) 47-49, 91, 98, 157
김학규(金學奎) 134-135, 167, 194, 198, 208, 212, 221-222, 225, 234
김학만(金學滿) 62
김해산(金海山) 130
김헌식(金憲植) 58
김형균(金亨均) 117
김형식(金衡植) 140-141, 143
김홍서(金弘敍) 35, 91, 176
김홍일(金弘壹) 20, 130, 217

ㄴ

나월환(羅月煥) 209, 212, 214, 225
나철(羅喆) 42
나태섭(羅泰燮=왕중량王仲良) 208

난징조약 34
남북협상 27, 267, 270
남사(南社) 45
남형우(南亨祐) 69, 71, 91, 97, 99
노능서(魯能瑞) 235-236
노무라(野村吉三郞) 132
노백린(盧伯麟) 35, 77, 85, 87, 90, 101, 116-117, 153
노복선(盧福善) 207, 220-221
노정민(盧正敏) 116
노태준(盧泰俊) 207, 220-221

ㄷ

다이지타오(戴季陶) 38
대독립당조직북경촉성회(북경촉성회) 15, 158-159
「대동단결선언」 40, 45, 66-67
대동보국단 40
대동청년단 33
대한광복군정부 66
대한광복회 33
대한국군준비위원회 252
대한국민대표민주의원 25, 265
대한국민의회(노령정부) 11, 61, 67-69, 72, 77-79, 83-85, 88-89, 100-102, 149
대한국민회 26, 267
대한군정부 115
대한군정서 115
대한군정회 115
대한독립단 119-120
「대한독립선언서」(무오독립선언) 60-

62, 70
「대한민국 건국 강령」 174, 193
대한민국임시정부 개선 환영회 259
대한민국임시정부 봉영회 259
대한민국임시헌장(임시헌장) 69,
74, 97, 99, 101
대한민국통신부 89
대한인국민회 18, 57-58, 65, 72,
87, 89, 93, 149, 155, 196
대한인독립단 197
대한인동지회 162
대한제국 19, 41-42, 51, 80, 98-99,
217
대한청년단연합회 119
대한통군부 115
대한통의부 102, 115, 140-141,
179-180
도노반(Willam J. Donovan) 234
도모노(友野盛) 132
독립만세운동 51
「독립선언서」(「3.1독립선언서」) 53,
55-56, 61, 68, 96
『독립신문』(『독립』) 140, 142-143,
175-180
독립신문사 176-177, 180
독립의군부 33
독립임시사무소 49, 70, 95-96, 105
「독립청원서」 47, 52, 57
독립촉성국민회 266
독립촉성중앙협의회 265
동북항일연군교도려 236
동제사(同濟社) 36-41, 46-47

돤치루이(段祺瑞) 118
드골(Charles De Gaulle) 246

**ㄹ**

랴오중카이(廖仲愷) 38
량치차오(梁啓超) 40
러시아혁명 31-32, 67
러치(Archer L. Lerch) 259
레닌(Vladimir Il′ich Lenin) 139, 185
루거우차오(蘆溝橋)사건 122
루스벨트(Franklin D. Roosevelt) 260
루정샹(陸徵祥) 47
류자명(柳子明) 170

**ㅁ**

만국평화회의 60
맥아더(Douglas MacArthur) 253
무라이(村井倉松) 132
문일민(文一民) 109, 155
문일평(文一平) 35, 38
문창범(文昌範) 48, 62, 68-69, 74,
77, 83, 85, 88, 99, 101
미군정 24-25, 253, 259, 263-266
미소공동위원회 268
민성기(閔成基) 118
민영달(閔泳達) 106
민영익(閔泳翊) 108
민정식(閔珽植) 108
민족대연합전선(民族大聯合戰線) 51
민족운동 34-35, 45, 67, 95-96,
185
민족유일당운동(民族唯一黨運動) 14-

15, 158-161, 174, 194
민족자결주의(민족자결주의 원칙) 32, 52, 58, 67
민족통일본부 266
민족혁명당 17, 22, 161, 172, 197-199
민찬호(閔贊鎬) 57-58
민필호(閔弼鎬) 35, 37
밀라드(Tomas Milard) 47

## ㅂ

박건웅(朴健雄) 196
박기성(朴基成=구양군歐陽軍) 209
박낙선(朴洛先) 116
박달학원(博達學院) 38, 45
박두희(朴寧熙) 115
박성태(朴性泰) 62
박열(朴烈) 266
박영(朴泳) 179
박영준(朴英俊) 223
박영효(朴泳孝) 51, 69, 106
박용만(朴容萬) 62, 65, 77, 85, 88, 92, 101, 103, 107, 138
박용희(朴容義) 76
박은식(朴殷植) 14, 35, 37-41, 48, 62, 108-109, 138, 147, 155, 179, 182
박이열(朴利烈) 120
박정희(朴正熙) 251
박찬익(朴贊翊) 35, 41, 43, 62, 167, 172, 191, 194, 197
박태하(朴泰河) 117-118

박현환(朴賢煥) 117, 177
반탁운동 25, 260-262, 266
배천택(裵天澤) 140, 143
백관수(白寬洙) 58-59
백기준(白基俊) 120, 179
백남운(白南雲) 173, 253
백순보(白淳甫) 223
105인 사건 33, 35
백용성(白龍城) 54
백의범(白義範) 120
베이징 정부 39, 183-184
변영근(邊榮根) 222
변영만(卞榮晩) 37
변창근(邊昌根) 120
병인의용대(丙寅義勇隊) 123
부민단(扶民團) 115
북경군사통일회 103, 107
북로군정서(北路軍政署) 114-115, 119
북조선 임시인민위원회 26, 267
북중국 첩보 작전 233
브라운(Albert Brown) 266
비상국민회의 25, 264-266

## ㅅ

3.1만세운동 11, 32-36, 41, 49-50, 54, 57, 59, 62, 66-68, 70, 75, 77, 84-86, 94-96, 98, 105, 115, 148, 181-182
삼일인쇄소 177-178
서간도 사변 102
서로군정서(西路軍政署) 115, 119, 140,

143

서병호(徐丙浩) 47-49, 91
서왈보(徐曰甫) 118
서일(徐一) 115
서재필(徐載弼) 88, 175, 183
서춘(徐椿) 58
선우혁(鮮于赫) 35, 41, 47-49, 51, 70, 98-99
성낙형(成樂馨) 39-40
성명회(聲明會) 68
성주식(成周寔) 172, 198, 265
성현원(成玄園) 218
손기종(孫基宗) 119
손병희(孫秉熙) 50, 52, 55, 69
손일민(孫一民) 62, 194
손정도(孫貞道) 78, 91-92, 96-97, 100
손한림(孫漢林) 218
송계백(宋繼白) 58-59
송동산(宋東山) 207
송면수(宋冕秀) 220
송수창(宋壽昌) 217
송진우(宋鎭禹) 51
송호성(宋虎聲) 206, 219
쇼(George L. Show) 36, 111, 121
쉬쉬에얼(徐血兒) 44
쉬첸(徐謙) 38
시게미츠(重光葵) 132
시라카와(白川義則) 132
신건식(申健植) 37, 194
신국권(申國權) 47
신규식(申圭植) 35-38, 40-46, 62, 77, 85, 87-88, 91-93, 100-101, 153-154, 183
신민부 195
신민회 33, 87
신석우(申錫雨) 37, 96, 98, 105
신송식(申松植) 221
신숙(申肅) 92, 103, 107, 138, 143, 197
신아동·제사 37
신악(申岳) 198, 218
신언갑(申彦甲) 120
신우현(申禹鉉) 120
신익희(申翼熙) 25, 36, 71, 88, 91-93, 97, 99, 197-198, 262-263
신정(申檉) 44
신채호(申采浩) 35, 37-38, 41, 62, 71, 97, 103, 139, 144, 151
신철(辛鐵) 98
신탁통치반대국민총동원위원회 261
신한독립당 197
신한청년당(新韓靑年黨) 46-49, 59, 70, 96
신한혁명당(新韓革命黨) 39-40, 45, 66
신한협회 58
신해혁명 31, 34-35, 37, 44
신홍식(申洪植) 52
신흥무관학교(新興武官學校) 115
심용준(沈龍俊) 195
쑨원(孫文) 36, 44-46, 183-184
쑹자오런(宋敎仁) 35, 37-38, 44-45

## ㅇ

아베(阿部) 245
아세아민족반일대동당 40
아카시(明石元二郞) 32
안경수(安慶洙) 222
안공근(安恭根) 126, 131, 135
안동교통지부(임시안동교통사무국)
　　111-112
안병찬(安炳瓚) 91, 119
안상덕(安商悳) 76
안순환(安淳煥) 54
안악사건(安岳事件) 33
안재홍(安在鴻) 265
안정근(安定根) 62
안창남(安昌男) 118
안창호(安昌浩) 13-14, 57, 62, 69,
　　72-74, 77, 79-83, 85-94, 99-
　　105, 109, 117, 121, 137-138,
　　140-141, 150, 153, 157-158,
　　176-178, 181, 183, 247
안춘생(安椿生) 207, 220-221
안현경(安玄卿) 151
안훈(安勳) 172
애국계몽운동 43
약법(約法) 76
약소민족동맹회의 58
양기탁(梁起鐸) 14, 102, 109, 157,
　　198
양기하(梁基瑕) 120
양전백(梁甸伯) 48, 51
엄항섭(嚴恒燮) 167, 191, 194, 258
엄홍섭(嚴弘燮) 222

여순근(呂淳根) 120
여운형(呂運亨) 35, 37, 46-49, 70,
　　78, 98, 103, 122, 138-139,
　　153, 173, 185, 265
여운홍(呂運弘) 98
여준(呂準) 48, 62, 107
연통제 12-13, 36, 74, 106, 111-
　　113, 137
연합국 19-20, 23, 31, 228, 230-
　　231, 233, 244
염온동(廉溫東) 119
영친왕(英親王) 이은(李垠) 50
옌시산(閻錫山) 118
오광선(吳光鮮) 134, 194, 252
오광심(吳光心) 221
오기선(吳基善) 52
오동진(吳東振) 115, 120, 157
오세창(吳世昌) 50-51, 253, 266
OSS(전략사무국Office of Strategic Ser-
　　vices) 20, 23, 230, 233-235,
　　239, 245
오영선(吳永善) 91, 157-158
오임하(吳臨夏) 116-117
오창환(吳昌煥) 143
오화영(吳華英) 52
완바오산(萬寶山)사건 122
왕삼덕(王三德) 91-92
왕영재(王英哉) 119
왕인석(王仁石) 220
왕징웨이(汪精衛) 225
우병옥(禹柄玉) 116
우에다(植田謙吉) 132

찾아보기　309

우티에청(吳鐵城) 16, 38, 44, 193
우페이푸(吳佩孚) 118
원세훈(元世勳) 13, 15, 78, 83, 92, 108, 138, 158
웨더마이어(Abert Coady Wedemeyer) 238
위안스카이(袁世凱) 39, 45
윌슨(Thomas Woodrow Wilson) 32, 46-47, 52, 67, 138, 151
유동열(柳東說) 39, 62, 134-135, 167, 192, 206
유림(柳林) 170
유상근(柳相根) 125
유엔총회 268
유엔한국임시위원단(유엔위원단) 268-269
유여대(劉如大) 51, 54
유응하(劉應夏) 120
유진동(劉振東) 194, 206
유진식(兪鎭軾) 125
유철선(劉鐵仙) 118
유해준(兪海濬) 208
육군주만참의부(陸軍駐滿參議府, 참의부) 119, 179, 195
윤경빈(尹慶彬) 217
윤기섭(尹琦燮) 36, 93, 114, 122, 157, 197-198
윤봉길(尹奉吉) 15-16, 124-125, 128-134, 189, 191
윤세복(尹世復=윤세린) 62
윤세주(尹世胄) 124, 198
윤용구(尹用求) 51

윤용주(尹龍周) 76
윤이병(尹履炳) 76
윤창석(尹昌錫) 58
윤창수(尹昌壽) 120
윤치호(尹致昊) 51
윤해(尹海) 68, 104, 140-141, 143
윤현진(尹顯振) 69, 91
의경대(義警隊) 123
의생단(義生團) 123
의열단(조선의열단) 124, 161, 196-197
의친왕 이강(李堈) 107
이건림(李健林) 220
이건우(李健宇) 207
이관구(李觀求) 35
이관용(李灌鎔) 47
이광(李光) 37, 62, 97, 105
이광수(李光洙) 48-49, 59-60, 96-98, 105, 176-178, 181
이교헌(李敎憲) 76
이규갑(李奎甲) 70, 76
이규홍(李圭弘) 91, 155, 157
이기연(李基演) 118
이달(李達) 218
이대위(李大爲) 62
이덕주(李德柱) 125
이동녕(李東寧) 36, 62, 70-71, 74, 77-78, 85, 87-88, 91, 97-98, 101, 105-110, 145-147, 154, 191
이동휘(李東輝) 13, 32, 36, 48, 62, 69, 74, 76, 83-91, 94, 101-

310

102, 152-153
이든(Anthony Eden) 260
이룡양행 36, 111, 121
이명룡(李明龍) 51
이명수(李明守) 218
이범석(李範奭) 19, 35, 38, 134, 206-207, 215, 220-221, 234, 236, 245
이범윤(李範允) 62
이복원(李復源) 134, 198, 207, 217, 220-222
이봉우(李奉雨) 62
이봉창(李奉昌) 15, 124-129, 134, 189
이사영(李思英) 119
이상룡(李相龍) 14, 109, 157
이상설(李相卨) 39-40
이석구(李錫玖) 173
이석화(李錫華) 207, 217
이세영(李世永) 62
이승만(李承晩) 13-14, 24, 26-27, 57-58, 62, 69, 71-72, 74, 76-77, 79-81, 83, 85, 87, 89-94, 96, 99, 101, 103, 107-109, 137-140, 144-156, 162, 173, 184, 231, 252, 259, 261, 265-268
이승훈(李承薰) 48, 51-52, 96
이시영(李始榮) 36, 62, 71, 74, 78, 85, 87-88, 91-92, 99-101, 167, 172, 194
이영근(李榮根) 98
이영렬(李榮烈) 177-178
이영무(李英茂) 118-119
이영여(李榮汝) 207
이욱해(李慾海) 208
이용규(李容珪) 76
이용선(李用善) 116-117
이운한(李雲漢) 192
이유필(李裕弼) 91, 177, 195
이을규(李乙奎) 266
이재현(李在賢=이해평李海平) 209
이종근(李鍾根) 58
이종성(李鍾聲) 102
이종암(李鍾巖) 124
이종옥(李鍾郁) 76
이종일(李鍾一) 50
이종탁(李鍾倬) 62
이주일(李周一) 251
이준식(李俊植) 207, 211, 225
이진산(李震山) 114, 140, 143
이집중(李集中=이종희李鍾熙) 218
이청천(李靑天) 17-19, 135, 162, 167, 190, 192, 194, 197-198, 205-207, 217, 234, 251-252, 266
이초(李超) 116-117
이춘(李春) 118
이춘숙(李春塾) 70-71
이충모(李忠模) 237-238
이탁(李沰=이용화) 62
이탁(李鐸) 119-120, 157
이토 히로부미(伊藤博文) 50
「2.8독립선언서」 48, 59

이하유(李何有=조종봉) 209
이현수(李顯洙) 217
이회영(李會榮) 97
이희경(李喜敬) 92
인면전구공작대(인면전구공작대원) 232-233
임득산(林得山) 155
임방(林邦) 62
임시약헌 172
임시의정원 22, 24-25, 41, 49, 71, 74-75, 78-79, 81-85, 88, 91, 93, 95-103, 105-110, 114, 135, 144-148, 151, 154-157, 166, 170-172, 176, 248, 256, 264, 266
임시의회 82, 248

## ㅈ

자오빙준(趙秉鈞) 39
잠편지대(暫編支隊) 251-252
장건상(張建相) 172-173, 237, 265
장덕수(張德秀) 35, 47-48, 59, 70
장덕창(張德昌) 118
장보취엔(張博泉) 38
장봉상(張鳳祥) 220
장붕(張鵬) 76, 91, 93, 151
장성철(張聖哲) 118-119
장운한(張運漢) 217
장제스(蔣介石) 16, 132, 134-135, 190, 192, 239, 253, 258
장조민(張朝民) 222
장준하(張俊河) 222, 235-236

장즈중(張治中) 192
장지일(張志日) 118
장호강(張虎崗) 222
재건 한국독립당 18, 21, 135, 162, 166, 192
전국연합진선협회(全國聯合陣線協會) 165-166
전로한족회중앙총회 67-69
전만통일회의주비회 180
전영택(田榮澤) 58
전조선 제정당사회단체 대표자연석회의 27, 270
전협(全協) 106
정원택(鄭元澤) 37
정의단 115
정의부(正義府) 180, 195
정인보(鄭寅普) 35, 37
정재관(鄭在寬) 62
정재면(鄭載冕) 48
정재섭(鄭再燮) 118-119
정진대(광복군 정진대) 235-236, 246
정춘수(鄭春洙) 52, 54
정치공작대 25, 262
정한경(鄭翰景) 57-58, 231
제1지대(광복군 제1지대) 21-22, 169, 207, 211, 214, 218-221, 223, 225
제1차 세계대전 31, 39, 65-66, 68, 113
제2지대(광복군 제2지대) 207-208, 211, 215, 219-223, 225, 227,

234, 245
제2차 세계대전  172, 230
제3전구공작대  212, 223
제3지대(광복군 제3지대)  208, 212, 221-223, 225, 227, 234
제5지대(광복군 제5지대)  19, 204, 207-209, 212, 214-215, 219-221, 225
제9전구공작대  223
조경한(趙擎韓)  134, 167, 206-207
조계지(租界地)  34, 44, 79
조능식(趙能植)  179
조동호(趙東祜)  47, 91, 98, 177, 179
조만식(曺晩植)  266
조맹선(趙孟善)  120
조병걸(趙炳傑)  223
조병준(趙秉準)  120
조상섭(趙尙燮)  145, 147, 158
조선건국준비위원회  173
조선독립동맹  21, 173, 236-237
조선무정부주의자연맹  172
조선민족대동단  106
조선민족전선연맹  18, 162, 165, 199, 213
조선민족해방동맹  18, 162, 165, 170, 172
조선민족혁명당  18, 162, 164, 168-170, 172, 174, 197, 214, 232
조선의용군  21, 173, 236-237
조선의용대  18-19, 21, 162-163, 168-169, 209, 213-214, 218-220

조선인민당  173
조선청년전위동맹  162, 165
조선혁명당  15, 21, 135, 162, 165-166, 192, 195-197, 199
조선혁명자연맹  18, 162, 165, 170
조성환(曺成煥=조욱曺煜)  37-39, 43-44, 62, 71, 78, 99, 105, 172, 194, 206
조소앙(趙素昻=조용은趙鏞殷)  17-18, 24, 37-38, 48, 59, 62, 78, 97, 99, 105, 135, 151, 161-162, 167, 172, 174, 190, 192, 194, 197, 252, 256-257, 261, 269
조시원(趙時元)  167, 217
조완구(趙琬九)  78, 91-93, 97, 167, 172, 194, 206, 269
조인제(趙仁濟)  207
좌우 연합 정부  167, 174, 248
좌우합작운동  265-266
주미외교위원부  173
주요한(朱耀翰)  177
주화대표단(駐華代表團)  24, 250
중광단(重匡團)  115
중국 혁명  36, 38, 44
중국공산당  19, 21, 160, 168, 213, 236
중국국민당  14-15, 36, 135, 158, 162, 198-199
중국군사위원회  168-169, 203-204, 213-216
중국혁명당  43-44
중국혁명동맹회  36-37

중일전쟁　16, 18, 122, 134-135, 162, 168, 175, 190, 199, 224
중한민중대동맹　197
지달수(池達洙)　208
지복영(池復榮)　217
지청천(池靑天)　134, 195
진의로(陣義櫓)　197-198
진작해(陳作楷)　217
진희창(秦熙昌)　98
징모분처(徵募分處)　19, 211-213, 224-225

## ㅊ

차리석(車利錫)　36, 167, 172, 177, 179, 194
차정신(車貞信)　118
채원개(蔡元凱)　194, 206, 217, 219
채찬(蔡燦)　179
천궈푸(陳果夫)　38
천치메이(陳其美)　35, 38, 44-45
청산리전투　13, 114-115, 138
촉성회　15, 159
최근우(崔謹愚)　58, 91, 97, 173
최남선(崔南善)　51-52
최동오(崔東旿)　25, 167, 194-198, 264-265
최린(崔麟)　50-52, 54-55, 59
최병학(崔炳學)　62
최석순(崔碩淳)　109, 145, 155
최시흥(崔時興)　120
최용덕(崔用德)　118-119, 134, 206, 217

최인환(崔益煥)　106
최전구(崔銓九)　76
최찬(崔燦)　120
최창식(崔昌植)　49
최창익(崔昌益)　173
최천호(崔天浩)　180
최철성(崔鐵城)　119
최팔용(崔八鎔)　58-60
최흥식(崔興植)　125
7당통일회의(한국혁명운동 통일 7단체 회의)　17-18, 165, 193

## ㅋ

캉유웨이(康有爲)　40
코민테른　160, 184-185
크레인(Charles Crane)　47

## ㅌ

탕지야오(唐繼堯)　38
태평양회의(워싱턴회의)　103, 137, 182-184
태평양회의외교후원회　183-184
태화관　54-55
토교대(土橋隊)　223
토지조사사업　33

## ㅍ

파리강화회의　12-13, 46-48, 52, 54, 58, 68, 79-80, 96, 149, 151, 182-183
8인 위원회　105
88특별보병여단(88여단)　21, 236-

237

평위상(馮玉祥) 118

평북독판부 119

프랑스 조계 34, 70, 95-96, 177-178, 183

## ㅎ

하딩(Warren Gamaliel Harding) 183

한교선무단(韓僑宣撫團) 23-24, 250

한국광복군(광복군) 19-24, 66, 118, 121, 134, 166, 169-170, 193, 203-204, 206-209, 211-214, 216-220, 222-230, 232-234, 236-239, 245-246, 250-252

한국광복군창설위원회 203

「한국광복군행동9개준승」(9개 준승) 20, 214-217

한국광복군훈련반(한광반) 222

한국광복동지회 196

한국광복운동단체연합회(광복진선) 18, 162, 165, 190, 199

한국광복진선청년공작대 17-18, 162, 193

한국국민당 18, 21, 135, 162, 164, 166, 174, 190, 192, 199

한국노병회(韓國勞兵會) 122

한국대일전선통일동맹(통일동맹) 17, 161, 172, 195-197

한국독립군 195

한국독립당 15, 17-18, 21-22, 123, 135, 161-162, 165-167, 170, 172, 174, 192, 195-197, 254-255, 266

한국독립당관내촉성회연합회 159

한국민주당 261

한국청년전지공작대(전지공작대) 169-170, 207-210, 212, 214, 224, 229

한국혁명당 15, 196-197

한규설(韓圭卨) 51

한금원(韓錦源) 218

한성임시정부(한성정부) 11, 62, 67, 69-70, 72, 76-85, 88-89, 99, 146, 148-151, 155

한용운(韓龍雲) 54

한위건(韓偉健) 55

한인비행사양성소 116-117

한인사회당 89

한인애국단 15-16, 123-126, 128-130, 132, 189-190

한인청년당 123

『한일관계사료집』 180-181

한족회 115, 119, 142-143

한중항일대동맹 123

한지성(韓志成) 232

한진교(韓鎭敎) 35, 98

한청반 208-209

한흥(韓興) 62

한흥교(韓興敎) 137

함태영(咸台永) 52

행정연구위원회 25, 262

허영숙(許英肅) 177

허잉친(何應欽) 213, 216

허정숙(許貞淑) 173

허혁(許爀)　62
헐버트(Homer Hulbert)　47
혁신의회　195
현상윤(玄相允)　51, 59
현석칠(玄錫七)　76
현순(玄楯)　36, 49, 70-71, 88, 95-97, 99, 105, 151, 162
현우현(玄又玄)　173
현익철(玄益哲)　135, 192, 195
현정경(玄正卿)　102
현창운(玄彰運)　98
협성회(協成會)　93, 153
호법정부　46, 183-184
홍명희(洪命熹)　35, 38, 269
홍식(洪植)　120
홍진(洪震)　14-15, 24-25, 92, 109, 135, 157-160, 194, 197, 256, 264-265
환구중국학생회(寰球中國學生會)　45
환런현(桓仁縣)　37
황기환(黃玘煥)　47
황상규(黃尙奎)　62
황싱(黃興)　37
황운(黃雲)　173
황지에민(黃介民)　38
황학수(黃學秀)　134, 172, 206-207
후한민(胡漢民)　38
흥사단(興士團)　87
히로히토(裕仁)　125, 244